KYOTO
HIROSHIMA
KOBE
ASEBO
HAGASAKI
TA

発刊の想《おも》い。

これからの世代のみんなが、
日本中と交流をするためには、
「デザインの目線」がとても
重要になっていくと考えます。
それは、長く続いていくであろう
本質を持ったものを見極め、
わかりやすく、楽しく工夫を感じる創意です。
人口の多い都市が発信する
流行も含めたものではなく、
土着的でも、その中に秘められた「個性」——
それらを手がかりとして、
具体的にその土地へ行くための
「デザインの目線」を持った観光ガイドが今、
必要と考え、47都道府県を一冊一冊、
同等に同じ項目で取材・編集し、
各号同程度のページ数で発刊していきます。

d design travel
発行人　ナガオカケンメイ

problems, we will point out the problems while recommending it.

- The businesses we recommend will not have editorial influence. Their only role in the publications will be fact checking.
- We will only pick up things deemed enduring from the “long life design” perspective.
- We will not enhance photographs by using special lenses. We will capture things as they are.
- We will maintain a relationship with the places and people we pick up after the publication of the guidebook in which they are featured.

Our selection criteria:

- The business or product is uniquely local.
- The business or product communicates an important local message.
- The business or product is operated or produced by local people.
- The product or services are reasonably priced.
- The business or product is innovatively designed.

Kenmei Nagaoka
Founder, d design travel

編集の考え方。

・必ず自費でまず利用すること。実際に泊まり、食事し、買って、確かめること。
・感動しないものは取り上げないこと。本音で、自分の言葉で書くこと。
・問題があっても、素晴らしければ、問題を指摘しながら薦めること。
・取材相手の原稿チェックは、事実確認だけにとどめること。
・ロングライフデザインの視点で、長く続くものだけを取り上げること。
・写真撮影は特殊レンズを使って誇張しない。ありのままを撮ること。
・取り上げた場所や人とは、発刊後も継続的に交流を持つこと。

取材対象選定の考え方。

・その土地らしいこと。
・その土地の大切なメッセージを伝えていること。
・その土地の人がやっていること。
・価格が手頃であること。
・デザインの工夫があること。

SIGHTS
その土地を知る
To know the region

CAFES
その土地でお茶をする
お酒を飲む
To have tea
To have a drink

RESTAURANTS
その土地で食事する
To eat

HOTELS
その土地に泊まる
To stay

SHOPS
その土地らしい買物
To buy regional goods

PEOPLE
その土地のキーマン
To meet key persons

A Few Thoughts Regarding the Publication of This Series

I believe that a “design perspective” will become extremely important for future generations, and indeed people of all generations, to interact with all areas of Japan. By “design perspective,” I mean an imagination, which discerns what has substance and will endure, and allows users to easily understand and enjoy innovations. I feel that now, more than ever, a new kind of guidebook with a “design perspective” is needed. Therefore, we will publish a guide to each of Japan’s 47 prefectures. The guidebooks will be composed, researched, and edited identically and be similar in volume.

Our editorial concept:

- Any business or product we recommend will first have been purchased or used at the researchers’ own expense. That is to say, the writers have all actually spent the night in at the inns, eaten at the restaurants, and purchased the products they recommend.
- We will not recommend something unless it moves us. The recommendations will be written sincerely and in our own words.
- If something or some service is wonderful, but not without

神奈川県の12か月

12 Months of KANAGAWA

ドッキリヤミ市場（横浜市）

1997年から続く白楽の「六角橋商店街」のイベント。毎年4月から10月（8月はお休み）の第3土曜日の夜、店舗閉店後のシャッター前で行なうナイトフリーマーケット。その他、ライブパフォーマンスや、大日本プロレスによる「商店街プロレス」も見もの。

川崎大師の初詣（川崎市）

初詣人口、日本第3位の厄除けのお大師さま（平間寺）の初詣。川崎区周辺に住んでいるD&DEPARTMENTの社員に聞くと、初詣の後には、松屋総本店の「開運とんとこ飴」と、住吉の「久寿餅」が定番だそう。ちなみに、編集長は、津田屋の「だるま煎餅」推し。

葉山芸術祭

葉山芸術祭（葉山町）

葉山の町中の至るところにアートスポットが出現。自宅や、アトリエ、仕事場、ショップなど、およそ80か所を会場にした、小さな展覧会の集合体。葉山の観光を楽しみながら、アート鑑賞にワークショップ、作品購入もできる。

6 JUNE　5 MAY　4 APRIL　3 MARCH　2 FEBRUARY　1 JANUARY

GREENROOM FESTIVAL（横浜市）

サーフカルチャー、ビーチカルチャーをバックボーンに持つ、ミュージックとアートのカルチャーフェスティバル。このFestivalを通して、Music と Art を通して、海やビーチのLifestyleとCultureを伝え、子供達に大切なビーチを残していきたい。（公式サイトより）

東京箱根間往復大学駅伝競走（県内の広範囲）

もはや日本のお正月の風物詩といえる「箱根駅伝」。テレビの前で応援するのもいいですが、せっかくなら一度は生で観てみたい。ちなみに編集部は、「神奈川号」の取材で、初めて録画して観戦しました。毎年熱いドラマが繰り広げられる。

逗子海岸映画祭（逗子市）

2022年で11回目を迎えた、逗子海岸の砂浜の上で開催する屋外型の映画の祭典。ゴールデンウイーク中に開催するため、日替わりのフードコートやバザールも楽しい。美しい海の景色の中にはサーファーたちも紛れて、さざなみも素敵なBGMになる。

大磯市（中郡大磯町）

毎月第3日曜日に、クラフトやフードなど、約190店舗が大磯港に集まるは、神奈川県下最大の朝市。チャレンジの場として開放し、町の店舗やギャラリーなどとも連携して大磯全体を“市”にしようとしている。その大磯市から派生した、「茶屋町路地」も合わせて行ってみて！

神奈川やまと 古民具骨董市（大和市）

毎月第3土曜、大和駅の改札を出ると、もうそこは骨董市。およそ300の店舗が迎えてくれ、きっと“あなただけの宝物”が見つかるはず！早朝から始まるのできるだけ早めに行くのがお薦め。ちなみに、編集部は、柳原良平が生み出した「アンクルトリス」の爪楊枝入れ（70年代もの）をゲット。

湘南ひらつか 七夕まつり（平塚市）

関東三大七夕祭りの一つで、戦災から復興する商人の心意気から始まったお祭り。メイン会場では、豪華絢爛な飾りが通りを埋め尽くし、中には10メートルを超えるものもあって見応え十分。「湘南ひらつか織り姫」も選出され、任期は1年（！？）もあって、平塚の魅力を伝えていくそう。

横濱ジャズ プロムナード（横浜市）

毎年10月上旬の土日に、横浜市の桜木町駅、関内駅周辺を中心に開催されるジャズフェスティバル。日本で初めてジャズが演奏された街・横浜で、市民とミュージシャンが一体となり、関内ホールやジャズクラブ、街角などの約30か所で開催。©YJP クルー長沢

鎌倉プチロック フェスティバル（鎌倉市）

2014年から始まった“電気を使わない”屋外ライブ音楽祭。省エネという理由ではなく、良い演奏をできるだけ近くで聴いてもらいたい！という思いからスタート。ステージや柵がないので、聴こえなかったら、聴こえるところまで近づいて感じてほしい！

12 DECEMBER　11 NOVEMBER　10 OCTOBER　9 SEPTEMBER　8 AUGUST　7 JULY

横浜トリエンナーレ（横浜市）

3年に1度、横浜で開催される日本を代表する現代アートの国際展。2001年に開始して以来、みなとみらい地区をはじめとする横浜の都心臨海部の施設や、屋外広場を会場に、世界最新の現代アートの動向を提示してきた。その活動の素晴らしさは、特集にてご紹介（p.104）！

春節燈花（横浜市）

旧暦の正月を祝う「春節」に向けて祝賀気分を高めていきたいと2003年からスタート。中華街を歩くと、頭の上には、強さと幸運をあらわす「百節龍」と「五十節龍」を光で描いた提灯が飾られ、編集部も“中華的食欲”に駆られました！

© 横浜中華街発展会協同組合

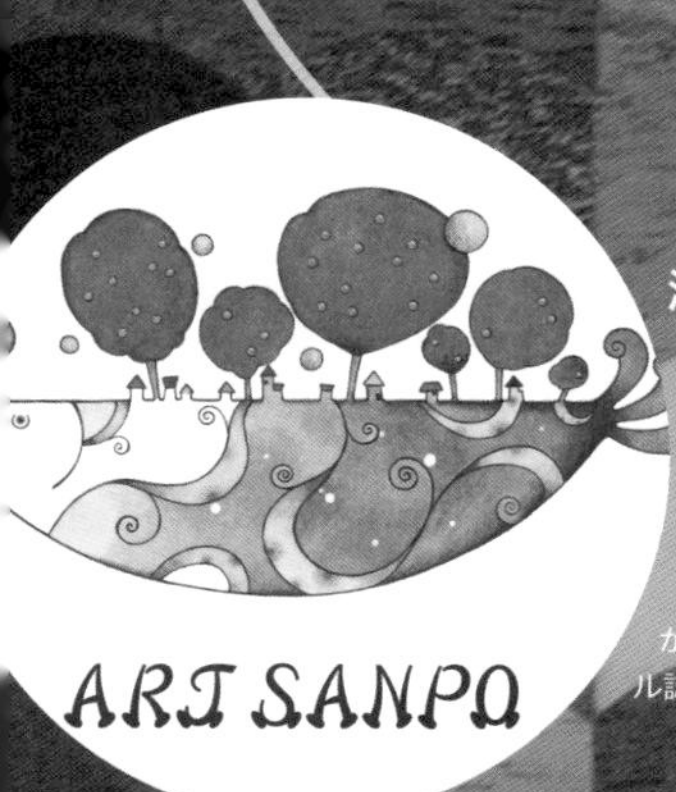

湯河原・真鶴アート散歩（足柄下郡湯河原町・真鶴町）

立派なギャラリーがなくても、高価で著名な作品がなくても、自分の作品や、自分の好きな作品などを自宅や地域の中で展示することで、誰でも参加できるアートフェスティバル。5点以上の展示品があればいいそうなので、編集部もトラベル誌（神奈川号も）引っ提げて、参加したい！

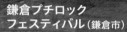

N.Y.K. LINE
N.Y.K. LINE

＊1 d design travel 調べ（2022年12月時点）　＊2 国土地理院ホームページより
＊3 総務省統計局ホームページより（2022年12月時点）
＊4 社団法人 日本観光協会（編）「数字でみる観光」より（2021年度版）　※（ ）内の数字は全国平均値
*1 Figures compiled by d design travel.（Data as of June 2022）　*2 Extracts from the website of Geographical Survey Institute, Ministry of Land, Infrastructure,Transport and Tourism.　*3 According to the website of the Statistics Bureau, Ministry of Internal Affairs and Communications.（Data as of June 2022）
*4 From Suuji de miru kanko, by Japan Travel and Tourism Association（2021 Edition）
※ The value between the parentheses is the national average.

神奈川の数字
Numbers of KANAGAWA

美術館などの数*1（122）
Museums
Number of institutions registered under the Kanagawa Prefecture Association of Museums

165

スターバックスコーヒーの数*1（37）
Starbucks Coffee Stores

125

歴代Gマーク受賞数*1（1003）
Winners of the Good Design Award

3,898

経済産業大臣指定伝統的工芸品*1（5）
Traditional crafts designated by the Minister of Economy, Trade and Industry

鎌倉彫、箱根寄木細工、小田原漆器
Kamakura-bori lacquerware, Hakone marquetry, Odawara lacquerware

3

JAPANブランド育成支援事業に採択されたプロジェクト*1（19）
Projects selected under the JAPAN BRAND program

18

日本建築家協会 神奈川県の登録会員数*1（69）
Registered members of the Japan Institute of Architects

148

日本グラフィックデザイナー協会 神奈川県登録会員数*1（62）
Registered members of the Japan Graphic Designers Association Inc.

164

県庁所在地
Capital

横浜市
Yokohama City

市町村の数*1（36）
Municipalities

33

人口*3（2,704,143）
Population
人

9,232,794

面積*2（8,041）
Area
km²

2,416

1年間観光者数*4（35,265,625）
Annual number of tourists
人

102,820,000

郷土料理
Local specialties

けんちん汁
へらへら団子
かんこ焼き
蒲鉾
桜花漬

Kenchin-jiru (vegetable stew),
Floppy ***dango*** (*miso* soup with pork and vegetables),
Kankoyaki (steamed buns),
Kamaboko (fish paste),
Pickled cherry blossoms

シュウマイの年間消費額*1（640）
Average annual spending on *shumai* per household
円

1,728

主《おも》な出身著名人（現市名、故人も含む）
Famous people from Kanagawa

岡本太郎（芸術家・川崎市）、**アントニオ猪木**（プロレスラー・横浜市）、**大佛次郎**（小説家・横浜市）、**角田光代**（小説家・横浜市）、**隈研吾**（建築家・横浜市）、**小泉純一郎**（政治家・横須賀市）、**獅子文六**（小説家・横浜市）、**濱田庄司**（陶芸家・川崎市）、**柳美里**（小説家・横浜市）、**望月峯太郎**（漫画家・横浜市）、**三木聡**（映画監督・横浜市）、**美空ひばり**（歌手・横浜市）、**養老孟司**（医学者・鎌倉市）、他

Taro Okamoto (artist, Kawasaki City), **Antonio Inoki** (former professional wrestler, Yokohama City), **Jiro Osaragi** (novelist, Yokohama City), **Mitsuyo Kakuta** (novelist, Yokohama City), **Kengo Kuma** (architect, Yokohama City), **Junichiro Koizumi** (politician, Yokosuka City), **Shishi Bunroku** (novelist, Yokohama City), **Shoji Hamada** (potter, Kawasaki City), **Miri Yu** (novelist, Yokohama City), **Minetaro Mochizuki** (manga artist, Yokohama City), **Satoshi Miki** (film director, Yokohama City), **Hibari Misora** (singer, Yokohama City), **Takeshi Yoro** (medical scientist, Kamakura City), etc.

チャイナドレス
中華肉まん
中国雑貨
老維新號
横浜中華街
王府井
上海 No.1
上海ミートパイ
鮮肉月餅
四川料理
京華楼
大通り店
天津甘栗
老維新
中国雑貨★老維新
台湾

ATAMI HOT SPRINGS JAPAN
GRAND HOTEL
FUJITA HOTEL
ATAMI HOTEL
HOTEL TEITO
MIYAKO HOTEL
KYOTO JAPAN
ATAMI HOTEL
FUJI-VIEW HOTEL
RIGHT IN THE HEART OF FUJI NATIONAL PARK
MIYAKO HOTEL
NOBORIBETSU GRAND HOTEL
蒲郡ホテル
GAMAGORI HOTEL
SENGOKUHARA CLUB HOUSE
HOTEL SHIGA HEIGHTS
NATIONAL PARK HAKONE
NAGISA HOTEL
KAWANA HOTEL
きんえい
FUJITA HOTEL
NAGISA HOTEL

神奈川号 目次

CONTENTS

Normal for KANAGAWA

神奈川のふつう

d design travel 編集部が見つけた、
神奈川県の当たり前。

絵・辻井希文《つじいきふみ》
文・神藤秀人《しんどうひでと》

箱根駅伝で〝伴走〟する 2023年で第99回を迎えたスポーツ大会「箱根駅伝」。今でこそ正月の風物詩となり、テレビ中継が始まってからは日本人の誰しもが一度は見たことがあるはず。そんな箱根駅伝が、神奈川県の人にとっては身近な存在。ちょっと足を伸ばせば、選手たちの勇姿を生で見られ、そのまま県内をお散歩。1区・10区は、日本屈指の参拝客を誇る「川崎大師」の初詣に。3区・8区は、海岸通りから風光明媚《ふうこうめいび》な初富士をバックに記念撮影。5区・6区は、応援客に毎年配られる箱根名物・温泉シチューパンをいただけます。ちなみに選手と一緒になって（自転車などで）伴走する一般人も、ほぼ神奈川県民。危険なので読者の皆さんはやめましょう。1977年には、なんと犬も伴走。

アメリカ人が角打ちしている これは横須賀限定の〝ふつう〟かもしれないが、日本人ならまだしも、米兵までもが角打ちしている酒屋がある。壁にはぎっしりドル紙幣が貼られて、米兵たちのサイン入り。言わずもがなアメリカの海軍基地は徒歩圏内。もしかしたら横浜開港時代には、県内全域で同じような光景が見られたのかもしれない。

出身地を「神奈川県」と言わない 日本人に出身地を訊《き》くと、ほとんどの人が都道府県名で答えるだろう。しかし、神奈川県出身の人は、「神奈川県出身」とは言わずに、市町村名で答える。その理由は、地域愛であり、県名よりも「ネームバリューが高い」と言う人もいる。「横浜」「川崎」「横須賀」「鎌倉」「逗子」「葉山」「三崎」「平塚」「藤沢」「小田原」「茅ケ崎」「海老名」「箱根」「真鶴」「湯河

Kanagawa Prefecture, but rather, give the name of their city, town, or village, out of their love of the region. Some also say that it's because they are "more established" than the prefecture. Speaking of which, there is no municipality called "Shonan;" the area has now come to own the name of "Shonan Area" after the name of the same area in China.

Surfboards on bikes
With special surfboard racks attached to their bicycles, be it those with baskets at the front or with small wheels, come

summer or winter, the locals all head for the sea just like that.

A Chinese herbal medicine called "*Uiro*"
The word "*Uiro*" calls to mind a sweet snack with a glutinous texture, a specialty of Aichi and Yamaguchi. But the first "*Uiro*" actually referred to a drug made by the *Uiro* family who excelled in medicine. But in Kanagawa, *Uiro* is a Chinese herbal medicine.

原」……確かに県名よりも、どんな地域かイメージがしやすい。ちなみに「湘南」という市町村はなく、中国の同エリア名にちなんで〝湘南エリア〟として、独自に呼ばれるようになったそう。しかしながら、かつて神奈川県に属していた町田市（現在は東京都）の出身者の中には、今も神奈川県民だと誇りを持っている人もいる。

自転車にサーフボードを載せている　湘南エリアを旅していて驚いたのが、サーフボードを自転車に括《くく》りつけて走っているサーファーたちがたくさんいたこと。専用のキャリアを自転車に装着して、ママチャリだろうがミニベロだろうが、夏でも冬でも、みんな当たり前のように海に向かって走っていく。風が強く、波の高い日には、湘南の海は、街よりも混み合っている。

「ういろう」という薬がある　ういろうと聞くと、もちっとした食感の甘いお菓子で、愛知県や山口県の名物を思い浮かべるが、実は小田原には、約600年以上前の室町時代から続く〝ういろう発祥〟の家がある。もともと「ういろう」とは、医術に優れていた外郎《ういろう》家がつくる薬「透頂《とうちん》香《こう》」を指し、神奈川県でういろうという薬のこと。そして、外郎家によって考案された米粉の蒸し菓子のことを「お菓子のういろう」と呼び、全国的に評判になったとか。

Normal for KANAGAWA
Ordinary Sights in KANAGAWA Found by d design travel

Text by Hideto Shindo
Illustration by Kifumi Tsujii

Guide running at the Hakone *Ekiden*
2023 welcomed the 99th race of Hakone *Ekiden*, a sports tournament in Japan that is dear to the hearts of Kanagawa locals. Speaking of which, most of the guide runners that run (or bike) with the *Ekiden* runners are them as well. In 1977, even dogs served as guide runners.

Americans drinking at liquor stores-cum-bars
There are liquor stores-cum-bars where not only Japanese, but even American soldiers are drinking in. The walls are covered with dollar bills signed by American soldiers.

No one ever says they are from "Kanagawa Prefecture"
People from Kanagawa Prefecture do not say they are from

BankART Station
Exhibition
Performance
Artist in Residence
School
Art Book
Art Goods
Café

焼肉 おみやげ出来ます
1人前300円から
アルバイト募集
ジンギスカン
ホッピー

café
vivement dimanche

ピカロじいさん ① 柳原良平+α《プラスアルファ》
シロウトにかぎって巨人ビイキなんです
アタシは巨人が負けるのが楽しみでネ
ピカロじいさん ② 柳原良平+α《プラスアルファ》
ナガシマー
ピカロじいさん

d design travel KANAGAWA TRAVEL MAP

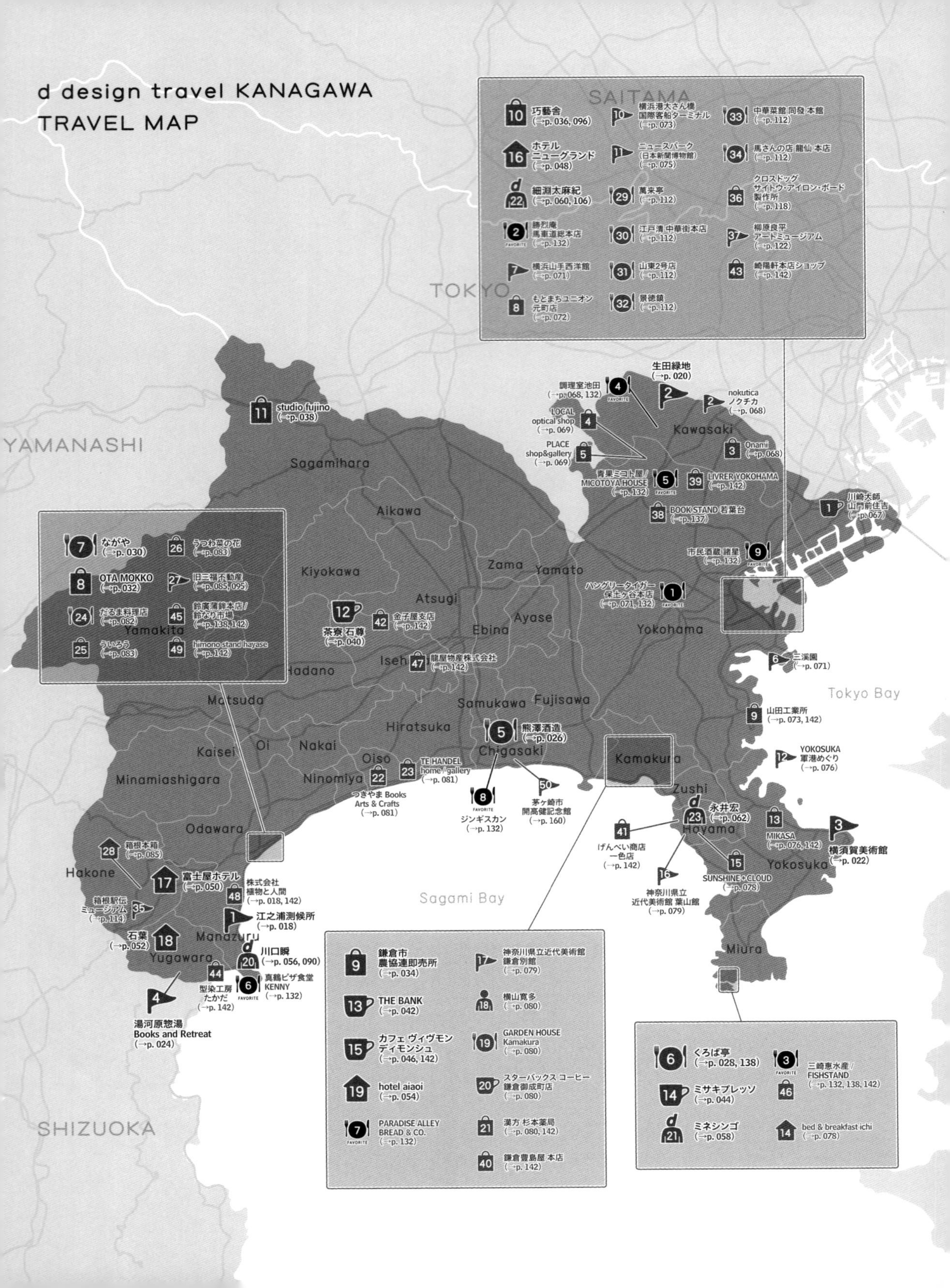

d MARK REVIEW
KANAGAWA

SIGHTS

RESTAURANTS

SHOPS

CAFES

HOTELS

PEOPLE

1

江之浦測候所

神奈川県小田原市江《え》之《の》浦《うら》 362-1
Tel: 0465-42-9170（事前予約・入替制）
午前の部 10時～13時　午後の部 13時30分～16時30分
火・水曜休 年末年始休、臨時休館あり
www.odawara-af.com　根《ね》府《ぶ》川《かわ》駅から車で約10分
※送迎バスもあり

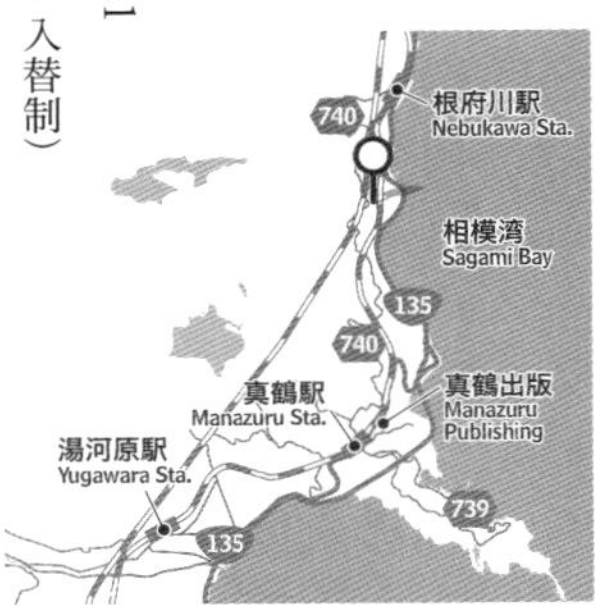

1. 相模湾を一望する蜜《み》柑《かん》山にあるアートミュージアム。

再生した蜜柑畑とアートが共存するランドスケープ。
ギャラリー棟や、石舞台、茶室、庭園などで構成され、
山の斜面を生かした広大なアート鑑賞。

2. 素材も生い立ちもユニークな建築群。

錆《さ》び果てたトタン屋根を用いた茶室『雨聴天』や、
鎌倉の明月院の門や、箱根の名旅館『奈良屋』の別邸の門なども。

3. 収穫した柑《かん》橘《きつ》をドリンクとして提供する『ストーン・エイジ・カフェ』。

自家農園の柑橘を使ったギフトも提案する農業法人「植物と人間」。
名産としての柑橘を、新しい形にデザインしている。

自分を見つめ直すランドスケープ　相模湾を一望する「小田原文化財団 江之浦測候所」は、名前が示す通り、ただのアートミュージアムではなく、「自然や世界を改めて〝測候〟することで原点に立ち返り、生きる意味を再確認しよう」という、現代美術作家の杉本博司氏による壮大なアートプロジェクトだ。『参道』入口にある「甘橘山」という墨筆の扁額《へんがく》から、この場所が、古くからの蜜柑畑だったことがわかる。『待合棟』で受付を済ませると、パンフレットが渡され、それをガイドに、正門『明月門』から、広大なランドスケープへと入っていく。江戸城の石垣のためだったという発掘された巨石を四隅に使った『石舞台』や、檜《ひのき》の懸造《かけづく》りの上に作られた『光学硝子舞台』など、点在する建築・アート群は、現在60。近隣の石丁場跡で採取された石を使った『根府川石 浮橋』『小松石 石組』や、もとあった小屋を改築した『化石窟』『茶室 雨聴天』……途中、竹林や蜜柑畑にも進入して、復活させた柑橘栽培の作業場も見学できる。大津みかんや黄《おう》金柑《ごんかん》など、収穫した柑橘の果実を搾りたてでいただける『ストーン・エイジ・カフェ』も併設し、〝万事汁す〟（ジュースの名前）とは、洒落《しゃれ》も利いている。新たなる命が再生される「冬至」。重要な折り返し点の「夏至」。それらを測候するための装置『夏至光遥拝100メートルギャラリー』と『冬至光遥拝隧道』。何気なく見える空や海や山が、まるで自分のことのように思えてくる場所。（神藤秀人《しんどうひでと》）

Enoura Observatory

1. An art museum located on Mt. Kankitsu overlooking Sagami Bay.

2. A group of buildings unique in both origin and materials, including Nebukawa stone and Komatsu stone.

3. "Stone Age Café" offers drinks made from harvested citrus fruits.

Overlooking Sagami Bay, the Enoura Observatory by Odawara Art Foundation is not just an art museum (by appointment only), but also a grand art project by the contemporary artist Hiroshi Sugimoto. At the parking lot, you can tell that this place was a citrus grove for a long time. There are currently 60 buildings and art groups scattered throughout the area, including Stone Stage that used excavated giant stones for its four corners, and the Optical Glass Stage with Amphitheater Seating, which is built on top of a cypress hanging structure. Along the way, visitors can also enter bamboo groves and citrus groves to see how the restoration of citrus cultivation. There is also a Stone Age Cafe where you can enjoy freshly squeezed juice from harvested citrus fruits. This is a place where the visible sky, sea, and mountains seem as if they were your own. (Hideto Shindo)

2

生田緑地

生田《いくた》緑地東口ビジターセンター
神奈川県川崎市多摩区枡形《ますがた》7-1-4
Tel: 044-933-2300
8時30分〜17時　年末年始休
www.ikutaryokuti.jp　東名川崎 ICから車で約15分
※各施設は、ウェブサイト参照

1. 都市にありながら、川崎市最大の緑地。

多摩丘陵の一角に位置し、東京からのアクセスも抜群の
“レジャーパーク”。都市に共存する、新しい自然環境。

2. 自然を背景に、老若男女が訪れるミュージアムを併設。

「岡本太郎美術館」をはじめ、「日本民家園」「伝統工芸館」
「かわさき宙（そら）と緑の科学館」など、
川崎市ゆかりのミュージアムが集結。
歩いて20分の所に「藤子・F・不二雄ミュージアム」。

3. 近郊のショップが集まるフードイベントを開催。

毎月第2・第4日曜開催の「森のマルシェ」では、自家栽培ワインや、
川崎の伝統野菜のらぼう菜を使ったベーグルなども登場。

緑のオアシス　都心からもアクセスがしやすく、ピクニックや遠足など、「生田緑地」には、いつ行っても人が溢《あふ》れていて、週末には県外ナンバーの車もたくさんあった。大人も子どももみんなが楽しめる〝川崎ならではのテーマパーク〟である。敷地内には、さまざまなテーマの施設があり、「川崎市立日本民家園」は、東日本を中心とした古民家が点在する野外ミュージアム。例えば「神奈川の村」では、墨書が残る古民家「北村家住宅」（秦野《はだの》市）や、多摩川の「菅《すげ》の渡し」にあった「菅の船頭小屋」（川崎市）などが見学できる。「枡形山」は、緑地内でも比較的高地にあり、鎌倉時代には、源頼朝の重臣・稲毛三郎重成が、城を築いたとされ、横浜や東京の市街地を望む。多摩丘陵の谷戸や尾根道を歩くと、童心に戻って自然散策をしたくもなる。シンボルタワー『母の塔』を目指し、「川崎市岡本太郎美術館」へ行く。『太陽の塔』で大阪のイメージが強い芸術家の岡本太郎（故）だが、実は、川崎市高津区出身。絵画をはじめ、彫刻や家具まで、今でもエネルギー溢れる数々の作品から〝太郎ワールド〟を体感できる。また、長年、川崎市多摩区に住み、『ドラえもん』をはじめ、数多くの漫画を描き続けた漫画家の藤子・F・不二雄（故）。川崎市文化賞も受賞するなど、川崎市とは縁も深く、「川崎市 藤子・F・不二雄ミュージアム」もある。老若男女、誰もが訪れたいきっかけがあり、地域周辺の人々にとって、オアシスのような場所。（神藤秀人）

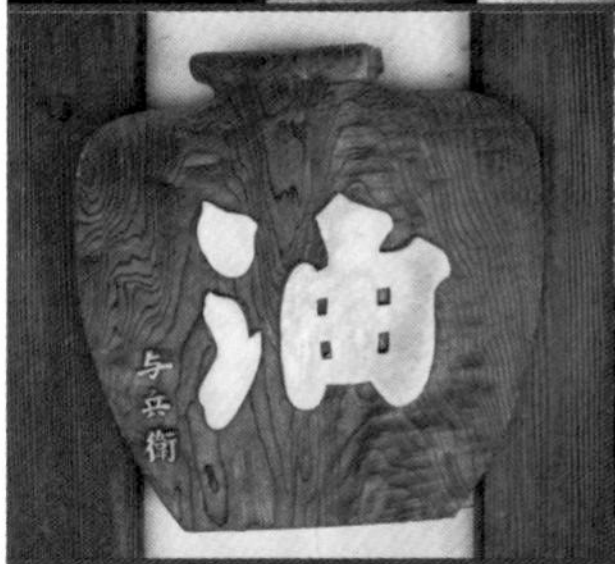

IKUTA RYOKUCHI PARK

1. **The largest green space in Kawasaki City despite its location right smack in the city.**

2. **With nature as a backdrop, the museum is visited by men and women of all ages.**

3. **Food events featuring nearby shops are held.**

Easily accessible from the city center, Ikuta Ryokuchi is always packed with people on picnics or excursions, and one can see many cars from other prefectures on weekends. It is a theme park unique to Kawasaki that can be enjoyed by the young and old. There are various themed facilities on the site. The Japan Open-Air Folk House Museum is dotted with traditional folk houses mainly from eastern Japan. See the symbolic "Tower of Mother" at the Taro Okamoto Museum of Art. One can still experience the "World of Taro" from his artworks that are brimming with energy. The late Fujiko F. Fujio also lived in Kawasaki for many years and drew many manga, including "*Doraemon*." He has a deep connection to Kawasaki, which is also home to the Fujiko F. Fujio Museum. It is an oasis-like place for everyone around the area to visit. (Hideto Shindo)

3

横須賀美術館

神奈川県横須賀市鴨居《かもい》 4-1
Tel: 046-845-1211
10時～18時　毎月第1月曜休（祝日の場合は開館）年末年始休
www.yokosuka-moa.jp
馬堀《まぼり》海岸駅からバスで約10分の観音崎京急ホテル・横須賀美術館前停留所から徒歩約2分

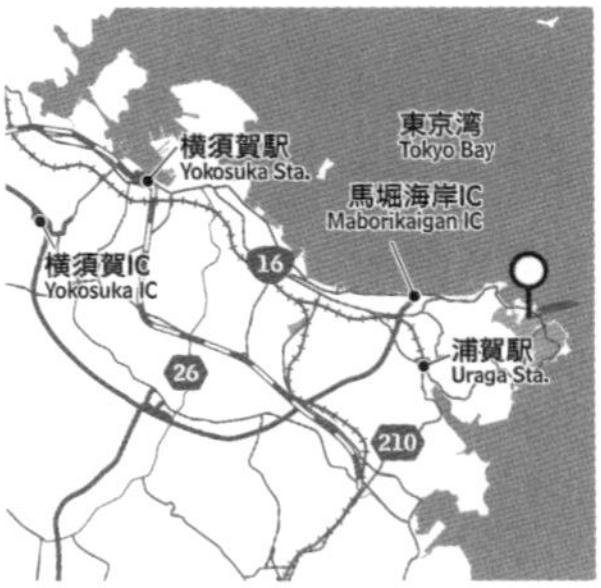

1. 軍艦の航路に面した“横須賀らしい景色”を持つ美術館。

2007年、神奈川県立観音崎公園内に開館。
海へと繋《つな》がる「海の広場」と、山へと続く「山の広場」がある。

2.『スカジャン展』や『運慶 鎌倉幕府と三浦一族』など、横須賀観光に繋がる企画展。

横須賀にアトリエを構えた画家・谷内六郎（故）の作品を常設。
ピクトグラムなどは、グラフィックデザイナー・廣村正彰氏。

3. 三浦半島の野菜を販売する『koyart』など、地域に開かれたイベントも開催。

アート鑑賞とアクティビティー、どちらも楽しめる。

海と山と街に開かれた美術館　ドブ板通り商店街を歩いている時に、『PRIDE OF YOKOSUKA スカジャン展』のポスターが目に止まった。スカジャンとは、「横須賀ジャンパー」の略で、戦後、米兵の日本滞在のお土産として、和装由来の鷲《わし》、虎、龍などの豪華絢爛《けんらん》な刺繍《ししゅう》を施したジャケットを作ったことが始まり。そんな横須賀ならではの企画がある「横須賀美術館」は、観音崎の岬の上に広がる観音崎公園内に位置し、目の前は、軍艦も横切る広大な海。ガラスと鉄板のファサードが特徴的で、大きなガラス箱のよう。展示室は、1階と地下に設けられ、高さを抑えることにより景観との調和を意識している。海側から入館し、そのまま構造部を突き抜ける螺旋《らせん》階段を上がると、屋上広場から公園内に入っていくこともできる。地元の人は、散歩のコースにもなっていて、船を見ながらひと休みしている。また、併設のレストラン「横須賀アクアマーレ」では、海を見ながら三浦半島産の食材を使ったランチを楽しんでいる。惜しくも僕は、スカジャン展を見逃してしまったが、この企画は、ドブ板通りへの誘致も目的としていたという。スカジャンコレクターはもちろん、「スカジャンは知っているけど持っていない」という横須賀市民も、実際に展示を見た後には、ドブ板通りの土産店へと向かったそう。横須賀をはじめ、三浦半島を巨大な美術館と見立て、これからも街のハブとして、多くの人が憩える場所であり続けてほしい。（神藤秀人）

Yokosuka Museum of Art

1. An art museum that offers typical views of Yokosuka facing the routes of warships.
2. Exhibitions such as "*Suka-jyan* Exhibition" and "Unkei: The Kamakura Shogunate and the Miura Clan."
3. Events open to the public, such as "koyart" that sells vegetables from the Miura Peninsula, are also held.

My eyes landed on the poster of "PRIDE OF YOKOSUKA *Suka-jyan* Exhibition." *Suka-jyan*, short for "Yokosuka jumper," were jackets with gorgeous embroidery of animals originating in Japanese traditional clothing that were born as souvenirs for American soldiers stationed in Japan to bring home after the war. The Yokosuka Museum of Art, which holds projects unique to Yokosuka, is located in Kannonzaki Park on Cape Kannon and offers views of the ocean and warships. The museum features prominent façade of glass and steel plates, and resembles a huge glass box. The exhibition rooms are located on the 1st floor and in the basement, and the museum is kept low to blend into the landscape. It would be great if people see Yokosuka and the Miura Peninsula as a giant art museum where many can relax, and continue to be a hub of the city. (Hideto Shindo)

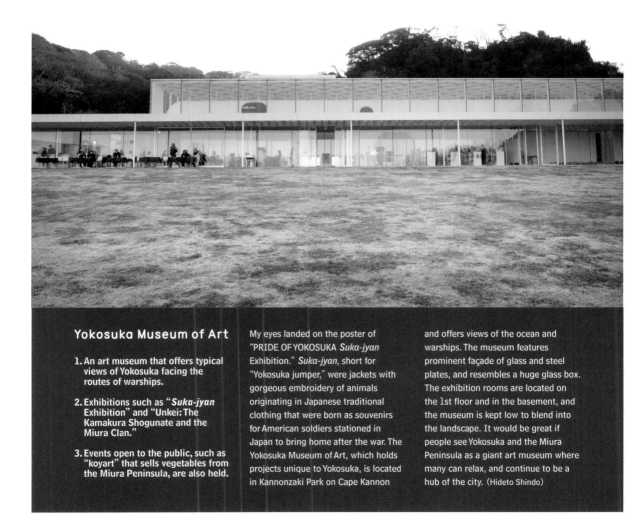

4

湯河原惣湯
Books and Retreat

神奈川県足柄下《あしがらしも》郡湯河原町宮上《ゆがわらまちみやかみ》566（玄関テラス）
Tel: 0465-43-7830
10時〜17時30分　第2火曜休
※惣湯テラスは、ウェブサイトにて事前予約制
yugawarasoyu.jp
湯河原駅から車で約10分

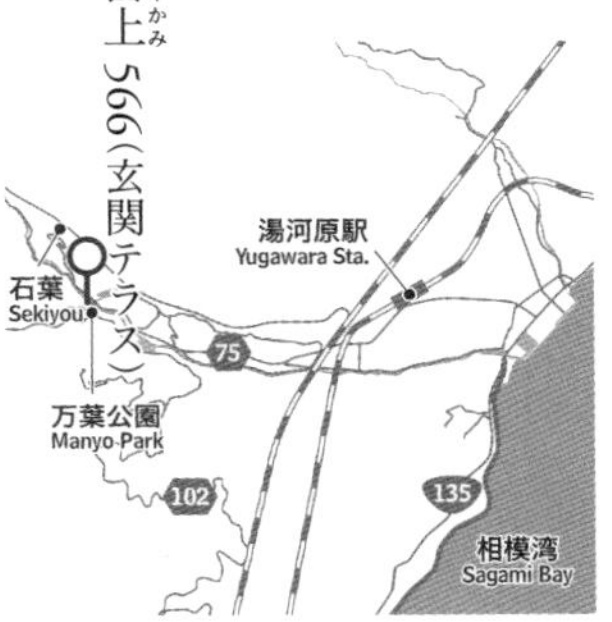

1. 森・湯・食・本を繋《つな》げた湯河原の“リトリート”。

公園の中にある温泉という公共の新しい在り方。
温泉施設の枠を超えた、現代版・湯治。

2. 元保養の別荘だった場所をリノベーションした「惣湯テラス」。

千歳川を望む、源泉掛け流し温泉（大浴場・貸切風呂の２種）。
建築設計は、仏生山《ぶっしょうざん》温泉の「設計事務所岡昇平」。
家具デザインは、「Luft」の真喜志奈美さん。

3. 珈琲片手に、万葉公園を散策できる「玄関テラス」。

三崎港で水揚げされたまぐろを使ったツナサンドイッチなどもあり、
観光客だけでなく、地元の人やノマドワーカーも利用可。もちろん足湯もある。

湯河原にとっての温泉　湯河原駅に降り立つと、まず隈研吾氏設計の駅前広場が迎えてくれる。日本を代表する温泉地の一つだが、大きなビルや人混みはなく、中心となる温泉街も駅から少し離れた場所に位置していて、どこか人間味のある風情が残り、まさに保養地といえる。明治には、多くの文豪にも愛され、遡《さかのぼ》れば『万葉集』の中で、唯一温泉のことを歌っているのも、ここ湯河原温泉である。そうした歴史から、１９５１年に誕生した「万葉公園」が、２０２１年、「湯河原惣湯 Books and Retreat」としてリニューアルした。公園のエントランスに当たる「玄関テラス」は、陽が暮れるとぼんぼりのような照明が灯り、幻想的な情景を作り上げるが、実はカフェ併設のコワーキングスペース。事前予約も不要で、足湯だって無料。さらに珈琲片手に、森の中を散策するのもお薦めで、千歳川に沿うように整備された遊歩道には、テラス席が点在していて自由に利用もできる。そして、公園の奥にあるのが、日帰り温泉施設「惣湯テラス」。予約・定員制で、着心地のよい室内着に着替えてのんびりと寛げる。源泉掛け流しの温泉やサウナ、ライブラリーもあり、読書や居眠りももちろんOK。季節に沿った絶品料理がいただけるダイニングに、不定期で開催しているヨガまで。あえて宿泊施設を用意していないのは、周辺の旅館との共存共栄の考えが根底にある。この場所を通じて、本来の〝湯河原らしさ〟をぜひ体感してほしい。（神藤秀人）

Yugawara Soyu Books and Retreat

1. A retreat in Yugawara that connects you to forests, hot springs, food, and books.

2. Soyu Terrace is remodeled from a resort villa.

3. The Genkan Terrace where one can stroll around Manyo Park with a cup of coffee in hand.

Established in 1951, Manyo Park was remodeled into Yugawara Soyu Books and Retreat in 2021. The Genkan Terrace, which is the entrance to the park, is actually a coworking space with a café attached. Come nightfall, the lantern-lights turn on to create a surreal scene. Prior reservations are not necessary, and even the footbath is free. The walking trail along the Chitosegawa River is dotted with terrace seats for guest as well. And right at the back of the park is the day-use hot spring facility, Soyu Terrace, where one can relax in their comfortable loungewear. It has a hot spring bath, a sauna, and a library. The dining room serves seasonal dishes, and sometimes holds yoga sessions. The reason why no accommodations are offered is rooted in their desire to coexist with the surrounding *ryokan*s in mutual prosperity. (Hideto Shindo)

5

熊澤酒造

神奈川県茅ヶ崎市香川 7-10-7
Tel: 0467-52-6118（酒蔵部）
8時～17時　土・日曜・祝日休（年末年始は要連絡）
※営業時間は、各店舗による
www.kumazawa.jp
茅ヶ崎中央ICから車で約15分

1. 創業150余年。湘南唯一の蔵元が作った複合施設。

鎌倉にあった築450年の古民家や、
築100年の土蔵などをリノベーション。

2. 酵母を使ったパンやピザなど、酒蔵ならではのメニュー。

1996年に誕生した「湘南ビール」の煮込み料理や、
地酒「天青」の貝の酒蒸し、酒粕《さけかす》を使ったスイーツなど、どれも絶品。

3. 湘南地域の作家や農家を巻き込む活動がある。

店で使用される道具類は、「okeba gallery & shop」で。
日替わりで農家が出店する「mokichi green market」や、
2022年から始まった「くまざわ市」など、さまざまなイベント。

湘南の未来をつくる蔵元　湘南唯一の蔵元と聞いて、頑固一徹、昔ながらの日本酒造りに一心不乱……と、イメージだけが先行してしまったが、実は「熊澤酒造」は、日本の酒蔵におけるクラフトビール造りの先駆け。緑に囲まれたエントランスから入ると、大きなシンボルツリーのメタセコイアがある中庭を中心に、いくつかの建物があって、例えば、築１００年の土蔵は、「mokichi baker& sweets+wurst」。ビール酵母を使ったパンをはじめ、自家製のソーセージなどが購入できる。そこに隣接するのが、築２００年の古民家の「mokichi cafe」。購入したパンはもちろん、「酒粕ラテ」などと一緒にお茶ができる。そして、築４００年を超える2軒の古民家が、「MOKICHI TRATTORIA」。裏山の自然と一体となり武家屋敷のような風格がある。日本酒造りのタンクを利用したピザ窯では、湘南のしらすを使ったチチニエリなどが焼かれ、湘南ビールを使った豚バラ肉のビール煮など、メニューも酒蔵ならでは。さらに、湘南の作家やアーティストを紹介するギャラリーも併設し、２０１８年には、地域に開いた保育施設「ちがさき・もあな保育園」も備わり、まるで小さな村のような蔵元。古くからこの地域は、豊かな水田とともに歩んできた。関東最大級の集落も誕生し、時代を経てもまだ田園風景は残っている。6代目蔵元の熊澤茂吉さんは、そんな当たり前の暮らしを、これからも続けていくために、この場所に未来をつくっている。（神藤秀人）

KUMAZAWA BREWING COMPANY

1. **The complex was built by Shonan's only brewery, which was established over 150 years ago.**
2. **A menu only *sake* breweries can offer, such as bread and pizza made with yeast from the brewery.**
3. **They offer activities that involve writers and farmers in the Shonan area.**

There are several buildings around the courtyard. One of them is the century-old storehouse, "mokichi baker&sweets + wurst," where they sell food such as bread made with beer yeast and homemade sausages. Adjacent to it is "mokichi café," rebuilt from a 200-year-old *kominka*, where you can have your bread with tea. Next is "MOKICHI TRATTORIA," rebuilt from two *kominka*s aged over 400 years that melds into the nature of the mountains at the back. It has a pizza kiln made from *sake* brewing tanks to bake dishes such as cicenielli. The menu also features dishes only *sake* breweries can offer, such as pork belly braised in Shonan beer. There's also a gallery that introduces Shonan artists and writers, and in 2018, opened a daycare "Chigasaki Moana Nursery School" that is open to the community, making the brewery like a small village. (Hideto Shindo)

6

くろば亭

神奈川県三浦市三崎 1-9-11
Tel: 046-882-5637
11時～20時（L.O. 19時） 水曜休（祝日の場合は、翌日休）
kurobatei.com
三崎港バス停から徒歩約5分

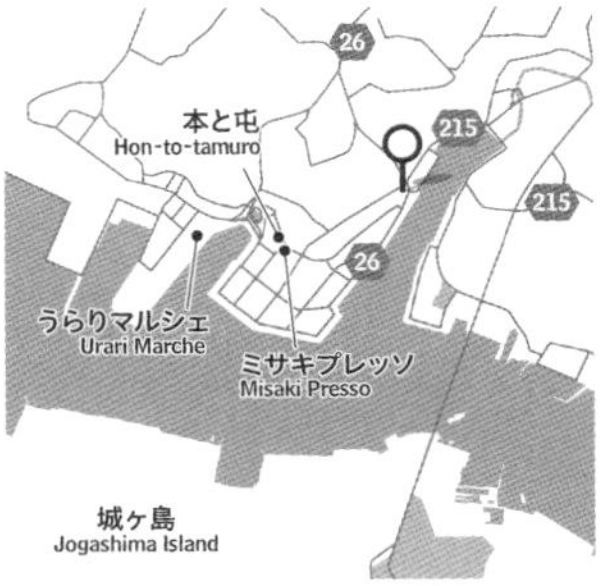

26
本と屯
Hon-to-tamuro
215
215
26
うらりマルシェ
Urari Marche
ミサキプレッソ
Misaki Presso
城ヶ島
Jogashima Island

1. 三崎港随一のまぐろ料理専門店。

日本一のまぐろ漁師を先祖に持つ、その一族による店。
独自のまぐろ料理を駆使して、三崎の魅力を全国に知らしめている。

2. 伝統的かつ独創的なまぐろ料理。

「のど」「目玉」「ハチ（脳天）」「ホホ」のシンプルで斬新、
伝統の「頭刺身盛り」に、フランス料理から着想を得た
「まぐろホホ肉シャリアピンステーキ」まで、
見たことも聞いたこともない初めてのまぐろ。

3. 店内を飾る、創意ある「まぐろ」のイラスト。

『まぐろカブト（頭）の解体ショー』をはじめ、
店そのものがアートで、まるで“まぐろミュージアム”。

まぐろと生きる一族　三浦半島の突端、三崎は、古くから遠洋漁業の拠点として発展してきた港町。昭和の時代には、漁船に冷凍庫が搭載され、「冷凍まぐろ」が誕生。全国でもトップクラスの水揚げ量を誇るようになったという。その頃のまぐろ漁といえば、一度海に出れば一獲千金。戻って来た日には港で豪遊……そんな三崎で店を構える、まぐろ料理の専門店「くろば亭」。初代・山田芳央さんが描いたテントからは、店のこだわりが犇犇《ひしひし》と伝わってくる。毎日、オープンと同時に、『まぐろカブト（頭）の解体ショー』が始まり、店先はたちまち観光客で溢《あふ》れかえる。包丁を握るのは、3代目の玄太さん。店内にも魚の絵が張り巡らされていて、まるでアートのよう。お薦めは、まぐろ漁船の伝統料理を含む、「三崎まぐろ一匹盛り（11種）」。「これは、トロ」「こっちは、目玉?」と、まぐろの体を想像しながら味わった。まぐろ漁師だった芳央さんの父・重太郎（故）さんが、世界中の海で出会ってきた〝世界のまぐろ料理〟。それをヒントに、くろば亭の料理は生まれてきた。200海里漁業水域により〝まぐろ基地〟としての三崎は、次第に衰退……200隻近くあった漁船も、今ではたったの2隻。しかし、2代目の拓哉さんは、「たとえまぐろがなくなっても、まぐろの町として残したい」と強い志を持つ。かつて漁師たちが、土産にしたという胃袋は、アヒージョとして美味《おい》しくいただける。料理にとって、町にとって、三崎のまぐろには、無限の可能性がある。（神藤秀人）

Kurobatei

1. **The best tuna speciality restaurant in Misaki Port, a hub for tuna fishing boats.**
2. **Traditional and original tuna dishes.**
3. **Ingenious illustrations of "tuna" are displayed throughout the restaurant.**

Kurobatei is a restaurant specializing in tuna dishes. The tent in front of Kurobatei was painted by its founder and owner Yoshio Yamada, and clearly shows the restaurant's commitment to its customers. Every day, the restaurant opens with a "tuna head carving show" and the storefront immediately teems with tourists. The carving show is led by owner's grandson Genta Yamada. The restaurant resembles a work of art with illustrations of fish displayed throughout it. I was recommended the "Misaki Tuna Highlights Platter" that includes every part of tuna, and I savored it while imagining the internal organs of the tuna. The 200 nautical mile fishery zone has reduced the number of tuna fishing boats from nearly 200 to just two. Owner's son Takuya Yamada, however, wants to "keep Misaki as a tuna town even if there's no more tuna." (Hideto Shindo)

7

ながや

神奈川県小田原市早川 212-5
Tel: 0465-22-8765（要予約）
ランチ 12時〜　ディナー 18時〜　日・月曜休
早川駅から徒歩約1分

1. 湘南の台所・小田原港膝下《しっか》の創作和食。

毎朝小田原港から仕入れる魚介を中心としたコース料理。
角鯵《かくあじ》や石鯛《いしだい》、高足ガニなどを、独自のセンスで絶品料理に。
小田原名物・蒲鉾《かまぼこ》は、もちろん自家製。〆《しめ》は、手打ちそば。

2. 神奈川県のものづくりをちりばめた店。

暖簾《のれん》は、湯河原の型染工房「たかだ」によるもの。
盆や箸置きは、「鎌倉彫」と「箱根寄木細工」の伝統的工芸品。
料理を盛り付ける器は、県内を主に作家もの多用。

3. 東京からパリ、温泉旅館、城下町で腕を磨いた孤高の料理人。

さまざまな料理のエッセンスを、湘南の食材に集約。
「清川恵水《きよかわめぐみ》ポーク」や「阿夫利《あふり》牛」などの肉料理も美味《おい》しい。

その土地らしい日本料理　城下町としても栄えた小田原は、これまで多くの旅人を迎え入れてきた由緒ある宿場町。小田原駅の1駅隣り、早川駅で下車する。東海道本線のＪＲ東日本の管轄の中で、最も利用者が少ないそうだが、どこか映画や小説の一場面のようでワクワクもし、今では珍しい瓦屋根の木造の駅舎も趣がある。また、相模湾が目と鼻の先に広がっていて、湘南の料理人もこぞって利用するという小田原港の魚市場もある。そんな知る人ぞ知る場所に、日本料理店「ながや」はある。湯河原の型染工房「たかだ」の鯛の暖簾が際立ち、大磯石の玄関には、丁寧に打ち水がしてある。古美術商から譲り受けたという「鎌倉彫」の丸盆が映える白木のカウンターが特徴の店内では、店主の料理人・長屋偉太さんが迎えてくれる。料理はコース仕立てで、メニューは、毎日、魚市場で仕入れる新鮮な魚介を中心に組み立てられる〝創作和食〟。長屋さんが蒐集《しゅうしゅう》した器も魅力で、例えば、生のりとサザエの蒸しものは、秦野《はだの》の陶芸家・中島克童《かつどう》氏。イクラを添えた芋餅は、秦野の陶芸家・伊藤麻沙人《まさと》氏。角鯵と石鯛のわら焼きは、箱根の「イパダガラス」。長屋さんは、県内で7年、東京で5年、パリで8年料理を学んだのち、奥さんの地元・小田原に居を移してきた。そして、２０１5年、〝湘南の台所〟ともいえる小田原港の傍らで、再出発を果たした。長年培ったおもてなしの心と、料理のアイデアと、地域愛に、癒される店。（神藤秀人）

Nagaya

1. **Creative Japanese cuisine in the kitchen of Shonan, near Odawara Port.**

2. **The restaurant is studded with craftsmanship from Kanagawa Prefecture.**

3. **A solitary chef who honed his skills in Tokyo, Paris, a hot spring inn, and a castle town.**

Right in front is the Sagami Bay, and there is a fish market at Odawara Port that all Shonan chefs go. Only a few people know that "Nagaya" is located in such a place. The sea bream fabric curtain in front of Nagaya stands out, and the Oiso stone entranceway is carefully sprinkled with water. The owner-chef Yorito Nagaya welcomes you in his restaurant that features a white wooden counter. The menu offers creative Japanese cuisine that mainly comprises fresh seafood he procured from the market every day. He serves *imo-mochi* with salmon roe on crockery, and straw-baked whitefin trevally and striped beakfish. After learning cooking for 7 years in Kanagawa, 5 years in Tokyo, and 8 years in Paris, he moved to Odawara, his wife's hometown. In 2015, he made a fresh start beside Odawara Port, also known as the "kitchen of Shonan."
(Hideto Shindo)

8

OTA MOKKO

神奈川県小田原市板橋 179-5
Tel: 0465-22-1778
11時～16時　水・日曜・祝日休
ota-mokko.com
箱根板橋駅から徒歩約2分

1. 唯一無二の、モダンな「箱根寄木細工」。

楓《かえで》や胡桃《くるみ》、苦木《にがき》や神代木まで約30種類の木材を材料に、
伝統工芸をリスペクトしながらも、独自の「寄木細工」を作っている。
染色したり、“ボコボコ”にしたり、流木を付けたり……

2. 1928年築の旧大窪支所の木造建物をリノベーション。

事務室を工房に、蔵造りの書庫は、木材の保管スペースに利用。
工房での見学後には、会議室だったショップで商品を購入できる。

3. 若手の寄木職人ユニット「雑木囃子」を結成。

小田原の「鈴廣《すずひろ》かまぼこ」や、東京の「松屋銀座」、
「D&DEPARTMENT」など、産地内外での作品展示を行なってきた。

〝その職人らしい〟寄木細工　旧大窪支所の木造建築を改築した「OTA MOKKO」は、寄木細工の工房兼ショップ。外観は、一見お洒落《しゃれ》なカフェのようだが、建物の中は、電鋸や旋盤もある正真正銘の木工所。工房のガラス窓からは寄木細工職人・太田憲さんの作業風景が見えるようになっていて、僕が行った時には、さまざまな色合いや風合いの木を寄せ合わせて「種板」を作っていた。寄木細工が面白いのは、材料そのものを作るところにあり、それが最終的な製品の〝顔〟になること。職人は、その顔をイメージして、木を組んでいくのだ。そして、その種板を鉋《かんな》で薄く削ったものを「ヅク」と呼び、それを箱などの製品に貼り付けることを「ヅク作り」と言う。また、種板をそのまま加工して形作ることを「ムク作り」と言う。山形県出身の太田さんは、手仕事への興味を持ち、職業訓練校で、ものづくりの基礎を学んだ。そして、日本の伝統的工芸品でもある箱根寄木細工と出会い、2003年、箱根の「木路」に入社。8年間の修業を経て、2012年に独立。江戸時代、木の種類が豊富な箱根の山の特性から、宿場町の土産物として誕生した箱根寄木細工。彼の作品には、従来の〝伝統〟に加え、独自の〝デザイン〟がある。あえて表情をつけた種板を作ったり、染色したり、「流木」だって取り付けてしまう。そうして生まれる寄木細工には、人間らしさがある。人から人へ贈られる心のこもった土産物。（神藤秀人）

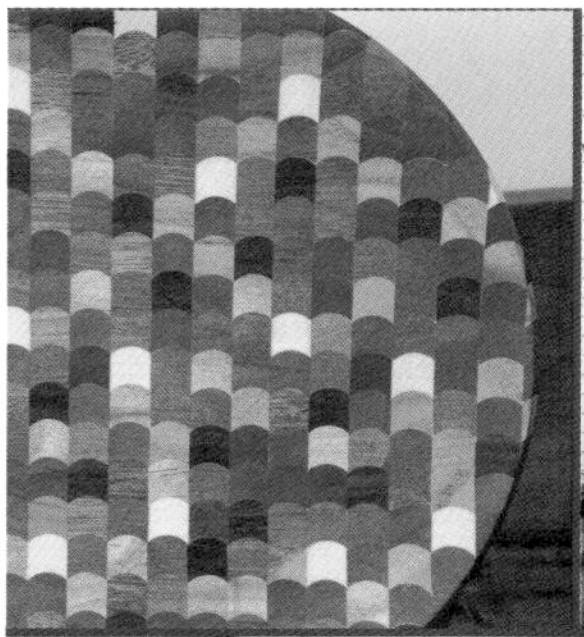

OTA MOKKO

1. **Modern Hakone marquetry where no two pieces are the same.**

2. **Remodeled from the wooden building of the former Okubo Branch built in 1928.**

3. **Formed a unit of young marquetry artisans called "*Zoki-Bayashi*" to revitalize the production area.**

OTA MOKKO is a marquetry workshop-cum-shop that was remodeled from the wooden building of the former Okubo Branch. It may look like a chic cafe from the outside, but it's a genuine woodworking workshop with electric saws and lathes. When I was there, h was making coasters by processing veneers of various hues and textures into cylinders, and then piecing them together to make "*tane-ita*." The interesting thing about marquetry is that it starts with making the material itself, and that becomes the "face" of the final product. The artisan assembles each part with that face in mind. Ken's works are not just traditional but uniquely designful. They deliberately make *tane-ita* with expressions and dye them, and even add "driftwood." Marquetry created this way has a humane aspect to it. A heartfelt souvenir from one to another. (Hideto Shindo)

9

鎌倉市農協連即売所

神奈川県鎌倉市小町 1-13-10
8時頃〜日没頃（野菜が無くなり次第終了）
1月1日〜4日休
kamakurarenbai.com
鎌倉駅から徒歩約5分

1. 鶴岡八幡宮の参道にある地元農家による「鎌倉野菜」の直売所。

1928年発足。4班に分かれ、4日ごとに出店。毎日営業。
鎌倉の料理人だけでなく、観光客もわざわざ買いに来る。

2. “七色畑”とも称される少量多品種のカラフルな野菜たち。

ロマネスコやコールラビ、アイコ、パースニップ……
知らない野菜は、訊《き》けば調理法まで親切に教えてくれる。

3. 洗練されたショップも入る「鎌倉中央食品市場」が隣接。

唯一無二の前衛的パン屋「PARADISE ALLEY BREAD & CO.」や、
40年の歴史ある町中華「大新」など、地元で愛される店が入居。
「DAILY by LONG TRACK FOODS」では、鎌倉野菜を使った惣菜《そうざい》も販売。

湘南の台所　由比ガ浜《ゆいがはま》から鶴岡八幡宮に伸びる「若宮大《わかみやおお》路《じ》」。格式高い参道沿いに「鎌倉市農協連即売所」はある。「レンバイ」の愛称で親しまれ、まるで中東諸国のバザールのようで、バラック的な佇《たたず》まいがどこか懐古的。毎日営業している「鎌倉野菜」専門の直売所で、色とりどりの新鮮な野菜たちがぎっしりと並べられ、それを囲むようにたくさんの買い物客で賑《にぎ》わっている。少量多品種で作られる鎌倉野菜の畑は、〝七色畑〟ともいわれ、年間１００種類近くの野菜が育てられる。ショッキングピンクの「ものすけ」は、手で皮が剥《む》ける幻のサラダカブ。神奈川県の伝統野菜の「三浦大根」も、でっぷりと太って貫禄もある。地域の住民や、湘南エリアの料理人、遠方からの食通たちに混ざって、僕は、「パースニップ」という鎌倉野菜に手を伸ばした。白にんじんとも呼ばれる野菜は、グリルやポタージュがいいそうだ。１９２８年発足の鎌倉市農協連即売所。古都と高級住宅地でも知られる鎌倉は、農業のイメージとはあまり重ならないが、今でも自然や風土を大切にする人が多いことがこの場所を支えている。地元農家が4班に分かれ、4日ごとに出店しているため、お気に入りの農家を目がけて行列もできる。蒸し野菜やピクルスに良いと、小分けになったセット野菜を扱う農家もいて、そんな野菜にぴったりのドレッシングやディップソースなどを販売する店も入る「鎌倉中央食品市場」も併設。豊かな〝鎌倉の日常〟が買える場所。（神藤秀人）

Kamakura Renbai

1. Produce stands selling Kamakura vegetables by local farmers on the road to Tsurugaoka Hachimangu.

2. A variety of colorful vegetables in small quantities, also known as “seven-colored field.”

3. Adjacent to it is the Kamakura Central Food Market, which also has intricate stores.

Wakamiya Oji is a street stretches from Yuigahama Beach to Tsurugaoka Hachimangu Shrine. Along this stately approach to the shrine lies the produce stands of the Kamakura Federation of Agricultural Associations Market, nicknamed “RENBAI” by the locals. Open everyday, the produce stands are crowded with shoppers wanting to buy their colorful, fresh Kamakura vegetables. The Kamakura vegetable fields are also known as “seven-colored fields” with nearly 100 kinds of vegetables grown each year. Joined by local residents, chefs from Shonan-area, and foodies from far and wide, I reached for a “parsnip,” a Kamakura vegetable, which is good grilled or in a potage. Although most do not associate Kamakura, also known as an ancient capital, with agriculture, many people who cherish its nature and the climate still support this place. (Hideto Shindo)

10

巧藝舎

神奈川県横浜市中区山手町 184
Tel: 045-622-0560
10時〜17時（土・日曜・祝日は、13時〜）月曜休
www.kogeisha-yokohama.com
元町・中華街駅から徒歩約5分

1. 貿易商が前身の、横浜ならではの民藝《みんげい》ショップ。

1970年創業。日本における“世界の民藝店”の先駆者。
貿易商のノウハウを生かし、成し遂げることができた輸入業。

2. 濱田庄司《はまだしようじ》や芹沢銈介《せりざわけいすけ》、外村吉之介《とのむらきちのすけ》や柚木沙弥郎なども参考にした海外の手仕事。

メキシコの「エキパルチェア」や、インドの「ガンジファ」、
イランの陶器やタイル、アフリカの絞り染めのスカートなど、
その美しさとユニークさは、極めて巧妙。

3. 世界各地の作り手と繫《つな》がり、後継者問題にも親身な店主・小川能里枝《のりえ》さん。

誰に対してもものづくりの素晴らしさを伝えてくれる。
横浜ならではの歴史や文化も熟知している。

海から来た民藝　横浜の山手町にある「巧藝舎」は、世界の民藝品を扱う店。門をくぐると、アジアをはじめ数々の民藝品が所狭しと並べてある。その数およそ３００種類、数万点。例えば、インドの「ガンジファ」は、伝統的なプレイングカード。神話や民族伝承をモチーフにした手書きの絵が味わい深い。１９７０年代、店主の小川能里枝さんとご家族（父・弟）は、日本の照明器具を輸出する貿易商を営んでいた。当時は、１ドルが３６０円という固定相場制で、輸入業は論外だったという。しかし、そこは貿易商の特権で、中華街などには「闇ドル」を扱う場所もあったとか……そして、世界中の国へ行く度に、美しく珍しい手仕事の品々を集めてきていた。そこに目を付けたのが、民藝運動の錚々《そうそう》たるメンバーたち。「先生方の役に立つのならば」と、小川さんたちは、意を決して、輸出業から輸入業へと転身。１９７８年、巧藝舎が誕生。ペルーの「フリの十字架」は、屋根に付ける魔除けで、屋根職人がブリキで作ったもの。かなり手の込んだ作りなのだが、電化に伴い、雷が落ちる危険性から、その需要が減っているそうで、寂しげな表情を浮かべる能里枝さん。その代わり、きっと新しい手仕事が生まれてくるはずと、希望の笑顔も見せてくれる。今でも、日本各地の民藝館や民藝店のコレクションの多くを担う巧藝舎。横浜という世界の窓口から、日本各地へ、楽しくて美しい〝世界の手仕事〟の素晴らしさを伝えている。（神藤秀人）

Kogeisha

1. **A folk craft shop unique to Yokohama, owned by former export traders**

2. **Overseas crafts that have inspired artists including Shoji Hamada, Keisuke Serizawa, and Samiro Yunoki**

3. **Connected to artisans worldwide, Norie Ogawa understands the challenges of maintaining traditions**

Located in Yamatecho, Kogeisha offers thousands of folk craft works from around the world. In the 1970s, store owner Norie Ogawa's family operated an export business. Each time they visited different countries, they collected beautiful handicrafts. After these drew the attention of prominent members of the Mingei Movement, the Ogawa family switched to an import business, establishing Kogeisha in 1978. Crafted from tin, the Peruvian folk art cross attached to the store's roof is a traditional charm said to repel evil. With a hint of sadness, Norie mentioned that with the increased risk of lightning strikes in modern times, demand for such crosses has declined. Smiling hopefully, however, she claimed that a new type of handiwork would take its place. Today, Kogeisha still supplies pieces for many folk craft collections. (Hideto Shindo)

11

studio fujino

神奈川県相模原《さがみはら》市緑区牧野 3613
Tel: 042-682-0045
12時～17時　土・日曜のみ営業
studiofujino.com
相模湖 IC から車で約15分

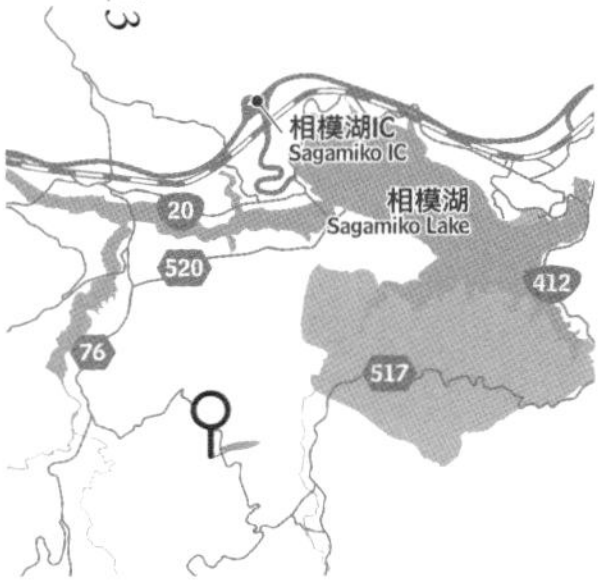

1. 藤野にゆかりのあるアーティストの作品を扱うギャラリー。

陶芸や漆芸、木工、竹細工まで、全国の洗練された作品たち。
大谷石《おおやいし》のギャラリーなども使い、不定期で開催する合同の展示会。

2. カフェで使用する木の器は、オーナーの木工家・藤﨑均さんによるもの。

器だけでなく、家具や建具もオーナーの作品。
自家製の季節のスイーツやサンドイッチもお薦め。

3. グラフィックデザイナー・東川裕子さんとの共同スタジオ。

美大生を含む、これからのアーティストたちのコミュニティー。
都心からも近く、移住者も居心地のよい地域性。

芸術の町のこれから

相模湖が広がる旧藤野町は、古くから炭焼きや養蚕《ようさん》を生業としていた里山の町。養蚕農家の建物を改築した「studio fujino」は、木工家・藤﨑均さんと、妻のグラフィックデザイナー・東川裕子さんの共同スタジオ。建具や家具は、藤﨑さん自らが製作し、地域の雑木を使って小物なども作っている。欅《けやき》や栗、胡桃《くるみ》、桜、榎木、金木犀《きんもくせい》、イチョウ……そのどれもがスタイリッシュで、特に僕が、気になったのは「黒柿」で、墨色の帯が特徴的だった。それと「漆の木」は、想像以上に黄色くきれい。ギャラリーでは、他にも近隣のアーティストの作品も扱っていて、それらの一部は、併設のカフェでも使用している。1月には、自家製の金柑《きんかん》のタルトを、藤野の陶芸家・小泉敦信《あつのぶ》さんの白磁のプレートでいただいた。実は、藤野は、知る人ぞ知る〝芸術の町〟。戦争時代には、疎開者の中に藤田嗣治《つぐはる》や、猪熊弦一郎《いのくまげんいちろう》などの有名な芸術家たちもいたそうで、彼らは、相模湖周辺を、芸術村に見立てて、〝大芸術都市構想〟を語り合ったという。やがて、多くの芸術家たちも移住してきて、1986年には「ふるさと芸術村構想」が提案され、関連施設も建ったそう。藤野周辺を活動拠点にするアーティストは、今でも多い。「gallery studio fujino」では、定期的に合同の展示会も開催し、新しい芸術の町として地域を再興させる活動がある。住民やアーティスト、美大生、そして、観光客にとっても必要なコミュニティー。（神藤秀人）

studio fujino

1. The gallery showcases works of artists with ties to the Fujino area

2. Wooden utensils used in the cafe have been created by the owner and woodworker Hitoshi Fujisaki.

3. Hitoshi shares the studio with his wife and graphic designer Yuko Higashikawa

A renovated building once used for silkworm farming, studio fujino is the base of woodworker Hitoshi Fujisaki and his wife Yuko Higashikawa, a graphic designer. In addition to doors, windows, and furniture, Hitoshi makes small items from local trees. The gallery also contains the work of other artists in Fujino, some of which are used in the adjoining cafe. During the war, famous artists including Tsuguharu Foujita, Genichiro Inokuma were among evacuees to the area, and they launched a movement to make it look like an art village. Eventually, The Hometown Art Village Project proposed in 1986, and there are still a number of artists based in the vicinity. studio fujino holds regular joint exhibits, reinvigorating the town as a new hub for art and providing a sense of community for artists, art students, and tourists. (Hideto Shindo)

12

茶寮 石尊

神奈川県伊勢原市大山12（大山阿夫利神社下社内）
Tel: 0463-94-3628
10時〜16時30分　不定休
www.instagram.com/saryo_sekison/
大山ケーブルカー 阿夫利神社駅から徒歩約３分

1. 相模湾を望む、大山阿夫利神社に併設する絶景カフェ。

参拝客だけでなく登山客も一服する開放感あるテラス席。
大山の名水で淹れた珈琲や、節分で使用する桝を
器にした「升ティラミス」が美味しい。

2. モダン且つ神社との親和性を保つ寛容な建築。

神社の応接室を山小屋風にリノベーション。
改修は、神奈川出身の建築家・堀部安嗣氏。

3. 現代の「大山詣り」のきっかけになるカフェ。

大山ケーブルカーから期待感が高まる“現代版大山詣り”。
左官職人・守谷玲太氏などの作品が奉納されるギャラリーを併設。
神事も執り行なわれる。

大山の絶景カフェ　伊勢原市のシンボル・大山。別名「雨降山」とも呼ばれ、雨乞いや五穀豊穣の祈願だけでなく、商売繁盛にも御利益があり、江戸時代には「大山詣り」として大山への旅が大人気だったという。今もその風習は残っていて、僕もこの取材で初めての大山詣りに行った。大山の麓の駐車場からは、「こま参道」の３６２の階段を上がる。昔ながらの土産店や茶屋も並び、金回りが良くなる縁起物として「大山こま」も作られてきた。その先、Ｇマーク受賞の大山ケーブルカーに乗り込み、次第に開けていく山々の景色に期待感も増していく。終点で降り、最後の石階段を上がれば、江戸の庶民も目指した「阿夫利神社（下社）」が待っている。振り返れば、見渡すかぎりの絶景が広がり、相模平野から江ノ島、三浦半島、横浜や東京のビル群、天気が良ければ房総半島や伊豆大島まで見える。参拝を済ませ、神社の回廊に併設された「茶寮 石尊」へ立ち寄る。もともと応接室だったスペースをモダンに改築していて、設計は、瀬戸内「ガンツウ」の堀部安嗣氏。ハンス・Ｊ・ウェグナーのＹチェアや、Ｙチェアを模して作った座椅子などの室内もあるが、僕のお薦めは、屋外のテラス席。神社は、決して格式の高いものではなく、本来は日常の暮らしの中にある場所。年に一度の大山詣りだけでなく、もっと阿夫利神社の魅力を伝えたい、と寮長の権禰宜・目黒久仁彦さんは言う。カフェという身近なものから始める〝新しい大山詣り〟。（神藤秀人）

Saryo Sekison

1. **A café on the site of Oyama Afuri Shrine offering spectacular views of Sagami Bay.**

2. **Modern yet open-minded architecture compatible with the shrine.**

3. **A café that motivates people to go on pilgrimages to Mt. Oyama now.**

Mt. Oyama, the symbol of Isehara City. Also known as Mt. Afuri, it was a place where people prayed for rain, good harvests, and prosperous business. Riding the Oyama Cable Car, my anticipation grew as the view of the mountains gradually opened up. I got off the cable car at the last stop, climbed the last stone steps to see the "Aburi Shrine," the end-goal of common people in Edo period, waiting for me. I turned around to a spectacular view, from Sagami Plain, Enoshima Island, to Yokohama and Tokyo, and even the Izu Oshima Island. After visiting the shrine, I visited Saryo Sekison located near it. Originally a reception room, the space has been designed into a modern space by Yasushi Horibe. They have indoor seating but I recommend the outdoor terrace seats. Embark on a "new Mt. Oyama pilgrimage" from this everyday café. (Hideto Shindo)

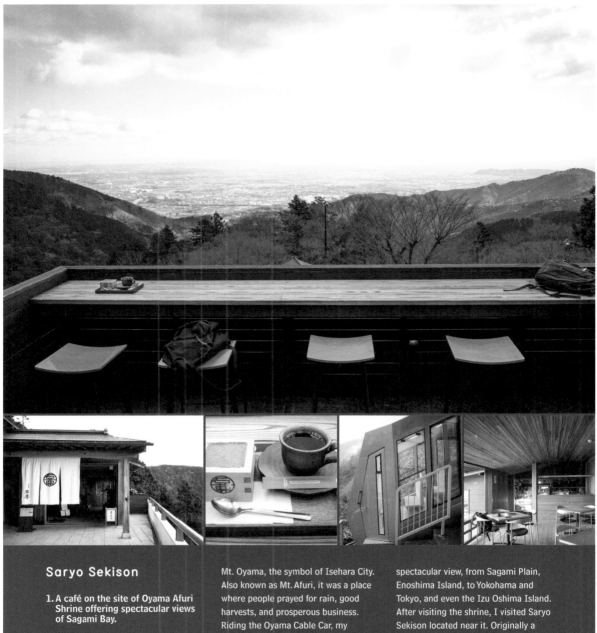

13

THE BANK

神奈川県鎌倉市由比ガ浜《ゆいがはま》 3-1-1
Tel: 0467-40-5090
15時～24時　月・火曜休
www.instagram.com/thebank_kamakura/?hl=ja

1. 鎌倉の元銀行だった建物を利用したモダンなバー。

1927年築の鎌倉銀行由比ガ浜出張所をリノベーション。
三差路の角に建つ、鎌倉のシンボル的な石造りの建物。
大理石のカウンターはそのままに、オリジナルの家具を配置。

2. 2000年、アートディレクター・渡邊かをる(故)がオープン。

空間設計は、インテリアデザイナー片山正通氏率いる
「ワンダーウォール」。2016年よりワンダーウォールが運営。

3. イベントスペース「THE BLANK」。

2018年には、スウェットメーカー「ループウィラー」とコラボレーション。
鎌倉在住のイラストレーター・横山寛多さんによる
書き下ろしのイラストを施し、ポップアップイベントを開催。

鎌倉の夜の今　東京出身の渡邊かをる(故)さんは、横浜で創業したキリンビールの銘柄「キリンラガービール」のラベルのデザインを手がけるなど、生涯アートディレクターとして活躍した人。彼のことは、鎌倉在住のイラストレーター・横山寛多さんから伺っていて、せっかく鎌倉に来たのならばと、『THE BANK』に誘われた。まるで西洋建築のような重厚な石造りの建物は、かつて銀行だったもので、今でもその佇《たたず》まいから鎌倉のシンボルにもなっている。ファサードには銅板で『由比个濱出張所』と(右から)記されていて、当時の面影も残る。店内も大理石のカウンターをそのまま残し、照明やオリジナルのスツールが配され、〝銀行なのにバー〟という、歴史と現実を超越した空間。THE BANKは、2000年に渡邊かをるさんが、「竣工当時、銀行でなくバーだったら?」というコンセプトのもと、「アイリッシュのパブとイタリアのバールと日本のあの頃の感じな!」というアイデアを、インテリアデザイナー・片山正通さん率いる「ワンダーウォール」が受け、誕生した。それから多くの文化人、クリエイターが集い、その傍ら、近所の店の主人が、毎晩グラスを傾けているという〝鎌倉らしい夜〟をつくってきた。2階のイベントスペース「THE BLANK」も利用し、マーケットや個展、ポップアップショップ、ライブ、DJ、スタンダップコメディーまで千変万化。それがTHE BANK。鎌倉の『あの頃』があるバー。(神藤秀人)

THE BANK

1. **A modern bar housed in a building that used to be a bank in Kamakura.**
2. **Opened in 2000 by the late Kaoru Watanabe, an art director.**
3. **"THE BLANK" – an event space.**

The late Kaoru Watanabe, who was born in Tokyo, worked as an art director throughout his life, which included designing the label for Kirin Lager Beer founded in Yokohama. The Western-looking stone building was once a bank, and remains a symbol of Kamakura. Based on Watanabe's concept of "What if it was a bar instead of a bank when it was built?", THE BANK was born out of the idea of "A fusion of Irish pub, Italian bar, and those days in Japan" and rebuilt by mainly interior designer Masamichi Katayama of Wonderwall Inc. Since then, many cultural figures and creators have gathered here, while the owners of nearby restaurants enjoy a glass or two every night. "THE BLANK," an event space on the 2nd floor is also available and has been transformed into private exhibition, pop-up store, live music, and even stand-up comedy.
(Hideto Shindo)

14

ミサキプレッソ

神奈川県三浦市三崎 3-4-10
Tel: 046-882-1680
12時〜21時　土・日曜のみ営業
www.instagram.com/misakipresso/?hl=ja
三崎港バス停から徒歩約2分

1. 音楽プロデューサー・藤沢宏光さんがオーナー。

いい音楽と、美《お》味《い》しい料理が楽しめる、週末だけのカフェ＆バー。

絶対的な安心感が漂う、センス抜群の店。

2. 毎週土曜日は「かもめ児童合唱団」の練習の場。

三浦市在住の声楽家・小島晃子氏の指導の下、
1972年に結成されたかもめ児童合唱団。
2008年から、藤沢さんによるCDプロデュースがスタート。

3. マグロや三浦大根を筆頭に、三崎でしか味わえない絶品料理。

元デザイナーの出張料理人・寺尾研さんによる創作料理。

「メジマグロのタルタル」「三浦野菜の焼サラダ」

「海《の》苔《り》とシラスのパスタ」……毎日食べたい。

本と屯
Hon-to-tamuro
くろば亭
Kurobatei
うらりマルシェ
Urari Marche
城ヶ島
Jogashima Island
26
215

歌声が響く港のカフェ　三浦半島の最南端、三崎港の商店街に「ミサキプレッソ」はある。潮風が心地よい休日の昼間から、ワインと共に、マグロや三浦野菜の絶品料理がいただける。店主の藤沢宏光さんは、現役の音楽プロデューサー。東京を拠点に、音楽制作の第一線で活躍してきた。そして、2004年に訪れた三崎で、港の景色に惚《ほ》れ込み、うっかり三崎に移住した。約1時間ほどの東京と三崎との行き来も、オン・オフの切り替えができてよかったという。その頃出会ったのが、「かもめ児童合唱団」だ。4歳から13歳までの児童で構成され、三崎にゆかりのある北原白秋や、小村三千三《みちぞう》の作品を中心に歌ってきた。歌が上手な子だけを集めず、誰でも入れる合唱団で、「これは面白い！」と、そのプロデュースを始めた藤沢さん。音楽仲間にも声をかけて、2008年、最初のシングルをリリース。その後、ライブやテレビドラマの劇中歌を歌い、レコチョクでは1位となり、現在までに4作のオリジナルアルバムが発表されている。ミサキプレッソでは、毎週土曜の11時になると子どもたちの練習が始まる。その歌声は、商店街に響き、時には旅人に勇気を与え、時には漁師の疲れも癒やしてくれる。すべての人たちの幸せを願い、彼らは海に向かって歌っているのだ。練習が終わると一変してカフェがオープン。子どもたちも親御さんも、食事や喫茶に来た地元の人も、みんながこの店の存在を分かち合っている。（神藤秀人）

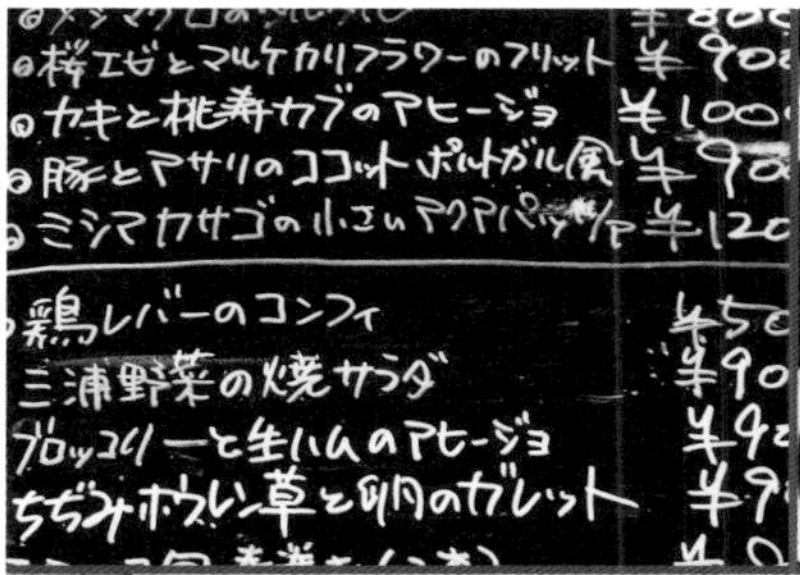

Misaki Presso

1. The owner, Hiromitsu Fujisawa, is a music producer in Misaki.
2. It serves as a place for "Kamome Children's Choir" to practice every Saturday.
3. Exquisite cuisine one can only taste in Misaki Port, especially tuna and Miura radish.

Misaki Presso is located in the shopping district of Misaki Port at the southernmost tip of the Miura Peninsula. The owner, Hiromitsu Fujisawa, is also a music producer. Based in Tokyo, he has been actively producing music. When he visited Misaki in 2004, he fell in love with the scenery of the harbor and inadvertently moved to Misaki. It was then he got to know Kamome Children's Choir. Fujisawa was intrigued and became the producer of the choir, which was open to all children whether they were good at singing or not. They have released four original albums to date. At misaki presso, the children start to practice at 11 a.m. every Saturday. Their singing echoes through the shopping district, sometimes heartening travelers and at other times, relieving the fishermen's fatigue. Wishing happiness to all, they sing to the sea. (Hideto Shindo)

15

カフェ ヴィヴモン ディモンシュ

神奈川県鎌倉市小町 2-1-5 櫻井ビル 1F
Tel: 0467-23-9952
11時～18時 水・木曜休
www.instagram.com/cvdimanche/
鎌倉駅から徒歩約5分

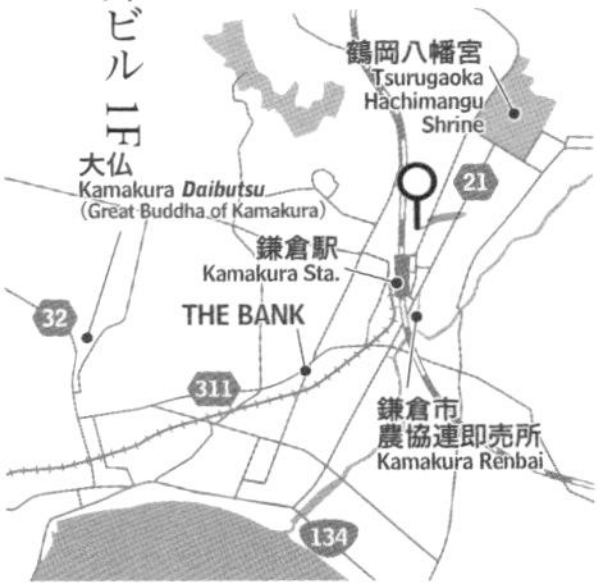

1. 鎌倉の小町の歴史と歩んできた文化的カフェ。

1994年創業。地元の人も、カフェ好きも、修学旅行生も、
誰にとっても風通しのよい“湘南らしい”居心地。
フードの不動の人気は、「オムライス」。

2. カフェ・カルチャーの第一人者・堀内隆志さん。

音楽では、FMヨコハマ『SHONAN,by the Sea』内の
『COFFEE & MUSIC』にレギュラー出演。
「BEAMS RECORDS」ともコラボレーション。

3. 「SUNLIGHT GALLERY」の精神を受け継ぐ店。

「fabric camp」の小山千夏さんによるクリスマスの飾り付けや、
CHAJINによるテーブルプランツなど、“湘南らしさ”がある店内。
プロレス好きが高じて、店内で試合を開催したことも。

珈琲で〝表現〟したかったこと

鎌倉のカフェの筆頭に挙げられる「カフェ ヴィヴモン ディモンシュ」。今に至るカフェブームの火付け役とも言われているが、果たして〝鎌倉らしさ〟とは何か？ 僕は、店主の堀内隆志さんを訪ねた。学生時代、アルバイトで、音楽や映画、アートなどに詳しい大人たちに出会い、大きな刺激を受けた堀内さん。そんな文化人に憧れるが、現実はほど遠く、悶々とした生活を送っていたという。その頃、アルバイト時代に知り合った美術作家の永井宏(故)さんに再会して、永井さんが、葉山につくったという「SUNLIGHT GALLERY」に行くことに。そこには、プロもアマも、さまざまな人たちが集まり、権威や理屈に囚われない展示があった。誰でも表現者になれる――永井さんが掲げる思いと、その風通しのよさが、どこか葉山の土地柄に合っていたという。ギャラリーに通いながら、再び自分の夢を膨らませていった。そして、1993年に会社を辞め、ついに店をオープン。ディモンシュは、SUNLIGHT GALLERYが活動を終えた後も、その仲間たちが集まる場としても成長し、「fabric camp」の小山千夏さん、フラワーアーティストのCHAJIN、などなど、今でも交流は続き、店内にもそのエッセンスはちりばめられている。葉山から鎌倉へと、永井さんの精神を譲り受け、質実剛健な珈琲にも、ポップで楽しいメニューを添える。カフェカルチャーのルーツには、そんな〝湘南らしさ〟がある。（神藤秀人）

café vivement dimanche

1. **Founded in 1994. A cultural café that has progressed with the history of Komachi in Kamakura.**
2. **Takashi Horiuchi, a leading figure in café culture in Japan.**
3. **A café that inherits the spirit of "SUNLIGHT GALLERY."**

"café vivement dimanche" is one of the prominent cafes in Kamakura. One day, Takashi Horiuchi met up with the late Hiroshi Nagai, an artist whom he met when he was a student, and visited the "SUNLIGHT GALLERY" that Nagai opened in Hayama. The various people who gathered there, the exhibitions beyond authority or reason, Nagai's belief that "anyone can be an expressionist" and his personality, coupled with the gallery's openness, somehow suited the character of Hayama. It was then that Horiuchi rediscovered his dream; he quitted his job in 1993 and opened the café. Even after SUNLIGHT GALLERY was closed, dimanche grew into a place where the gallery patrons gather, and they still do today. The café has inherited Nagai's spirit from Hayama to Kamakura, and offers simple and strong coffees together with a fun menu. (Hideto Shindo)

16

ホテルニューグランド

神奈川県横浜市中区山下町10
Tel: 045-681-1841（代表）
1泊素泊まり1名 24,035円〜（2名利用時）
www.hotel-newgrand.co.jp
元町・中華街駅1番出口から徒歩約1分

1. 国際都市横浜と共に歩んできたホテル。

1927年、関東大震災復興のシンボルとして誕生。
国内外の賓客を多数もてなし、戦後は、米軍将校宿舎として
接収されるなど、横浜の歴史を象徴する場所。

2. 近代日本を代表する建築家・渡辺仁設計。

タイル張りの大階段や、巨大なマホガニーの柱、
川島織物製のタペストリー、インド古代芸術のレリーフなど、
見どころ満載の本館2階「ザ・ロビー」。

3. スパゲッティ ナポリタンなど、ホテル発祥の文化。

マッカーサー元帥や、小説家・大佛《おさらぎ》次郎ゆかりの部屋にも泊まれる。
数々の文化人が集ったバー「シーガーディアンII」など、
横浜ならではの過ごし方がある。

港のクラシックホテル　横浜で一泊するならば、誰もが、港が見えるホテルに泊まってみたいはず。それも、みなとみらいの街並みと、東京湾の広大な眺望があるだけではなく、横浜がこれまで歩んできた歴史そのものの〝港〟を感じられる所。それが「ホテルニューグランド」だ。国の重要文化財の船「氷川丸」が停泊する山下公園を正面に、クラシックな本館（1927年築）と、崇高なタワー館（1991年築）が聳《ふる》え立っている。ヨーロピアン調の本館の玄関を抜け、まるで豪華客船を彷彿《ほうふつ》させる重厚な大階段を上ると、エレベーターの上に配される、川島甚兵衛（川島織物創始者）制作の綴織《つづれおり》『天女奏楽之図』のタペストリーが艶やかで趣深い。本館2階「ザ・ロビー」は、太いマホガニーの角柱と、大きな窓ガラスがある広《こう》闊《かつ》な空間で、横浜家具のキングスチェアが現役で使われ、宿泊客たちが、思い思いの時間を過ごしている。宴会場「フェニックスルーム」は、元メインダイニングで、スパゲティナポリタンなどのホテル発祥のメニューも生まれてきた。マッカーサー元帥や、小説家の大佛次郎ゆかりの部屋にも泊まれ、横浜の歴史を知れる展示コーナーも興味深い。宿泊した夜には、バー「シーガーディアンII」でグラスを傾けてもいい。1923年の関東大震災によって荒廃した横浜で、市民の復興への希望を背に誕生したホテルニューグランド。戦争という荒波をも乗り越え、日本の歴史の最前線を歩んできた唯一無二のシティーホテル。（神藤秀人）

Hotel New Grand

1. **Opened in 1927. A hotel that has progressed together with the international city of Yokohama.**

2. **Designed by Jin Watanabe, one of the leading architects of modern Japan.**

3. **Culture originating from the hotel, including spaghetti Napolitan.**

Passing through the entrance of the Main Building and up a grand staircase, you will find an elegant and quaint tapestry on top of the elevator. Located on the 2nd floor of the Main Building, The Lobby is a spacious area with thick pillars and large windowpanes. The banquet hall, Phoenix Room, was the birthplace of the hotel's original menu, such as spaghetti Napolitan. Guests can also stay in rooms associated with General MacArthur and novelist Jiro Osaragi, and there is an interesting exhibition corner on Yokohama's history. On the night of your stay, you can enjoy a glass of wine at the Bar Sea Guardian II. Hotel New Grand was built on the back of the citizens' hope for reconstruction in Yokohama, which was devastated by the Great Kanto Earthquake in 1923. It is the only city hotel that has survived the raging war.
(Hideto Shindo)

17

富士屋ホテル

神奈川県足柄下《あしがらしも》郡箱根町宮ノ下359
Tel: 0460-82-2211
1泊素泊まり1名 23,000円〜（2名利用時）
www.fujiyahotel.jp
宮ノ下駅から徒歩約7分

1. 箱根温泉を代表する歴史あるクラシックホテル。

1878年創業。清潔感と、快適性を兼ね備えたホスピタリティー。
「コンソメスープ」や「虹鱒《にじます》富士屋風」など、
往年の伝統料理を楽しむデイユースもお薦め。

2. 時代とともに生まれた4つの絢爛《けんらん》豪華な宿泊棟。

正面中央に唐破風《からはふ》屋根の玄関ポーチが印象的な「本館」。
装飾が控えめな明治の洋風建築「西洋館」。
花をモチーフにした内装やルームキーが特徴の「花御殿」。
高台に建つ近代的な「フォレスト・ウイング」。

3. 創業140余年の歴史を知れる「ホテル・ミュージアム」。

リーフレットやポスター、キーホルダーなどのデザインの変遷も面白い。
外国人向けの日本文化案内書の『WE JAPANESE』。

箱根の誇り　ロマンスカーで箱根湯本へ。観光客が溢《あふ》れる温泉街から、箱根登山電車に乗り継ぎ、独特なスイッチバック走行で、自然豊かな山を登る。1878年創業の「富士屋ホテル」の「本館」は、神社仏閣を彷彿とさせる瓦葺屋根と唐破風の玄関が特徴。ロビーには、デイユース客も多く、中庭を眺めるティーラウンジは、優雅な午後を過ごすのにもいい。1920年築の宴会場を復元した「レストラン・カスケード」は、華麗なステンドグラスや彫刻は見応えあり、「コンソメスープ」を代表とする往年の伝統料理も楽しめる。富士屋ホテルは、そこかしこに装飾があって、敷地内は自由に散策もでき（一部デイユース客を除く）、ホテルの歴史は、デザインよくアーカイブされた「ホテル・ミュージアム」で紹介している。日本を代表する本格的リゾートホテルとして誕生した富士屋ホテルは、1棟の洋館から始まり、数々の増改築を経て、壮大な〝建築群〟になった。道路の整備に尽力し、自然災害や、戦争といった大難をも乗り越え、1997年には、建物の多くが、国の登録有形文化財に。そんな富士屋ホテル建築の集大成でもあったのが「花御殿」であり、赤い高欄が特徴の建物。部屋ごとにテーマの花があり、キーホルダーや絨毯《じゅうたん》などもアート的。日本を代表する観光地で、日本の文化や習慣、風俗、芸術などを、日本人の僕たちも再発見できる。日本人にとって、日本が誇る技術と、デザインが詰まったクラシックホテルのトップランナー。（神藤秀人）

FUJIYA HOTEL

1. **A historic classic hotel established in 1878 that is a hallmark of Hakone *Onsen*** (hot springs).
2. **The four luxurious and gorgeous accommodation buildings were built over time.**
3. **"Hotel Museum," where one can learn about its history of over 140 years since its establishment.**

The Main Building of Fujiya Hotel established in 1878 features a tiled roof and entrance reminiscent of a Shinto shrine or Buddhist temple. Their Restaurant Cascade, a restored 1920 banquet hall, is a sight to behold with its ornate stained-glass windows and carvings, and offers traditional dishes of the past. Decorations adorn Fujiya Hotel here and there; its premises are free to explore. Its history is presented in the well-designed Hotel Museum.

One of Japan's leading resort hotels, Fujiya Hotel underwent numerous extensions and renovations to become the now magnificent, architectural complex. They put in great efforts to improve roads, overcome natural disasters and wars, and in 1997, many of its buildings were registered as Tangible Cultural Properties. It is one of the most popular tourist destinations in Japan. (Hideto Shindo)

18

石葉

神奈川県足柄下《あしがらしも》郡湯河原《ゆがわら》町宮上《みやかみ》749
Tel: 0465-62-3808
1泊2食付き1名 61,750円〜（2名利用時）
www.sekiyou.com
湯河原駅から車で約10分

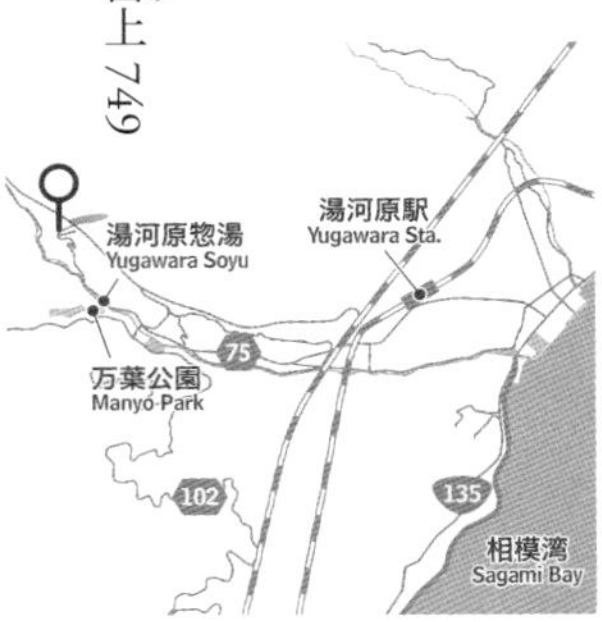

1. 湯河原若草山に佇《たたず》む、心休まる閑静な温泉宿。

名峰・箱根連山の眺望もある、自然を取り入れた数寄屋造り。
9つある部屋のうち、6つが源泉かけ流しの風呂付き。

2. 骨董や湯河原の作家などの作品で構成される清浄無垢な空間。

湯河原の型染工房「たかだ」などによる設えや、
家具作家・般若芳行《はんにゃよしゆき》による椅子など、随所にデザインがある。

3. 相模湾の魚介と、地元の無農薬野菜を主に使った滋味豊かな料理。

クレソンと鰆《さわら》の鍋や、花山椒を添えた相州牛の炙りなど、
陶芸家・細川護熙《もりひろ》氏や、小川待子氏などの器も引き立てる。

現代の隠れ家　古くは、『万葉集』で、唯一温泉の歌で収録されていることからも、名高かったことがわかる湯河原温泉。谷沿いに発達した温泉街は、箱根とはまた違った風情があり、文人墨客も愛した閑静なエリア。メインの通りから少し外れて、細い坂道をくねくねと上っていく。やがて町の喧騒も消え、鳥のさえずりだけが聞こえる若草山の中腹、旅館「石葉《せきよう》」に辿り着く。純白の暖簾《のれん》に、派手な装飾はなく、極めてシンプルな空間は、〝デザイン旅館〟の基礎のよう。地形に沿うように設計された数寄屋造りの建物は、全部で9つの部屋があり、6つが源泉かけ流しの風呂付き。僕が泊まった部屋は「十国」で、十国峠を目の前に、箱根の山々を望む。窓に面したデスクには、常連客にファンも多い〝石葉の椅子〟が配され、利便性も高く、ノマドワーカーにもいい。また、中庭に面した檜風呂では、ゆっくりと温泉を楽しめる。子ども連れには、離れがお薦めで、「観月庵」は、数寄屋に山荘のエッセンスを取り入れた開放的な部屋。月見台もあるので窓を全開にして、野趣豊かな自然を部屋の延長として楽しめる。夕食は部屋で、山海の幸を中心に土地の物がいただけ、朝食は、厚焼き卵、鯵の干物、蒲鉾、豆腐という、〝あらまほしき関東の朝食〟。バーやラウンジはないが、過度の生活から離れられる本当の贅沢がある。作家ものや型染工房「たかだ」など、さりげなく〝湯河原らしさ〟をちりばめ、古き良き日本の中に、現代がある宿。（神藤秀人）

Sekiyo

1. A peaceful ***onsen*** **(hot spring) inn located in Yugawara, among the hills of Mt. Wakakusa**
2. **Antique works of artists tied to Yugawara and carefully selected furniture craft a refined space**
3. **Delicious cuisine centered on seafood from Sagami Bay and locally grown organic vegetables**

Sekiyo inn is located on Mt. Wakakusa, a short distance from the main road of the Yugawara *onsen* area. Its subtly decorated spaces set a standard for designer *ryokan*s. The *Sukiya-zukuri* (teahouse) style building contains nine rooms, six of which have their own *onsen* bathtub. My room, Jukkoku, provided an expansive view of Hakone's mountains. There was also an excellent desk by the window, well suited to digital nomads, while the cypress bath facing the courtyard offered the perfect chance to relax. The detached and spacious villa, Kangetsu-an, embodies the essence of a mountain cottage. You can immerse yourself in nature by opening its large windows onto the veranda. Local delicacies are served to your room at dinner. While there is no bar or lounge, it offers a rare luxury found only through escaping our busy lives. (Hideto Shindo)

19

hotel aiaoi

神奈川県鎌倉市長谷 2-16-15 サイトウビル 3F
1泊素泊まり1人 12,500 円〜
aiaoi.net
鎌倉駅から江ノ島電鉄で約5分の長谷駅で下車し、徒歩約3分。

1. 観光地・鎌倉の“日常”を旅するきっかけのミニマルホテル。

江ノ島電鉄長谷駅に近く、「長谷寺」や「鎌倉大仏 高徳院」、由《ゆ》比《い》ガ《が》浜《はま》海水浴場（海の家「パパイヤ」）、そして江ノ島まで、鎌倉観光の拠点にしたい宿。

2. 鎌倉のクリエイターたちとつくった宿。

「fabric camp」の寝間着や、「杉本薬局」の漢方茶、「POMPON CAKES」の米粉のマフィン。「toricot」主宰の赤城美知子さんによる食事会なども、不定期で開催。

3. 雑居ビルを地元の大工とリノベーション。

稲村ヶ崎の海の砂や、茅葺き屋根の民家の床板、落ち葉で染めた暖簾など、鎌倉ならではの創意がある客室。

鎌倉の小旅行　湘南エリアきっての観光客を有する鎌倉。「hotel aiaoi」には、公共の交通手段で行くことをお薦めする。鎌倉駅から江ノ電に揺られて、わずか5分、「長谷駅」で下車する。夏には多くの人で賑わう由比ガ浜海水浴場も近く、味わい深い黄色のビルが目印。元ホテルだった3階部分を、地元の大工さんと、センスよくリノベーションしていて、客室は全6室。青を基調とした部屋にはそれぞれ鎌倉らしい創意もあり、着心地のよい寝間着は、「fabric camp」のオリジナル。ラウンジでは、大船の「杉本薬局」の漢方茶や、鎌倉の「ヨロッコビール」などがいただけ、気さくなオーナーと、鎌倉話に花を咲かせるのもいいだろう。さらに、このホテルの醍醐味といえば、観光客が落ち着いた〝夜の鎌倉〟を楽しむことにもある。再び江ノ電に乗って、鎌倉駅周辺の飲食店を散策（できれば要予約）してみるのが僕のお薦め。オーナーの小室剛さん・裕子さん夫妻は、大好きだった鎌倉が高じて、東京から越してきて、ホテルを始めた。これまでの人生で培ってきたセンスと人間力と、鎌倉でのさまざまな出会いが、今のaiaoiを支えてきた。翌朝は、裕子さんの実家のお米を使った「POMPON CAKES」による米粉のマフィンが絶品。aiaoiに泊まれば、普段は気づかなかった〝日常の鎌倉〟に出会うことができる。朝の散歩には、「鎌倉大仏」も手軽で、もちろん江ノ島を目指してもいい。鎌倉の〝原風景〟を見せてくれる宿。（神藤秀人）

hotel aiaoi

1. A minimalist hotel that inspires one to travel through the "everyday" life of the touristy Kamakura.

2. Accommodations built together with creators in Kamakura.

3. A multi-tenant building renovated by local carpenters.

Kamakura has the largest number of tourists in the Shonan area. It is recommended to visit "hotel aiaoi" using public transport. The 3rd floor of the once hotel has been tastefully renovated, with a total of 6 guest rooms. Each of the blue-toned rooms is original in a Kamakura-way, and offers comfortable pajamas from "fabric camp." In the lounge, one can enjoy Chinese herbal tea from Ofuna's Sugimoto Pharmacy and Yorocco beer from Kamakura, and chat with the friendly owner about Kamakura. The best part about this hotel is that one can enjoy Kamakura at night after the tourists have settled down. My recommendation is to take the train again and explore the restaurants around Kamakura Station. Enjoy delicious muffins made with rice flour the next morning. A stay in aiaoi will open your eyes to the "everyday Kamakura." (Hideto Shindo) d 20

真鶴出版

川口瞬

神奈川県足柄下郡真鶴町岩217
ショップ 13時〜17時　金・土曜のみオープン、他不定休
1泊素泊まり1名 22,000円〜
※宿泊可能日　金〜火曜
manapub.com

1. 真鶴を発信する唯一無二の泊まれる出版社「真鶴出版」代表。

真鶴在住の絵描き・山田将志さんの画集『真鶴生活景』や、
地域に根ざす人々を取材する雑誌『日常』や
真鶴町の観光冊子『真鶴手帖』など、個性溢《あふ》れるローカルな出版物。

2.『美の基準』に基づく、真鶴の風景を残す活動。

妻の來住友美さんと共に、「まち歩き」をはじめ、町の魅力を伝えている。
「LOCAL REPUBLIC AWARD 2019」最優秀賞受賞。

3. “背戸道の家”を改築した、出版社兼ショップ兼宿泊施設。

建築家やデザイナー、編集者など、観光客も含めたゲスト多数。
町にも信頼され、真鶴出版をきっかけに移住した者は、
27世帯61名（2023年時点）にも及ぶ。

出版社の使命　真鶴町は、相模湾にちょこっと突き出た半島を持つ、小さな港町。火山の噴火でできた地盤を持ち、古くから「本小松石」の産地でもある。町を歩くと、起伏が多く、平坦な道がほとんどなく、まるで迷路のような町並みに、どこか懐かしさを覚えたが、足も疲れるし、道に迷うし、不便ではないの？と、「真鶴出版」の川口瞬さんに尋ねると、それは、〝真鶴らしい個性〟であり、〝美しい〟のだという。川口さんは、真鶴町で出版業をしながら、同じ屋号で宿泊業もしている。主に出版は、川口さんで、宿泊は、奥さんの來住友美さんが担当。車も入れないような真鶴特有の「背戸道」を進んだ先の古民家を改築していて、元真鶴郵便局の大きな窓に、流木や廃材を使った家具、本小松石の洗面ボウル……昔からあって、新しさもあるこの設計は、「真鶴町まちづくり条例」に基づくアイデアが根底にある。1993年制定された、通称「美の条例」は、「美」を、法令上に定めた先駆けでもあり、中でも興味深かったのが、具体的な数値などではなく、〝心を入れるもの〟をまとめた『美の基準』（p.090）。学生時代に都市政策を学んだ川口さん。経済成長に伴い、日本の各地で起きたリゾート開発。今、真鶴が昔のままの美しさを残していられるのは、少なくとも背景に、美の条例があることだ。真鶴出版は、ゲストたちに向けた宿泊や「まち歩き」、出版物などを通して、真鶴の魅力を伝え、さらには、日本の美しい原風景を残そうとしている。（神藤秀人）

Manazuru Publishing
Shun Kawaguchi

1. **A unique publishing house that promotes Manazuru and offers overnight stays**
2. **Activities for experiencing Manazuru based on its Beauty Standards**
3. **A *setomichi* house, renovated into a combined shop, lodging, and publishing office**

Shun Kawaguchi runs a combined publishing and accommodation business in Manazuru with his wife, Tomomi Kishi. Their residence, which is a renovated traditional house located on a *setomichi* (narrow backstreet), utilizes the large windows of the town's former post office, and also contains furniture made from driftwood and scrap material, and a *Honkomatsu* stone washbowl. Fusing both historical and modern elements, its design is based on local regulations known also as the "Design Code." These place an emphasis on aesthetics in the "Beauty Standards – Design Code –" (p.090) and ensure that it is able to maintain the charm of an older Japan. Through offering accommodation, town walks, and publications, Manazuru Publishing promotes the appeal of the area and contributes to preserving Japan's traditional beauty. (Hideto Shindo)

21

アタシ社
ミネシンゴ

三崎港蔵書室 本と屯《たむろ》
神奈川県三浦市三崎 3-3-6
10時〜19時　月・火曜休
三崎港バス停から徒歩約2分
www.atashisya.com

1. 三浦市唯一の出版社「アタシ社」の代表・編集者。

妻のデザイナー・三根かよこさんと、三浦市の移住冊子『MIURA』を出版。逗子の写真家・有高唯之氏の『「南端」三浦の人びと』や、いしいしんじ氏の『みさきっちょ』など、三浦・三崎にまつわる本に携わる。

2. 蔵書室カフェ「本と屯」を拠点にしたユニークな活動。

雑貨屋兼イベントスペース「HAPPENING」や、ローカルウェブメディア『gooone』など、三崎文化の“ニュー・ウェーブ”。横浜市立大学の学生サークル「三浦半島研究会」をサポート。

3. 元美容師による、神奈川の“まちづくり”。

本と屯の2階は、地域の人が通う「花暮美容室」で、2023年には、「本と美容室」を真鶴町につくった。

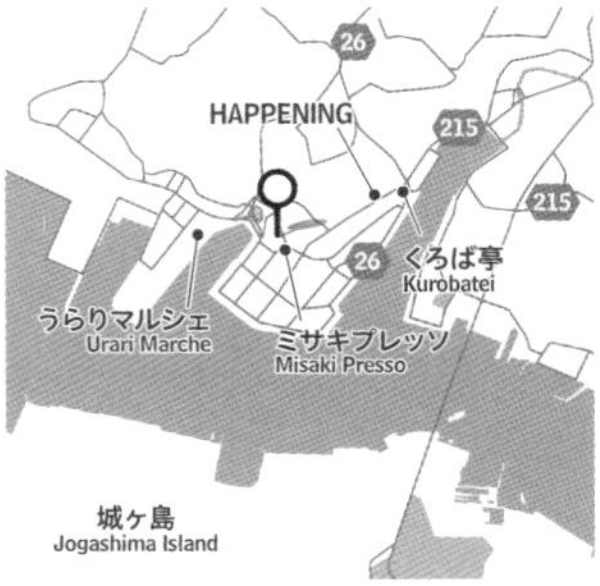

近所にいてほしい人　ミネシンゴさんが面白いのは、往年の“カリスマ”に憧れた元美容師という経歴を持ちながら、ごくありふれた出版業をやっているだけでなく、朝の5時からまぐろを食べてリポートしたり、港の商店街の中でデニムを販売したり、近所の洋品店の店主に珈琲を淹れたり、横浜市立大学の学生たちに事務所を貸したり、「渋谷のラジオ」のパーソナリティーをしたり、はたまた地方では吹雪の中を取材で駆けずり回ったり……持ち前の人懐っこさにも増して、頭脳明晰、バイタリティーに富む、魅力いっぱいのお兄さん。そんなミネさんは、横浜市旭区出身。美容師4年、美容雑誌編集者2年を経て、リクルートで美容事業の営業職をしながら、全国の個性溢れる美容師にスポットを当てた美容文藝誌『髪とアタシ』を自費出版した。退職後、奥さんのデザイナー・三根かよこさんと出版社「アタシ社」を設立。その後、縁もあって三崎港の船具店の空き物件に出会い、一念発起、三崎に居を移してきた。これまでの交友関係は、多くの人に刺激を与え、事務所の土間でホームパーティーなどをしているうちに、三崎にも仲間がたくさん増えた。そして、事務所の1階を蔵書カフェ「本と屯」として町に開き、2階には美容師・菅沼政斗さんと「花暮美容室」を開業。横浜の出張本屋「BOOK TRUCK」をはじめ、日本各地でまちづくりにも関わる活動家たちも巻き込む。そんな編集者・ミネさんに、みんなが夢中だ。（神藤秀人）

Atashisya.LLC
Shingo Mine

1. **Representative and editor of Atashisya, a unique publishing office in Miura City**
2. **Innovative activities centered on the library cafe, "Books and Tamuro"**
3. **A former hairstylist involved in community development**

Shingo Mine is not simply a former hairstylist working as a publisher. Following a career spanning four years as a hairstylist and two years as a beauty magazine editor, he worked in sales planning at Recruit Co., Ltd. He has established a publishing office, Atashisya, with his wife and designer Kayoko Mine in the city of Zushi. They moved their residence to Misaki after fatefully discovering an empty marine store in Misaki Bay. While their circle of friends have enlivened the area, they have also developed many friendships locally. The first floor of the office is home to a library cafe, while the second floor serves as a hair salon jointly operated with hairstylist Masato Suganuma. Shingo Mine's inexhaustible energy as an editor has drawn the involvement of people active in community development throughout Japan. (Hideto Shindo)

BankART1929

細淵太麻紀

BankART Station
神奈川県横浜市西区みなとみらい5-1 新高島駅地下1F
BankART KAIKO
神奈川県横浜市中区北仲通5-57-2
Tel: 045-663-2812
www.bankart1929.com

1. 横浜の前衛的アートプロジェクト「BankART1929」の代表。

2004年の立ち上げから企画運営に携わり、
2022年の前代表急逝を受け、代表を引き継ぐ。

2. 横浜在住の現代美術作家としても活動。

BankARTでは、アーティストをコーディネートしたり、応援したりする
立場であると同時に、自身もアーティストとしての経歴を持つ。
1996年から建築・美術のコレクティブ「PHスタジオ」で活動。

3. BankARTのロケーションを活かした新しい取り組み。

「BankART Station」の駅構内地下空間に『BankART Station Theater』。

みなとみらいのキング軸に『キング軸アートテーブル』。

「BankART KAIKO」の商業空間に『BankART Pop-up Store』。

神出鬼没のアートチーム　2019年3月、みなとみらい線「新高島」駅構内地下1階に開設された「BankART Station」。最長約90メートルにも及ぶ駅ならではの長い展示空間が特徴で、壁に映像を映し出したり、地下ならではの世界観もある。同じく「馬車道」駅の地上、「帝蚕倉庫」の1棟を復元した建物の1階、2020年10月に開設された「BankART KAIKO」。約620平米のスペースは、マルチに活躍し、『BankART Pop-up Store』など、マーケットイベントも開催。これらは、横浜を拠点にするアートプロジェクト「BankART1929」の、2023年4月現在における活動拠点の話で、まもなく20年を迎えるBankARTのこれからの動きは、代表の細淵太麻紀さんでも予測不可能。だが、それこそが彼らの強みである。BankARTの立ち上げ以前から、前代表の故・池田修氏が最も信頼を置くチームメンバーで、企画運営にも関わってきた細淵さん。自らも現代美術作家で、2019年の「BankART AIR オープンスタジオ」では、みなとみらいの空き地で『路傍のピクニック』を展開するなど、身をもってBankARTや横浜の魅力を示してきた。信頼と実績を盾に、横浜という国際的前衛都市にとって、彼女たちは縦横無尽に動く〝救世主〟のような存在。歴史的建造物や、新港の空き物件、はたまた野毛や中華街など、街にとって必要なこととならば直ぐにでも駆けつける。横浜の行く末を担うアートチームの、アイデア豊富、沈着冷静なディレクター。（神藤秀人）

BankART1929
Tamaki Hosobuchi

1. **Representative of Yokohama's avant-garde art project, BankART1929**
2. **A new project that leverages BankART's unique locations**
3. **Activities as a contemporary artist in Yokohama**

In March 2019, BankART Station was opened in Shin-Takashima Station, while BankART KAIKO was opened in a former warehouse building in October 2020. These form the hub of activities for Yokohama's YokoBankART1929 project underway in April 2023. BankART is now reaching its 20th year, and while representative Tamaki Hosobuchi cannot predict what will happen next, this sense of spontaneity is one of her team's strengths. Praised by its former representative, the late Osamu Ikeda, Tamaki was involved in management prior to BankART's launch. A contemporary artist herself, she has communicated the uniqueness of BankART and Yokohama through exhibits held in 2019's BankART AIR Open Studio. With a strong list of achievements, her team plays a vital role in supporting Yokohama as an international, avant-garde city. (Hideto Shindo) d 23

永井宏

1. 葉山にあった「SUNLIGHT GALLERY」のオーナー。

生活に根ざしたアートを提唱するギャラリーを開設（1992年〜1996年）。
立ち上げには、現在「fabric camp」として活動する小山千夏さんも。

2. 「暮らし系」「生活系」の表現をリードしてきた美術作家。

雑誌『BRUTUS』の編集に関わりながら、
ドローイングやインスタレーションなどの作品を制作。
『ku:nel』や『天然生活』、そして「アノニマ・スタジオ」などのきっかけになった人。

3. 湘南で活躍するクリエイターたちの生みの親。

展示や、ワークショップ、ポエトリーリーディングなどを通じて、
さまざまな業種で活躍する人たちを送り出した。

湘南の〝らしさ〟をつくった人　故・永井宏さんは、東京出身。大学で美術を学び、作家として、これまでさまざまな作品を発表してきた。70年代には、雑誌『BRUTUS』の編集にも携わり、世界中のカルチャーに刺激を受け、紹介もしてきた。そして、90年代に入って、葉山という海辺の町の生活を選んだのには、かつて旅で訪れたアメリカのカリフォルニアへの憧れがあったから。みんなが自由に、生活のために必要な物を作り、それを育んだ味わいを楽しむという〝アメリカン・フォークロア〟のスタイルが、葉山の土地柄にぴったりだったという。彼が葉山につくった「SUNLIGHT GALLERY」は、まさにその〝ネオ・フォークロア（誰にでも表現はできる）〟の実験の場でもあり、プロアマ問わず、自分自身の作品を展示することをルールとした。ギャラリーは、わずか4年という短い期間で閉じたが、たくさんの〝表現者〟たちと、その場を共有した仲間たちが、それぞれ永井さんの元を巣立っていった。音楽家やフラワーアーティスト、本屋、カフェ、自らの表現としての珈琲焙煎……そして「fabric camp」。葉山・鎌倉をはじめ、湘南エリアで活躍する人たちは、大らかな空気を纏い、自分らしく生きている。僕も、そんな人たちに出会い、過ごした時間は、例えようもなく、心地よく、豊かに感じられた。永井さんの示した価値観は、多くの人に共鳴し、ゆるやかであたたかな〝湘南らしさ〟に広がっている。（神藤秀人）

Hiroshi Nagai

1. Owner of SUNLIGHT GALLERY in Hayama
2. An artist who pioneered a style expressing the natural simplicity of life
3. An inspiring mentor for a diverse range of artists on the Shonan coast

The late Hiroshi Nagai was born in Tokyo. In the 1970s, while involved in editing for the magazine *BRUTUS*, he was inspired by and introduced to different cultures throughout the world. In the 1990s, he moved to the seaside town of Hayama, adopting a new lifestyle inspired by a past trip to California. His American-folk style, which evoked a sense of freedom and a love of life based on simplicity and self-sufficiency, was perfectly suited to the character of the Hayama area. Hiroshi's SUNLIGHT GALLERY in Hayama became a home for artistic expression where everyone was welcome. Although the gallery closed after only four years, many artists and friends who shared the space took the next step in their journeys under Hiroshi's guidance. His values resonated with many people along the warm and laid-back Shonan coast.
(Hideto Shindo)

編集部が行く

編集部日記

神藤《しんどう》秀《ひで》人《と》

Editorial Diary: Editorial Team on the Go

By Hideto Shindo

〝神奈川ブランド〟は必要か？

神奈川県は、国際都市「ヨコハマ」のブランドイメージが強いが、北は丹沢山地、南は相模《さがみ》湾、東は東京湾、西は箱根の山があり、実は自然豊かな県だ。古くは、源頼朝が、鎌倉に幕府を開いたことで、日本で初めて政治が関東に移り、以来、神奈川県は、歴史の表舞台にしばしば登場してきた。そのハイライトが、1853年の〝黒船来航〟だ。その時は、江戸幕府が政権を握っていたので、江戸に外国人を入れてしまうと混乱を招くからと、普通の漁村だった横浜が、開港場に選ばれ、以後、世界との窓口として時代の最先端を進んできた神奈川県なのだが、もし仮に徳川家が「ペリー？　いいよ入れちゃいなよ！」と、あっさりと江戸を開港していたらどうなっていたことか……ではなぜ、「横浜県」や「相模県」ではなく、「神奈川県」なのか。実は、幕府とペリーが日米和親条約を結んだ場所が、現在の神奈川区であり、神奈川の管轄であった横浜は、神奈川の一部に過ぎないということだったそう。そうした背景以上に、横浜だけでなく、工業地帯の川崎、軍港の横須賀、漁港の三崎、古都の鎌倉、湘南の藤沢・茅ヶ崎、城下町の小田原、温泉の箱根などなど、個性豊かな地域ブランドが名を連ねている。

1　川崎エリア

神奈川県は、旧国名でいうと、相模国に加えて武蔵国の一部が含まれている。東京と埼玉と同じく、旧武蔵国（の南側）に含まれる川崎市は、実は東京の人にも身近な場所。特に初詣発祥の地として知られる「川崎大師」の参拝客数は、日本で3位を誇るほど。僕も後厄だったので、ご利益があればと参拝に行った。

川崎大師でお参りを済ませると、仲見世通りにある「川崎大師 山門前 住吉」で名物の〝くず餅〟をいただく。いわゆる葛粉を使ったものではなく、その名前を「久寿餅」という。久寿餅のはじまりは、川崎周辺が麦の産地だった江戸時代、久兵衛という村民が、納屋に保管してあった小麦粉をうっかり雨で濡らしてしまったことで偶然できた発酵澱粉。これを蒸し上げて餅のようなものを作り、それが川崎大師の上人に気に入られ、久兵衛の「久」の字と、無病長寿を祈念した「寿」の一文字を附して「久寿餅」と名づけたそう。その成り立ちも面白く、淡白

1.Kawasaki Area

After a visit to Kawasaki Daishi temple, I snacked on some of Nakamise Street confectioner Sumiyoshi's famous *kuzumochi*. Despite the name, they're not actually made from *kuzu* flour. Their origins lie in the Edo period, when a villager named Kyubei got some wheat in his storehouse wet, accidentally creating a kind of fermented starch that, when boiled, took on a *mochi*-like consistency. The priests at Kawasaki Daishi loved it, and a legendary treat was born.

These days, there's a growing movement across Japan to renovate and repurpose antique Japanese-style houses, and Nokutica is a prime example. Established by real estate company N-ASSET as part of its urban renewal efforts, Nokutica's first project was refurbishing a 90-year-old medical clinic into shared office space.

Kawasaki City Central Wholesale Market Northern Market is popular for its "market food," both Japanese and international. Most striking from a design perspective is Chorishitsu Ikeda, where the counters are laden with seasonal homemade Western treats. If you're looking for a (→p. 069)

で上品な味と、独特の食感は、年に一度と言わず、何度でも食べたい。

最近では、古民家物件をリノベーションしてさまざまに利用する取り組みが、全国的に増えているが、高津区溝口にある「nokutica ノクチカ」もその良い例。不動産事業を展開する「エヌアセット」による建物から始まる〝まちづくり〟の一環で、まずは、築およそ90年の診療所をシェアオフィスにしている。僕たち編集部もある意味ノマドワーカーとなりつつある中で、真剣に内見させていただいた。目まぐるしく変わる時代に適応したデザインがあり、現在はレンタルオフィスに加え、レンタルスペース、コワーキングスペース、コーヒースタンド「二坪喫茶アベコーヒー」、共用ラウンジがある。

早起きが得意であれば、「川崎市中央卸売市場北部市場」へ行ってみるのもお薦め。東名川崎ICからも近く、ベッドタウンが広がるエリアということもあり、川崎の食の流通拠点にもなっているそうで、業者の出入りが落ち着く8時から一般利用が可能。和食、洋食、何でもある〝市場メシ〟も人気で、特に目を惹くデザインがあったのは「調理室池田」。その調理台には、季節の欧米家庭菓子が並ぶ。またサンドイッチは、場内で仕入れたマグロを使用した自家製ツナの「ツナメルト」が定番で、その他、日替わりサンドもある。さらにランチは、魚料理と肉料理が選べて、それも場内で仕入れる新鮮な食材を使っている。また、2階はギャラリーになっているので、食事の前後には上がってみてもいい。年末には、『北部骨董祭』を開催していて、オーナー自ら蒐集したアンティークな品々が並んでいた。

日本最大の工業地帯の中枢を担う川崎市では、町工場も元気だ。「相和シボリ工業」は、へら絞りの技術を駆使してさまざまな金属製品を制作している。「へら絞り」とは、ステンレスやアルミなどの金属板を円盤状に切り出し、それを旋盤で回転させながら、「へら」を押し当てるようにして伸ばし、円錐や円柱、半球体などの形に加工していく技術。完成品は、さまざまな工業製品の内部パーツに使われることが多いそうで、間接的にだが、間違いなく日本の近代社会を支えてきた。実は、あの横浜スタジアムの照明の反射傘なども手がけていて、衛星放送のアンテナからロケットの先端まで、想像を超える技術が川崎市の町工場から生まれている。そんな「相和シボリ工業」は、デザイナーの山崎義樹氏

2. Yokohama Area

Utsukushigaoka, in Aoba-ku, is home to eyeglass shop LOCAL and its sister store PLACE. LOCAL is a great place to buy glasses, to be sure, but it's worth checking out their other products as well, hand-selected by owner Daisuke Yada. Their eyeglass cleaning kits, for example, feature elegant designs courtesy of Tsuzuki-ku dry cleaner LIVRER. Yokohama is actually the birthplace of Western-style dry cleaning, and next door at PLACE, you can buy ordinary laundry detergent from LIVRER. Moreover, LOCAL's collection of eyeglasses and sunglasses is stored in beautifully designed composite cases by Tsuzuki-ku's FLANGE Plywood that are reminiscent of Hakone marquetry; photo frames and flower vases of the same design can be found in PLACE. Today, LOCAL has become the epicenter of a new local culture in Utsukushigaoka.

I ate lunch at Hungry Tiger in Hodogaya, built to attract Japan's growing population of motorists back in the days when cars were still a rarity in the country. You'd be hard-pressed to get to the restaurant without a car, as it (→p. 071)

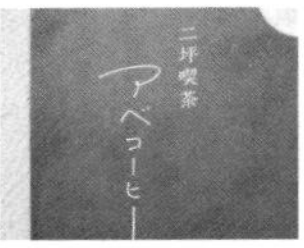

（Design ノ yamazaki yoshiki）とともに、へら絞りでつくる生活道具のブランド『Onami』を立ち上げ、タンブラーやミラー、プレートなどを提案している。アルミで仕上げられたトレイは、あえて傷がつきやすくしていて、使い込むと骨董品のような品格がある。

2 横浜エリア

北部市場から南下してすぐの青葉区美しが丘は、かつて横浜市青葉区の元石川町の一部で、アメリカのニュージャージー州の田園都市をモデルに、およそ70年前に開発された東急田園都市のモデルタウン。中心になるたまプラーザ駅からは、都心へのアクセスも良く（渋谷まで約20分、横浜まで約30分）、羽田空港や成田空港への直通バスも発着している。また、安定した地盤は、地震、土砂災害などの自然災害も少ないため、現代人にとっても人気だ。そんな街での暮らしをさらに充実させてくれるのが、眼鏡店「LOCAL optical shop」と、その姉妹店「PLACE shop&gallery」だ。LOCALでは、もちろん眼鏡を購入することもお薦めだが、店主の矢田大輔さんがセレクトする〝眼鏡以外のプロダクト〟にもぜひ注目してほしい。まずは眼鏡のクリーニングキット。都筑区のクリーニング店「LIVRER」

sandwich, their tuna melt—made with fresh tuna from the market—is a house favorite, and they have daily sandwich specials as well.

Aiwa Shibori is a company that makes a variety of metal products using the *herashibori* technique, where steel or aluminum sheets are cut into discs, turned on a lathe, and stretched into conical, cylindrical, and hemispherical shapes. Together with designer Yoshiki Yamazaki, the company has launched Onami, a line of *herashibori* household products such as tumblers, mirrors, and plates. The aluminum-finish plates are designed to be intentionally scratch-prone to give them an antique feel the more they're used.

SPEED
LIMIT
10

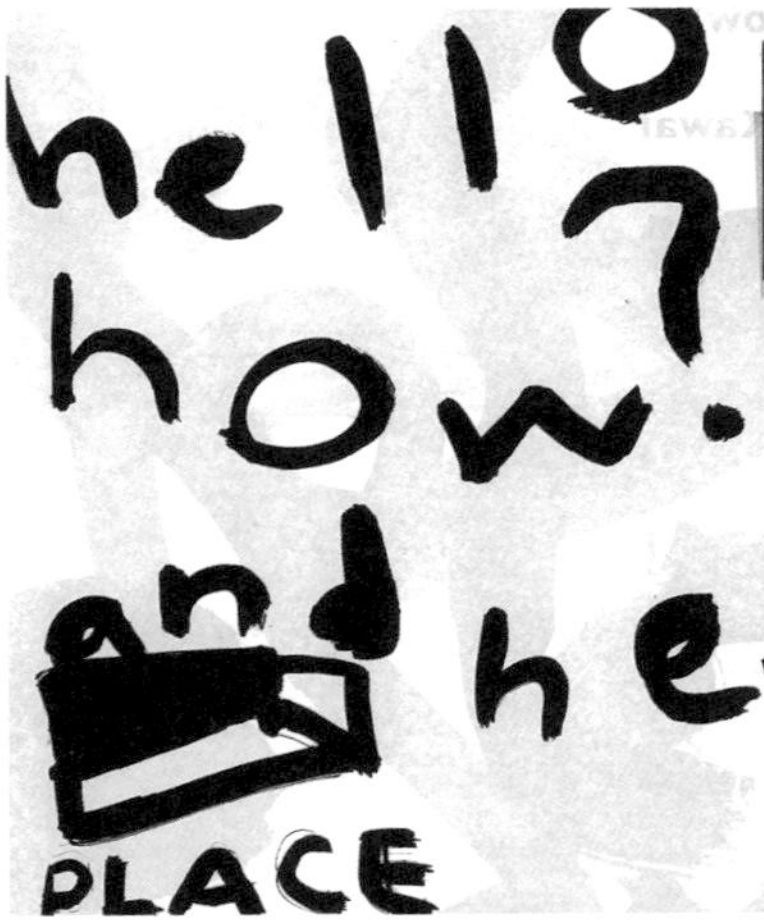
hello?
how.
and hey
PLACE

JLK STAND
detergent produced by LIVRER
LIVRER
Top banana

まもなく、おいしいお料理をお届け致します。
当店のハンバーグは、
お召し上がりいただく直前に、鉄板上で最終調理を行います。
お客様の目の前に料理が運ばれましたら、ナフキンを胸もとまで
持ち上げていただき、油がはねなくなってからお召し上がりくださいませ。

とコラボしたデザイン性の高いキット。実は横浜は、西洋クリーニング発祥の地でもあり、隣接するPLACEでは、衣服用のLIVRERの洗濯洗剤も購入でき、その種類も豊富。さらに、眼鏡やサングラスのコレクションを収納しているのは、都筑区の「FLANGE plywood」による合板のケース。まるで箱根寄木細工を彷彿とさせる美しいデザインで、フォトフレームや一輪挿しなどの一般的なアイテムも作られていて、それらは同じくPLACEに揃っている。眼鏡を購入しに来たアーティストが、それをきっかけにPLACEで個展をしたりと、新しい美しが丘の文化が、眼鏡店を中心に広がっている。

東名川崎ICから高速道路を乗り継ぎ、臨海部までひとつ飛びで行けてしまう日本の〝クルマ社会〟の勢いに改めて驚く。まだ自動車が普及されていない時代、やがて日本にもそんなクルマ社会が来ることを予見してつくられたというレストラン「ハングリータイガー保土ヶ谷本店」でランチをする。わざわざ車でなければ辿り着けそうもない立地で、横浜新道に迫り出すように建っている。ハリウッド映画にでも出てきそうな、天井の高い木造の店内の中心には、巨大なトーテムポール。定番メニューの「オリジナルハンバーグステーキ」は、編集部も虜になったほど。今ではよく見る熱々の鉄板で提供するスタイルは、実は、この店のオリジナルだそうで、周りの客の見よう見真似で、専用の紙ナプキンを両手で構える。運ばれてきたハンバーグは、目の前でカットされ、鉄板で最終調理。ジュワ〜ッと待つことおよそ60秒、外食産業の歴史を頬張りました。

幕末に開港され、関東で生産された生糸の輸出を通して、有数の外資獲得力を誇った横浜。「三溪園」は、生糸貿易により財を成した実業家・原三溪によって、1906年に公開された自然豊かな日本庭園だ。広大な園内には、鎌倉や京都などから移築された歴史的建造物が立ち並ぶ。三溪は、美術品の蒐集や、芸術家の支援・育成をしたり、関東大震災後は、荒廃した横浜の復興に力を注いだという。ちなみに園内で食べられる「三溪そば」という名物も珍しいので、興味のある人はぜひ。

外国資本が入ってくると、市内には多くの外国商社が立ち並んだという。現在でも、西洋近代建築の歴史的建造物が多く残され、山手の旧外国人居留地は観光地にもなっていて、建てられた順に「1番館」「2番館」……と呼ばれ、そ

sits flush against the Yokohama Shindo highway. The wooden interior is like a scene out of a Western, with a high ceiling and a giant totem pole in the center. Their signature Original Hamburger Steak was a captivating experience.

The port of Yokohama was opened at the end of the Edo period and soon became a magnet for foreign capital thanks to exports of Kanto-produced silk. In 1906, one merchant, Sankei Hara, used the riches he made in the silk trade to open Sankeien, a verdant Japanese-style garden.

Along with the foreign capital came a slew of foreign trading companies setting up shop in the city. Even today, Yokohama boasts numerous examples of modern Western architecture. The old Foreigners' Quarter in Yamate features a cluster of Western-style mansions, named for the order in which they were built (No. 1, No. 2, etc.), that are open to tourists. Bluff No. 18, for example, was built after the Great Kanto Earthquake as a residence for Australian trader R.C. Bowden. And Yamate No. 111, a Spanish-style villa, was designed by American J.H. Morgan.

1958 saw the opening of MOTOMACHI Union, a (→p. 073)

れらの建物群を「横浜山手西洋館」として観光もできる。「ブラフ18番館」は、関東大震災後に山手町に建てられたオーストラリアの貿易商バウデン氏の住宅。「山手111番館」は、スパニッシュスタイルの洋館で、設計は、アメリカ人のJ・H・モーガン。モーガンは、イギリス人貿易商のB・R・ベリック氏の邸宅（現在の「ベーリック・ホール」）や、大谷石を使ったノルマン様式の聖堂「山手聖公会」、日本初の洋式競馬場「根岸競馬場」など数多くの建築物を残している。続いて「エリスマン邸」は、生糸貿易商社の横浜支配人格として活躍したフリッツ・エリスマン氏の邸宅。設計は、〝近代建築の父〟といわれるアントニン・レーモンドで、シンプルでモダン。それぞれ喫茶店や、ギャラリーも併設され、当時の暮らしを伝えている。

　1958年には、外国人客向けにスーパーマーケット「もとまちユニオン」が誕生。創業者は、シップチャンドラー（船舶納入業者）の経験を生かし、その頃はまだ日本には無かったズッキーニやマッシュルームなど、珍しい新鮮な食材などを仕入れていたという。日本のスーパーマーケットのエコバッグの先駆けともいえる「ユニオンバッグ」は、半世紀以上愛されるロングライフデザイン。また、サービスカウンターでは、購入したものならば、地元のイラストレーター・柳原良平（故）がデザインした包装紙で包んでくれるのも嬉しい。

　日本三大中華街の一つ、「横浜中華街」は、〝中国の街〟が横浜に移動してきたという単純なものではなく、この土地の観光で重要な役割を担ってきた。戦後は、闇市として栄え、その後は外国人船員や米軍兵を相手にした外国人バー街にもなった。中国人に言わせると、「このような街は中国には無い」らしく、実は、たくさんの〝横浜らしさ〟がある場所。そもそも横浜中華街がなぜできたかというと、それも横浜開港が関係している。日本人が、西洋人と貿易を進めていく上で、通訳として活躍したのが、華僑（中国出身の移住者）だった。彼らは、漢字を理解し、西洋の言葉も話せたため、さまざまな貿易の仲介役となった。そして、自らの伝統文化を保持しながら、横浜で日本社会に適応してきたのだ。そんな華僑が営んだのは、貿易や料理店だけではなく、洋館の建築、ペンキ塗装、西洋家具、欧文印刷、洋裁など、当時の先端分野で活躍し、中華街には、早くから日本人も暮らしていて、新しい技術が伝えられていったり、日

rhythmically in every restaurant in Chinatown. Believe it or not, fully 80 percent of them come from Yamada Kogyosho in Kanazawa Ward. These woks, which are beaten into shape through about 5000 (!) hammer strokes, have bumpy surfaces that vary in thickness from place to place, which improves heat transfer and helps oil spread more evenly—perfect for high-heat Chinese cooking.

Yokohama's Osanbashi International Passenger Terminal is a popular tourist spot, known as the "Gateway to the Sea," but it also played an important part in westernizing Japan. When the port of Yokohama opened in 1859, the shoreline was a sheer wall, with no facilities for handling the rapidly growing volumes of cargo; any large ships that arrived had to be met out at sea by tugboats. At last, in 1894, Tessanbashi—the predecessor of today's Osanbashi—was completed. It's been expanded and rebuilt six times since then and the current 7th generation's unique, innovative architectural design, by Alejandro Zaero-Polo and Farshid Moussavi, won an international design prize in 2002. The roof of Osanbashi—nicknamed the "Whale's Back"—offers panoramic (→p. 075)

本ならではの〝中華料理〟も生まれてきた。編集部お気に入りのお店や料理は、別コーナー（p.112）で、ご紹介しています。

　そんな横浜中華街で、中華料理を作るために欠かせない調理道具の代表格・中華鍋。ガッチャンガッチャンと、リズミカルな音が聞こえてくる中華街店の、なんと8割以上が、金沢区の「山田工業所」の中華鍋を使っている。およそ5000回も!? 一つ一つハンマーで叩いて形づくられていく「打ち出し中華鍋」は、場所によって厚みを変えてあり、熱伝導もよく、表面の凹凸は、油なじみもよい。まさに火力を要する中華料理にうってつけだ。今でこそ日本中の料理人御用達の山田工業所の打ち出し鍋・フライパンだが、戦後、ドラム缶の切れ端を材料に、土を掘って、ハンマーで叩いて作ったことが始まりだそう。とても丈夫で使い込めば込むほど、黒々とした光を放ちカッコよくなる（毎日使っています）。中華街の道具店（または、D&DEPARTMENTのネットショップ）でも購入可能なので、ぜひ専用のお玉と一緒に。

「横浜港大さん橋国際客船ターミナル」は、〝海の玄関口〟として観光地にもなっているが、この大さん橋こそが、日本の文明開化の重要な役

supermarket catering to foreigners. Founded by a former ship chandler (a dealer in supplies for ships), it stocked high-quality goods such as zucchini and mushrooms that were unknown in Japan at the time.

Yokohama Chinatown, one of the three largest in Japan, is not simply a "Chinese town" transplanted to Yokohama. It plays a key role in the city's tourist industry. But how did it come to be in the first place? The answer lies in the early days of the port of Yokohama. Back then, Chinese migrants served as interpreters in negotiations between Western traders and their Japanese counterparts. Since they could both read Japanese writing and speak Western languages, they were ideal go-betweens for all kinds of trade. Over time, the Chinese of Yokohama integrated into Japanese society while preserving their own traditional culture. From its beginnings, Chinatown was also home to many Japanese, who helped introduce new technologies and a uniquely Japanese type of Chinese cuisine.

Indispensable to making all that delicious Chinese food is the iconic Chinese wok. You can hear them clanging

親仁善鄰

HAIYIN BRIDGE
阳江豆豉
YANG JIANG
SALTED BLACK BEANS
金牌
台湾啤酒
TAIWAN BEER
TOEI
YUQUAN
EGG NOODLE
全蛋麵
NOUILLES AUX OEUFS
NET WT. 16 oz
500g (NET 17.6oz)

諸星
ビール

シウマイ
崎陽軒

割だった。横浜港は、1859年に開港して以来、急増する貨物量に対し、直接岸壁に接岸し、荷役を行なえる施設がなく、たとえ大型船が入ってきても、タグボート（小型船）で沖まで迎えに行ってた。そして、1894年、ついに現在の大さん橋の前身となる「鉄桟橋」が完成。それ以来、6度の増改築を経て、現在は7代目。斬新でユニークな建築デザインは、2002年に国際デザインコンペの最優秀作品であり、アレハンドロ・ザエラ・ポロ氏とファッシド・ムサヴィ氏によるもの。そんな〝くじらのせなか〟の愛称で親しまれる大さん橋の屋上からは、横浜港を一望できる。

神奈川県庁や神奈川県警察本部など、行政が集中する関内地区。2004年に開業したみなとみらい線の日本大通り駅から直結する「ニュースパーク（日本新聞博物館）」では、今回の「神奈川号」のキックオフイベントを行なった。建物は、関東大震災後の復興事業として1929年築の「旧・横浜商工奨励館」。重厚な建物は、一部解体されながらも、主要な内装を含め、旧建物が保全されていて、イチョウ並木と共に絵になる〝横浜らしい風景〟。横浜は、日刊新聞発祥の地でもあり、ニュースパークは「日本新聞協会」が運営し、新聞の歴史などがわかりやすく学べる。

もともと「関内」という言葉には、「関門の内側」という意味があり、開港以来、外国人と日本人のトラブルを防ぐために、横浜は「関門」を設けた。その場所が、現在の伊勢佐木町と馬車道の間の「吉田橋」で、この橋を境にして、関門の海側を「関内」、陸側を「関外」と呼んだ。開発の進む関内とは異なり、関外には、古き良き横浜を象徴する繁華街が残っている。

伊勢佐木町のレトロな商店街「イセザキモール」を〝いせぶら〟すると、アントニン・レーモンド設計の「不二家レストラン」や、戦後、アメリカ軍の飛行場として使用されていた場所に建つ「シネマ・ジャック＆ベティ」（旧・横浜名画座）など、開港時代の面影を感じることができる。

また、大衆酒場の聖地・野毛町では、ハーモニカ横丁の名で親しまれる歴史的建造物「野毛都橋商店街ビル」をはじめ、夜な夜なハシゴ酒を堪能した。さすがに約2か月間の取材では回りきれず、〝ハマの下町〟の旅は、これからも続きそうです。

views of the port.

Kannai is the administrative heart of Kanagawa, home to the prefectural government office and police headquarters. The Newspark (Japan Newspaper Museum), which opened in 2004, occupies the old Yokohama Chamber of Commerce, built in 1929 as part of recovery efforts after the Great Kanto Earthquake. Although the stately building has been partially demolished, the main interior elements have been preserved. Together with the surrounding gingko trees, it forms a quintessentially Yokohama scene. Japan's first daily newspaper was published in Yokohama, and Newspark—operated by the Japan Newspaper Society—is the perfect pace to learn about the history of newspapers.

A stroll through Isezaki-cho's retro Isezaki Mall will bring you face to face with traces of Yokohama's early days. There's the original Fujiya Restaurant, designed by Antonin Raymond, and Jack & Betty Cinemas (formerly Yokohama Meigaza), which stands on the site of an old US Army airfield. In nearby Nogecho, I enjoyed nightly pub crawls through places like the historic Noge Miyakobashi Shopping Arcade, better (→p. 079)

3 横須賀・三浦エリア

横須賀は、横浜と同じく世界に開かれた港町だがその経緯は異なる。ペリー来航に危機を感じた幕府は、本格的な造船所をつくるために、フランスに協力を求め場所を探し、その結果、フランスの軍港の地形に似た横須賀湾が選ばれたとか。当時は、蒸気機関を原動力とする日本最初の工場ゆえに、〝産業革命の地〟ともいわれ、伊勢や大山詣りと並ぶほどの観光名所にもなった。それはまるで現代のテーマパークのようで、外国人も含め、1日数百人もの人が訪れるほどだったという。そして、戦後には米海軍と、海上自衛隊の基地となったが、日本最初の〝産業観光〟は、現在もクルージングツアー「YOKOSUKA軍港めぐり」として続いている。海上自衛隊の潜水艦や護衛艦、米海軍のイージス艦、タイミングによっては空母、砕氷艦（南極観測艦）など盛りだくさんに見ることができるのだが、僕は、巨大な船たちを目の前に「すげぇ」と、子どものようにはしゃいでしまった。ツアー中は、案内人が船の名前や役割、そして歴史や観光案内など、わかりやすく解説してくれ、名物「横須賀海軍カレー」の誕生秘話も興味深かった。

transformed into a souvenir shop catering to visiting US servicemen. An essential feature of *suka-jyan* is that they're reversible (bet you didn't know that). MIKASA's selection includes Taylor Toyo products as well as original designs, and the store even partners with artists to offer special-order items with custom artwork. It also carries unsold leftovers from older designs, offering a glimpse into the history of *suka-jyan*.

After perusing the shopping district, I stayed the night at B&B Ichi. This storied 80-year-old Japanese-style house was once a lodging for sailors visiting the port of Misaki, and later served as the residence of author Shinji Ishii. It offers delicious breakfasts (Japanese and Western) featuring plenty of Misaki delicacies, like tuna *teriyaki*.

4. Kamakura / Shonan Area

If the Tokyo/Yokohama area is Japan's equivalent of New York or Washington DC, then the Kamakura/Shonan area is Portland or San Francisco. The vibe here is completely different, and there's no better symbol of that local (→p. 079)

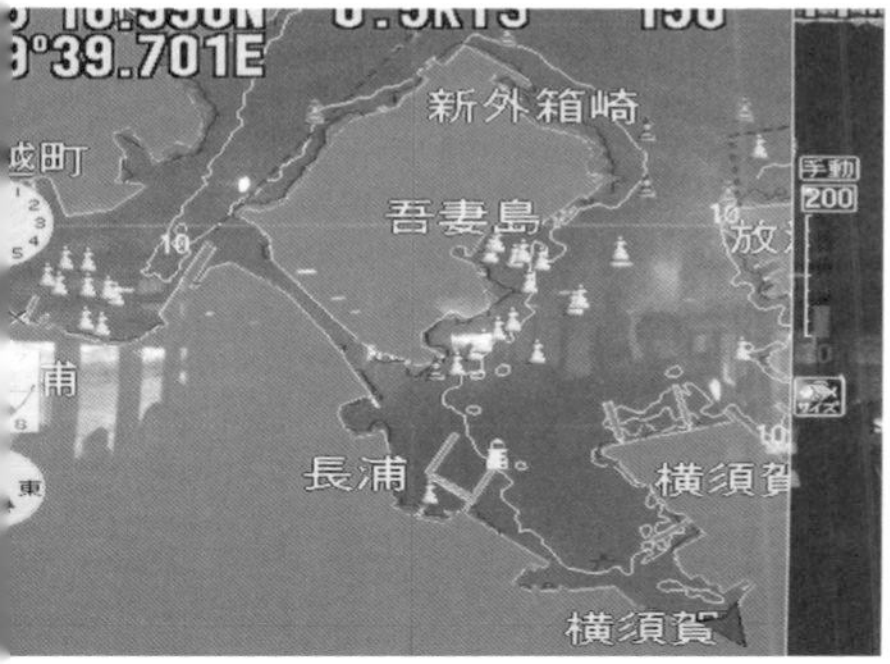

ドブ板通り商店街は、軍港として発展し始めた明治時代には、通りにドブ川が流れていて、通行に邪魔だったため海軍から厚い鉄板をもらい蓋をしたことからそう呼ばれるようになったとかで、行き交う人の中には、体格のいい米兵や、(その日は、成人の日だったため)振り袖姿の女性アメリカ人など、異国情緒溢れる光景に動揺したが、これも横須賀らしさなのだ。

そんなドブ板通りにある「MIKASA」は、「スカジャン(横須賀ジャンパー)」の専門店。明治時代、酒店として歴史をスタートさせ、戦後に横須賀に寄港した米兵向けにスーベニアショップを創業。そこで扱っていたのがスーベニアジャケットだった。スカジャンの基本は、リバーシブル(知っていました?)。MIKASAでは、「テーラー東洋」のスカジャンから、オリジナルのスカジャンなどを扱い、絵師とのコラボにより、描き下ろしのフルオーダーも可能で、これまで販売してきたデッドストックを保有するなど、その歴史とともに歩んできた。店主の一本和良さんは、スカジャンはもちろん、ドブ板通りの文化も愛していて、空母が寄港した時の賑わいについても話してくれた。また、カフェも営み、「掃海艇はつしま」のレシピを基にした「海自カ

known to locals as Harmonica Alley. Two months was far too short a time to see all there.

3. Yokosuka / Miura Area

Yokosuka is a cosmopolitan port town like Yokohama, but its origins are very different. As the story goes, the Tokugawa shogunate, alarmed by Commodore Perry's arrival, turned to France for help in finding the ideal place to build a shipyard. They settled on Yokosuka Bay, whose terrain resembled that of a French military port. Because the shipyard had Japan's first steam-powered factory, Yokosuka is known as the birthplace of Japan's industrial revolution. For a time, it was a tourist attraction on par with Ise or Oyama Temple, receiving hundreds of visitors a day. Even today, as a base for the US Navy and the Japanese Maritime Self-Defense Force, this former center of "industrial tourism" is still a sightseeing spot, with cruise ships offering tours of the military port.

MIKASA, on Dobuita Street, specializes in souvenir jackets called *suka-jyan* (Yokosuka jumpers). MIKASA got its start in the Meiji era as a liquor store; after World War II, it

レー」も絶品。そんな一本さんが懇願して企画されたのが、2022年に「横須賀美術館」で開催された『スカジャン展』だ。詳しくは、d マーク（p.022）で紹介しているが、この店で僕は初めてスカジャンをお土産に購入した。

三浦半島の最南端、三崎。ここも港町だが、日本有数の漁港。室町時代に漁業が始まり、昭和初期にはまぐろ漁が盛んになり、今では誰もが知るまぐろ漁船の一大拠点になった。そんな三崎港では、B&B「ichi」で1泊した。その昔、三崎港に立ち寄る船員のための下宿所として使われ、その後は、作家のいしいしんじ氏の住居だったという、築80年の年季の入った日本家屋を改築している。まぐろの照り焼きなど（和食・洋食選択可能）、三崎の食材をふんだんに使った丁寧な朝食が美味しかった。また、宿主の成相修さんは、ネイチャーガイドであり、プロの釣り師でもあるため、フィッシングや磯遊び、トレイルハイクなど三崎ならではのアクティビティーも楽しめる。

4　鎌倉・湘南エリア

葉山には、御用邸もあり、いつも長閑で心地いい空気が流れていたように感じる。例えるなら、東京・横浜などの都心エリアが、アメリカでいうところのニューヨークやワシントンだとして、鎌倉・湘南エリアは、ポートランドやサンフランシスコなどの西海岸のようで、空気感もまるで異なる。そんな〝湘南らしさ〟を象徴するような店が「SUNSHINE＋CLOUD」だ。時代の流れに囚われず、自分たちが気持ちのよいもの、素敵だと思うものをベースにし、丁寧な物づくりを軸とするアパレルブランド。いつも風通しがよく、どこか気持ちも晴れやかになった。オーナーの高須勇人さんは、美術作家の永井宏さん（故）が運営していた「SUNLIGHT GALLERY」だった場所で、ギャラリーを引き継ぐように、1995年に店をスタート。現在は、保養所だった建物に移転し、併設したカフェ「OVER EASY」ではゆっくりお茶や食事もできる。ちなみに、SUNSHINE＋CLOUDのカタログには、シーズンごとに公募で集まった文章が掲載してあり、それも魅力。自分たちが全てではなく、あらゆるものと共有して作り上げるという面白さがある。

1951年に日本で最初の公立近代美術館として開館した「神奈川県立近代美術館」の旧本

close over the Heike Pond that it almost seems to float on top of it, creating a striking harmony between Kamakura's natural beauty and its history as the old capital of Japan. Sadly, this leading example of Japanese modernist architecture closed in 2016 due to the building's deteriorating condition. But the museum itself carries on at the Masato Otaka-designed Kamakura Annex, completed in 1984, and the new main building in Hayama, opened in 2003 on Isshiki Beach. The old building's sculpture collection has been moved to the Hayama building, where Isamu Noguchi's "Kokeshi," long a beloved symbol of the museum, now greets visitors in the courtyard.

It was Kamakura-born illustrator Kanta Yokoyama who helped me discover the city's true charm. His great uncle was the late Ryuichi Yokoyama, creator of the manga series "*Fuku-chan*." Ryuichi also drew the first "*Hyo-chan*" faces for the soy sauce bottles of *shumai* maker Kiyoken, and there's not a single person in Kamakura who hasn't seen his murals underneath Kamakura Station. His former studio-cum-residence in Onarimachi has been reborn as restaurants and galleries and is still a popular spot among (→p. 081)

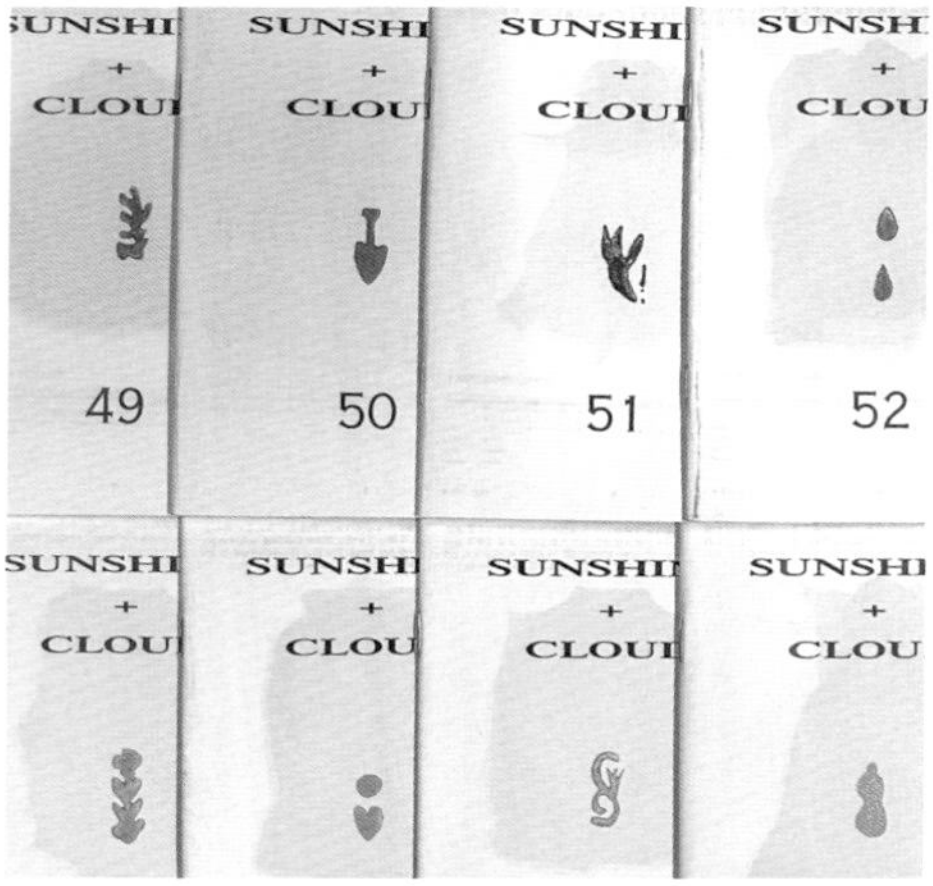

館（現「鎌倉文華館」）は、坂倉準三設計。鶴岡八幡宮の境内にあり、平家池に迫り出すように建つその姿は、まるで池の上に浮かんでいるかのようで、伝統の古都・鎌倉の歴史と自然に調和した美しさがある。日本のモダニズム建築を代表する名建築だったが、惜しくも2016年に老朽化のために閉館。1984年に完成した大髙正人設計の「鎌倉別館」と、2003年に一色海岸に誕生した「葉山館」は現在も運営していて、旧本館の彫刻作品は「葉山館」に移設され、本館のシンボルとして愛され続けてきたイサム・ノグチの『こけし』は、葉山館の中庭で来館者を出迎えてくれる。相模湾を一望するレストランでは、湘南豚ロースのソテーや三崎港で水揚げされた魚のブイヤベースなど、地元ならではの食事もでき、喧騒から逃れ、湘南らしい時間をゆっくりと過ごせる。

　伝統の古都・鎌倉へは、公共交通機関を使って行くことをお薦めしたい。今でこそ多くの観光客が集まる鎌倉だが、源頼朝による武家政権時代以来、この人集りは誰が予測できたのだろうか。カフェブームにはじまり、映画やドラマ、アニメの聖地巡礼などで、連日たくさんの人が訪れ、車の渋滞は当たり前。駐車場代も馬鹿にはならないので、正直最初は鎌倉に行くことさえ気が進まなかった（すみません）……しかし、

flavor than apparel shop SUNSHINE + CLOUD, where the focus is on quality craftsmanship and what feels and looks good, rather than on what's trendy. Owner Hayato Takasu opened the shop in 1995 in what was formerly the SUNLIGHT GALLERY, following in the footsteps of the gallery's previous owner, the late artist Hiroshi Nagai.

The old main building of the Kanagawa Museum of Modern Art (now the Kamakura Bunkakan), opened in 1951 as Japan's first public modern art museum, was designed by Junzo Sakakura. Located on the grounds of the Tsurugaoka Hachimangu Shrine, it looms so

鎌倉出身のイラストレーター・横山寛多さんに出会い、一献交えていただき、〝鎌倉の本当の魅力〟に次第に惹き込まれていった。

寛多さんの大伯父は、漫画『フクちゃん』の作者である故・横山隆一。崎陽軒の「ひょうちゃん」の顔を描いた初代の人でもあり、鎌倉駅地下道には、壁画もあって地元では知らない人はいないほど。御成町のアトリエ兼自邸だった場所は、現在、飲食店やギャラリーに生まれ変わり、市民に愛されている。アトリエだった建物は改築され、「GARDEN HOUSE Kamakura」になっている。料理は、地元鎌倉で、１１０年の歴史あるハムメーカー「鎌倉ハム富岡商会」とコラボレーションし、湘南の旬の食材を使ったノーザンカリフォルニアスタイル。季節に合わせたオリジナルの「鎌倉ビール」もいただける。

また、自邸だった場所は、「スターバックスコーヒー鎌倉御成町店」に一変したが、横山隆一が愛した桜の木や藤棚、プールなどはそのままに、横山邸の面影を残しつつ、歴史ある町並みとの調和を大切に建てられた。『フクちゃん』の四コマ漫画の原画も展示され、鎌倉に行く際にはよく利用させていただいた。

『BRUTUS』や『dancyu』など、雑誌の挿絵も描いている寛多さん自身のお仕事も興味深く、本格麻婆豆腐の店「かかん」や、料理人御用達の「邦栄堂製麺」など、鎌倉周辺で多数見かける。さらに大船にある１９５０年創業の漢方薬局「杉本薬局」の3代目・杉本格朗さんとも仲が良く、杉本さんの著書『こころ漢方』や、薬膳スープ、薬草湯などの商品のイラストも手がけている。ちなみに杉本さんは、生薬の調合や患者さんの漢方相談に加え、店から飛び出してさまざまにコラボレーションしている。

「PARADISE ALLEY BREAD & CO.」とは、実験的に薬膳のパンを作ったり、「hotel aiaoi」では、喫茶で提供するお茶のレシピを考えたり、さらに渋谷の「eatrip soil」では、「杉本漢方堂Soil」として漢方相談所を不定期で開いていたりと、漢方を文化にしようと精力的に活動している。大船だけでなく、大型ドラッグストアが増える世の中で、個人薬局の役割は、薬を処方することだけでないのだろう。一人一人と相談することで互いに見えてくる個人を取り巻く〝町の健康状態〟。薬の効能以上に、〝漢方という生活スタイル〟が、現代社会に必要なのかもしれない。

ちなみに、解剖学者の養老孟司さんも鎌倉出身で、寛多さんとは大の昆虫好き同士で、お

Kanta's illustrations adorn packages of soup and herbs as well as Sugimoto's book "*Kokoro Kanpo*." Incidentally, besides preparing medicines and advising patients in his own shop, Sugimoto is an energetic promoter of Chinese medicine through partnerships with other businesses. For example, he's created an experimental medicinal bread for Paradise Alley Bread & Co., come up with new tea recipes for Hotel Aiaoi, and even opened an ad-hoc Chinese medicine clinic at Shibuya's Eatrip Soil.

5. West Kanagawa

The small port town of Oiso, nestled between the mountains and the sea, is the site of Japan's first swimming beach and a surfing mecca. With industry, fishing, and agriculture on the decline due to an aging population, Oiso needed a breath of new life to preserve its best qualities and make it a place where young people can thrive. And so, in 2010, the Oiso Market was born. On the third Sunday of every month, the port of Oiso becomes an open space where stores and galleries partner to transform the whole town into (→p. 083)

二人が出版された絵本『「じぶん」のはなし』は大人も子どもも楽しめる内容でお薦め。

海水浴場発祥の地・大磯町。今ではたくさんのサーファーたちも訪れるが、山と海に挟まれた小さな港町。高齢化とともに商業だけでなく漁業、農業も衰退する中、大磯の良さを残し、若い世代も活躍できる活気ある場所にと、２０１０年から「大磯市」がスタート。毎月第3日曜日の大磯港をチャレンジの場として開放し、町の店舗やギャラリーなどとも連携して大磯全体を〝市〟にしようと考えている。そんな県内最大級の朝市の参加作家のための常設店として立ち上がったのが「つきやま」。２０２1年には、大磯の町なかの空き家を利活用して「つきやまBooks」として再オープン。今では、活版や出版、うつわ、ギャラリー、カフェ、パン屋、ワインバルなどが集積した「茶屋町路地」としても多くの人が訪れている。多機能を兼ね備え、これからの大磯をつくっている場所だ。

大磯駅から歩いて行ける「TE HANDEL home / gallery」へ。東海道の大磯宿があった宿場町跡で、雰囲気の良い住宅街に佇む。建物の設計は、フランス・パリを拠点にする建築家・田根剛氏で、不定期でオープンしている。1階には小さ

residents. The renovated studio building is now GARDEN HOUSE Kamakura, which serves Northern California-style cuisine with seasonal Shonan ingredients in partnership with Tomioka Shokai, a 110-year-old local Kamakura ham company. They also offer original seasonal Kamakura beers to quench your thirst.

Ryuichi's residence is now a Starbucks coffee shop, but it's designed to preserve the appearance of the original house—his beloved cherry trees, wisteria trellises, and pool remain intact, and the walls are adorned with original art from the "*Fuku-chan*" manga. I was a frequent patron during my visits to Kamakura.

Kanta's work is fascinating in its own right. In addition to illustrations for magazines such as "*BRUTUS*" and "*dancyu*," his art can be found in many places around Kamakura, including the Szechuan-style tofu restaurant Kakan and Houeidou Noodle Factory, a favorite among professional chefs. He's also good friends with Kakuro Sugimoto, the third-generation owner of Sugimoto Pharmacy, a traditional Chinese medicine shop in Ofuna opened in 1950, where

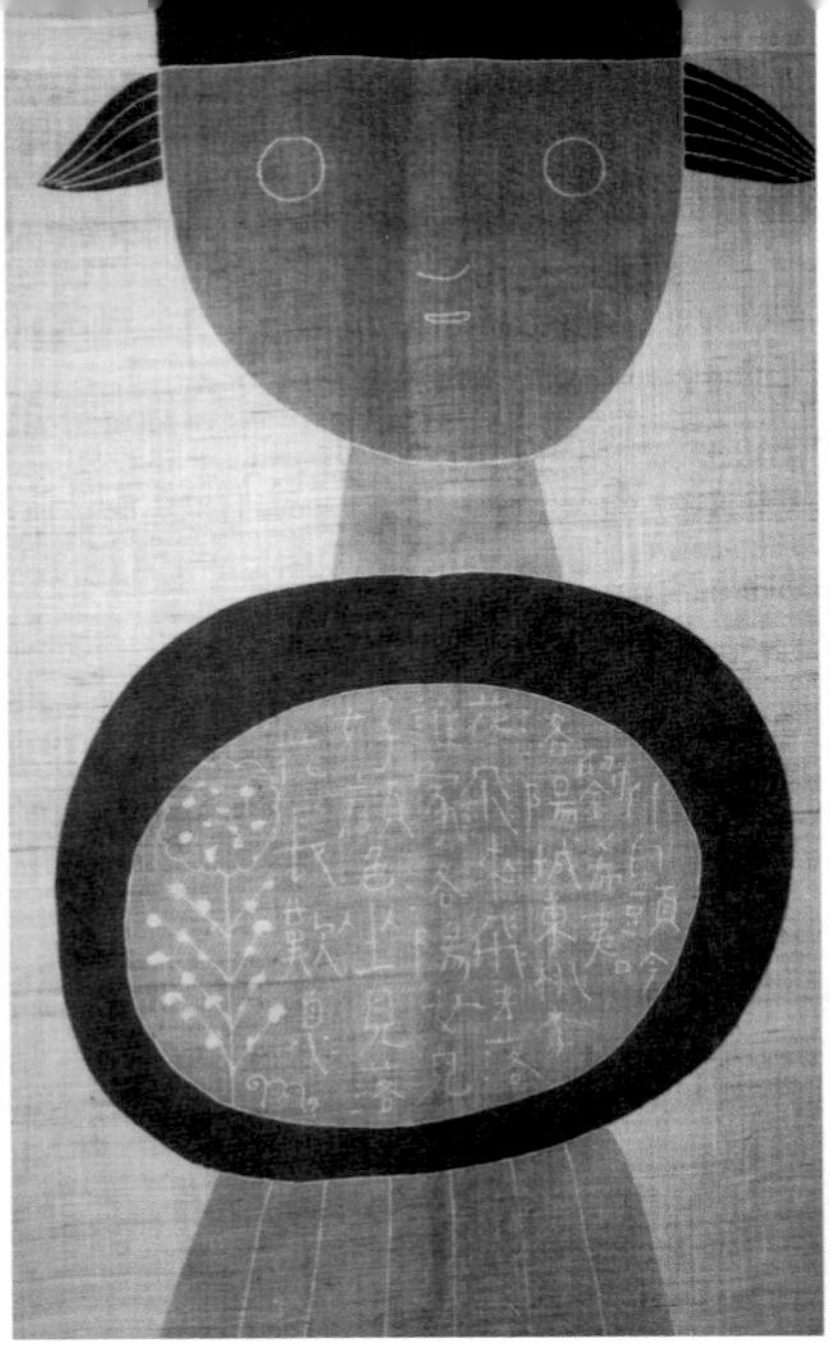

な喫茶スペースと物販スペースが併設していて、2階は展示会や音楽会、茶会、ワークショップなどを開催する「gallery case5」。北欧と日本を融合させた独自のティースタイルを発信していて、僕がお邪魔した時には、湘南の山で木こりとして生きたという現代美術家の故・倉橋元治の作品展を開催していた。また、湯河原の画家・たじまひろえさんなど、さまざまなアーティストとコラボレーションしている「東京印籠茶筒缶」も人気。テイクアウトだけなら駅前の「platform」もお薦め。

5 県西エリア

小田原は、城下町、そして東海道の小田原宿の宿場町としても栄え、箱根の〝手前の宿場町〟として、現在も県西エリア観光の拠点になっている。小田原を代表する建物といえば、社寺を思わせる唐破風入母屋造りの「だるま料理店」。相模湾で水揚げされる魚介を中心とした天ぷらや、寿司などのラインアップは小田原ならではで、地元の人にも観光客にも人気だ。創業から続く名物の天丼は、特製の「岩井の胡麻油」で揚げられ、香り高く、衣はカリッと、身はフワッ

cooked in special Iwai sesame oil, making it crispy on the outside and tender on the inside. The building, a Registered Tangible Cultural Property, was rebuilt after the Great Kanto Earthquake. Even today, you can still feel the history inside the restaurant, where travelers gather on weekend afternoons to drink and relax.

Surprisingly, Odawara is also known for its *uirou*. Most people associate these *mochi* like sweets with Nagoya or Yamaguchi, but they actually originated here. In the Muromachi period, the Uirou family's steamed rice cakes were served to state guests, and thus *uirou* became synonymous with sweets. There's a small museum in the back of the Uirou shop where you can learn more about its history.

Utsuwa Nanohana occupies a renovated townhouse with a splendid courtyard. The house was selling a Japanese sweet popular since the Meiji era. It was originally designed by architect Yoshifumi Nakamura, and renovated by designer Makoto Koizumi. When I visited in December 2022, it was hosting "Tabi Chawan to Mokucho," a joint show by Yugawara-based ceramic artist Morimitsu

(→p. 085)

とやわらか。国の登録有形文化財の建物は、関東大震災により創業時の主屋は倒壊してしまったが、再建され、今もなお、歴史が感じられる店内。休みの日には、旅人が昼間からお酒を呑んでいる和やかな雰囲気も、この店の魅力。

小田原で意外な名物が「ういろう」。ういろうというと、名古屋や山口をイメージする人がほとんどだと思うが、実は〝発祥の家〟が小田原にある。薬屋・外郎《ういろう》家の漢方薬「透頂香《とうちんこう》」が、万病に効くということから評判になり、家名より愛称で〝ういろう〟と呼ばれた。その外郎家が室町時代に国賓に振る舞った米粉の蒸し菓子も人気となり、それが「お菓子のういろう」のはじまり。現在も25代にわたり作り続ける薬と菓子は、小田原での販売が基本。薬のういろうは症状が合う人に対面販売していて、僕も長旅のお供に一箱購入した。店の奥には、蔵を利用した小さな博物館があるので、外郎家の歴史はそこで。

素敵な中庭がある「うつわ菜の花」は、明治時代から続く「和菓子 菜の花」の店舗だった町家を改築している。建築家の中村好文氏が設計し、その後、デザイナーの小泉誠氏がリノベーションした。僕が行った2022年の12月には、

one big morning market, the biggest in Kanagawa. Artists participating in the market have a permanent space, Tsukiyama, to exhibit their works. In 2021, Tsukiyama took advantage of an empty building in the middle of town to reopen as Tsukiyama Books. It's now known as Chayamachi Roji, a multipurpose facility with a printing/publishing shop, a pottery store, an art gallery, a café, a bakery, and a wine bar.

TE HANDEL home / gallery, just steps from Oiso Station, is located in a pleasant residential neighborhood along the old Tokaido road. The building was designed by Tsuyoshi Tane. Open on an ad-hoc basis, it features a small café and retail shop on the first floor, while the second floor hosts Gallery case5, a space for art exhibitions, music performances, tea parties, and workshops.

Perhaps no building in Odawara is as iconic as Daruma Restaurant, whose undulating gabled roof resembles that of a shrine or temple. It's a popular spot for both locals and tourists, serving up a range of uniquely Odawara dishes like sushi and tempura made with seafood straight out of Sagami Bay. Its famous *tendon*, a mainstay since it first opened, is

W

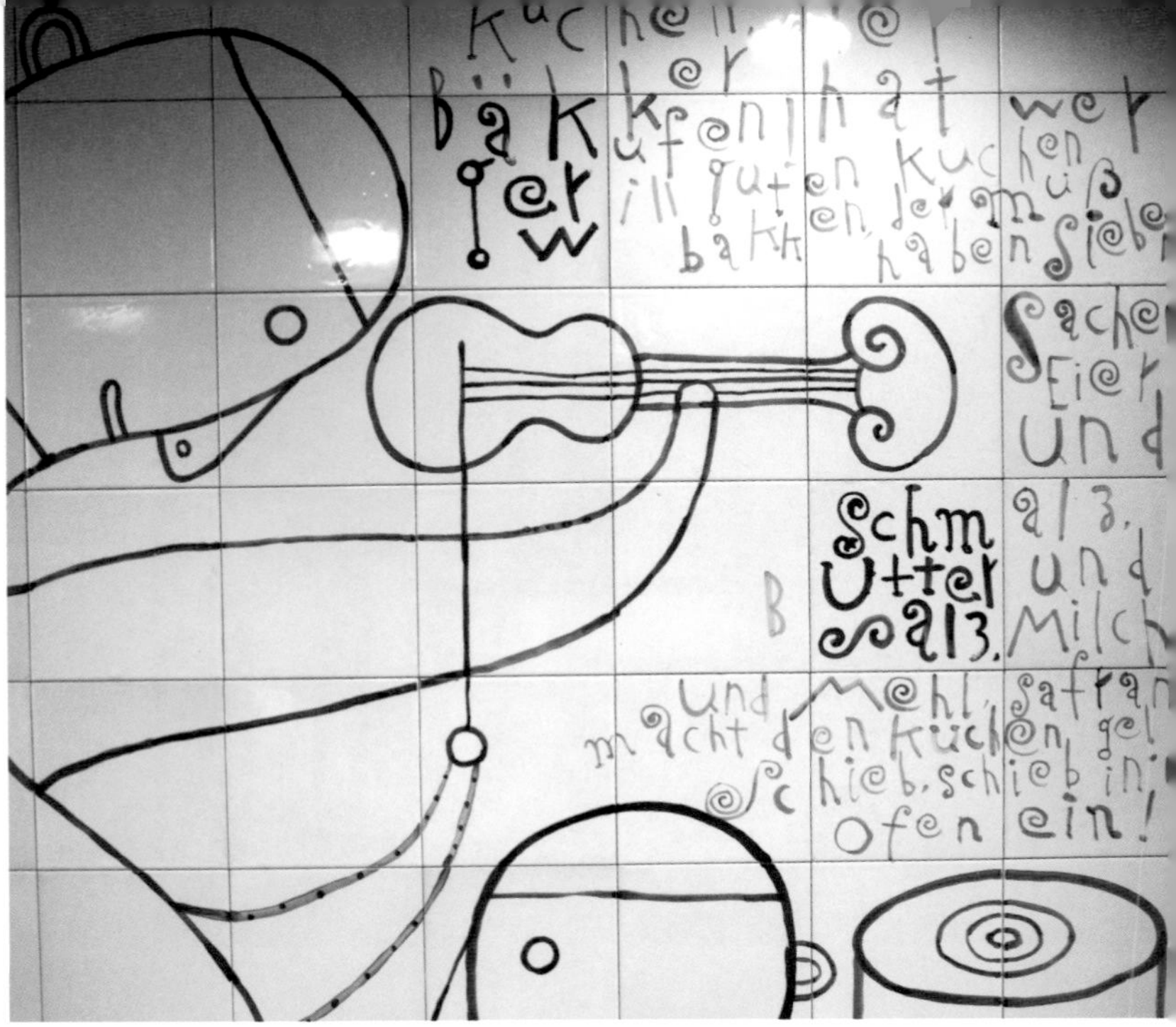
hat wer
guten Kuchen
haben sieben
Sache
Eier
und
Schm
Utter
alz.
und
Milch
und Mehl, saffran
macht den Kuchen gel
schieb, schieb in
Ofen ein!

拓殖大学
帝京大學
中央学院大学
日本大学
駒澤大学
順天堂大学
神奈川大学
國學院大學
明治大学
東京國際大學
大東文化大学

UTSUWA
NANO
HANA

湯河原在住の陶芸家・細川護光氏と、京都在住の彫刻家・岸野承氏の『旅茶碗と木彫』の企画で、その次は三重県在住の陶芸家・造形作家の内田鋼一氏の『内田鋼一の茶碗展』を開催していた。小田原は、江戸時代は、宿場町として、明治時代は、別荘や居住地として政財界人、文化人に愛されてきた。代々続いているお菓子は、「ムーンカフェ」や「ルッカの森」などにも展開し、県産の柑橘を使った洋菓子も美味しく、利用者は幅広い。錚々《そうそう》たるアーティストたちに最も信頼されるギャラリーは、小田原の文化をこれからも牽引していく。

小田原は、さらに魅力的な店も多く、旧三福不動産が発行している『小田原ごきげんマップ』を片手に、小田原駅周辺を巡るのもよく、「旧三福ビルヂング」には、コワーキングスペースもあるので、移住を考えている皆さん、ぜひご相談に行ってみてください。〝いいかげん〟な不動産屋だからこそ、小田原はこれからもっと〝楽しい物件〟が生まれてくるはず。

日本を代表する温泉観光地として、不動の人気を誇る箱根だが、温泉地としての評価は、江戸時代の「温泉番付」によると前頭格だったそう。戦後は、箱根山戦争とも揶揄される観光開発競争があり、急速に発展。また、正月恒例のスポーツ大会「箱根駅伝」でもテレビ中継され、行ったことはなくても見たことはある箱根。個人的には、東京メトロ千代田線内まで乗り入れる「地下鉄を走るロマンスカー」の印象が強い（一度は乗ってみたい）。

箱根や湯河原には、観光客向けの宿泊施設に加え、関東の企業や行政などの保養所が多いのも特徴だ。『d design travel』でも大変お世話になっている出版販売会社「日本出版」（日販）は、箱根に所有する保養所をリノベーションし、２０１８年にブックホテル「箱根本箱」をオープン。レストラン（要予約）、ショップなども備え、宿泊者はもちろん、宿泊以外の人も、本に囲まれながらゆったり時間を過ごすことができる。もともとあった大浴場も素敵になり、ホテルの客室にも露天風呂を設置し、箱根の山々を見ながら温泉に浸かれる。新刊と古書、洋書合わせて約1万２０００冊。ラウンジやレストラン、通路にも本があり、館内ですべての本が購入可能。もちろん本のディレクションは、日販によるもの。観光地箱根の喧騒も、温泉街を抜ければ、そこは閑静な山。豊かな自然に囲まれ、本に囲まれ、少しの〝非日常〟を味わってほしい。

Hosokawa and Kyoto-based sculptor Sho Kishino. The traditional Japanese sweet can now be found in places like Moon Cafe and Rukka no Mori, where you can also enjoy delicious Western sweets made with Kanagawa citrus fruits.

Alongside their hotels and inns, Hakone and Yugawara are also home to a large number of corporate- and government-owned retreats. Our publisher Nippan renovated its own Hakone retreat into the book hotel Hakone Honbako, opened in 2018. Hotel guests and visitors alike can relax surrounded by books at the hotel's restaurant (reservations only) and shop. Besides the lovely public bathing area, guest rooms are furnished with their own open-air hot spring baths offering views of the Hakone mountains. The hotel's book collection—curated by Nippan, naturally—contains about 12,000 volumes, old and new, Japanese and foreign, all of which are available for purchase. Even the corridors are lined with books.

Ryo.

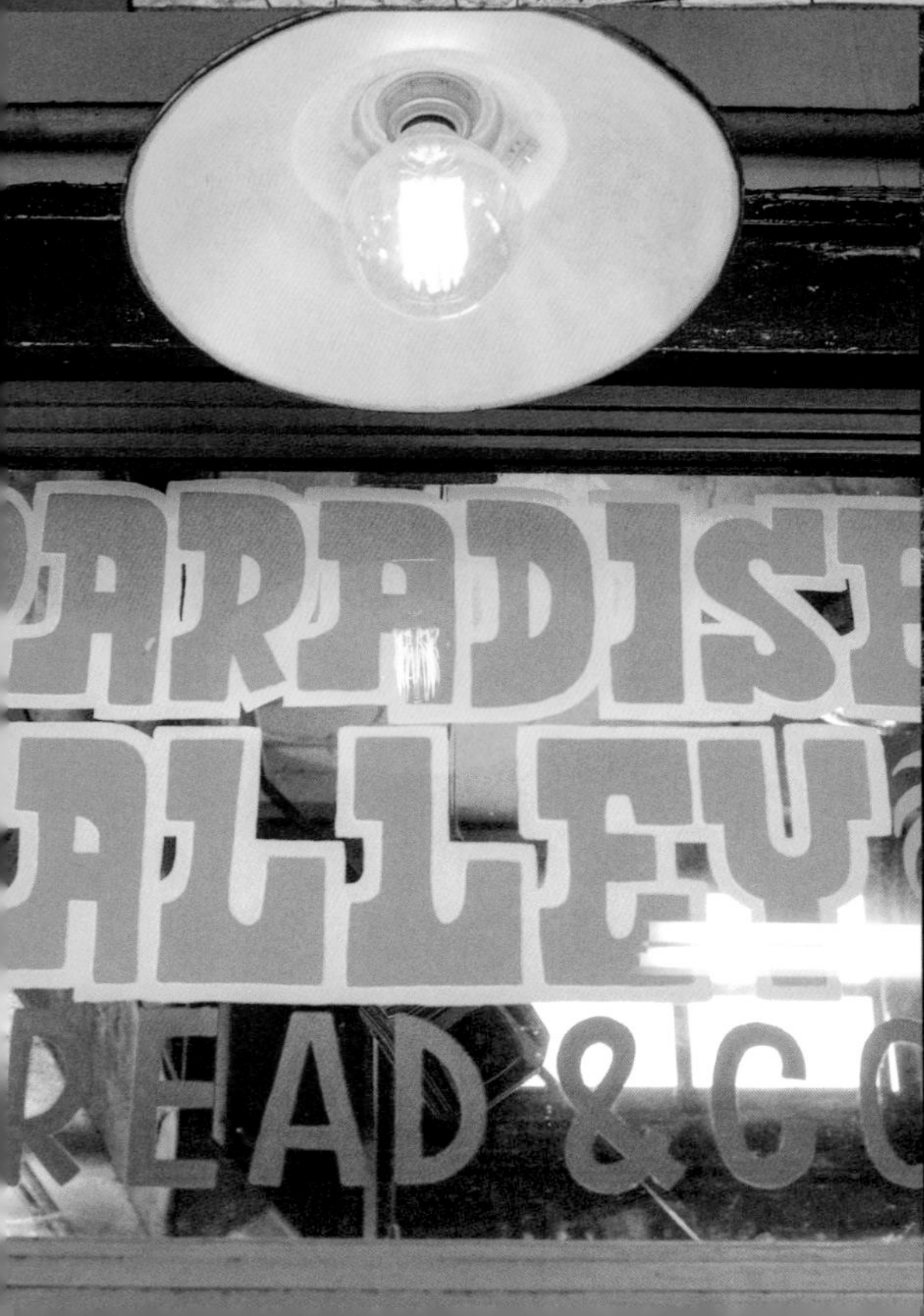
ARADIS
ALLEY
EAD & C

Sea Friend 7
YOKOSUKA
定員22人

高山金萱
阿裡山烏
人參烏龍
高山鐵観
高山金萱茶 100g ¥3,860
阿里山烏龍茶 100g ¥3,460
人参烏龍茶 100g ¥2,840
100g ¥2,880
茉莉小龍珠
茉莉盤螺
大龍毫
金元寶
100g ¥2,380
100g ¥2,050
大龍毫 100g ¥1,500
100g ¥2,590
金邊玫瑰
東方美人
野生苦丁茶
大紅袍
祁門紅茶
東方美人 100g ¥3,420
野生苦丁茶 100g ¥2,700
大紅袍 100g ¥3,320
祁門紅茶 100g ¥1,900
¥2,090

手羽先の醤油煮込み
Boiled chicken with soysauce
715円(税込)
胡瓜と干海老の
ニンニク冷やし和え
Cold cucumber & dried shrimp
825円(税込)
牛肉と栗の
醤油煮込み
Beef & sweet chestnut
1980円(税込)
豚足の醤油煮込み
Boiled pork's leg
1045円(税込)
双喜焼売
Original syu-mai
638円(税込)
棒棒鶏
Boiled chicken
935円(税込)
牛スジの

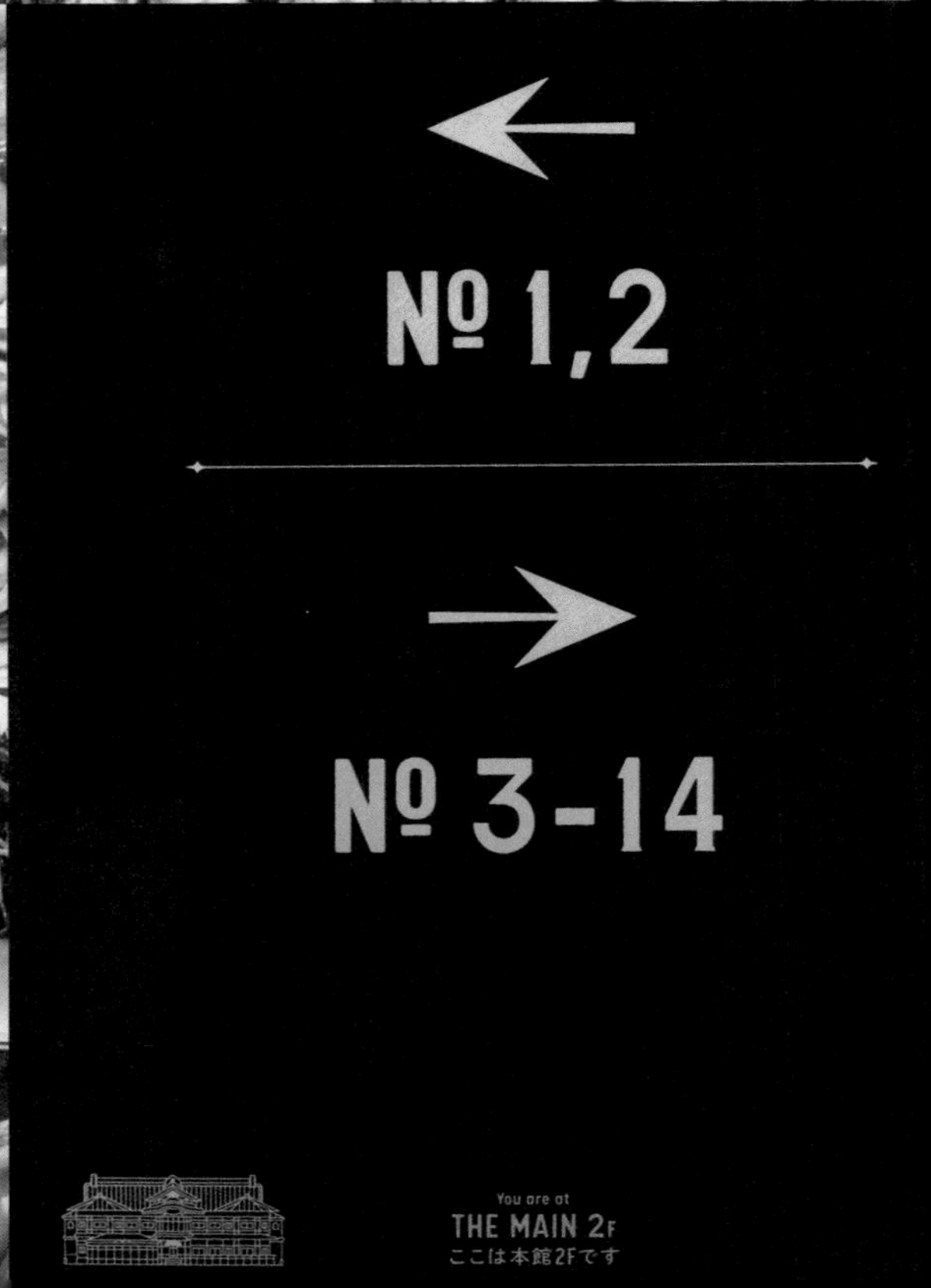
← № 1,2
→ № 3-14
You are at
THE MAIN 2F
ここは本館2Fです

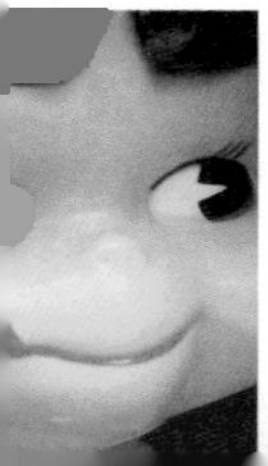

その土地のデザイン

神奈川もよう

日本じゅうを旅していると、その土地にしかない、〝その土地ならではのデザイン〟が落ちています。それは、紙、布、陶磁器、ガラス、金属、木工、絵画、文字、芸能、祭り、食、生き物、自然――さまざまな〝模様〟。もし、あなたが神奈川県でデザインの仕事をするならば、何をヒントにしますか？ そんな、神奈川県のデザインを探してみました。

Designs of the land

KANAGAWA patterns

As you travel around Japan, you will come across designs unique to the land that can only be found there. Patterns like paper, cloth, pottery, glass, metals, woodwork, paintings, calligraphy, performing arts, festivals, food, animals and nature. If you are a designer in Kanagawa, where can you get hints? We searched for Kanagawa designs that can serve as hints.

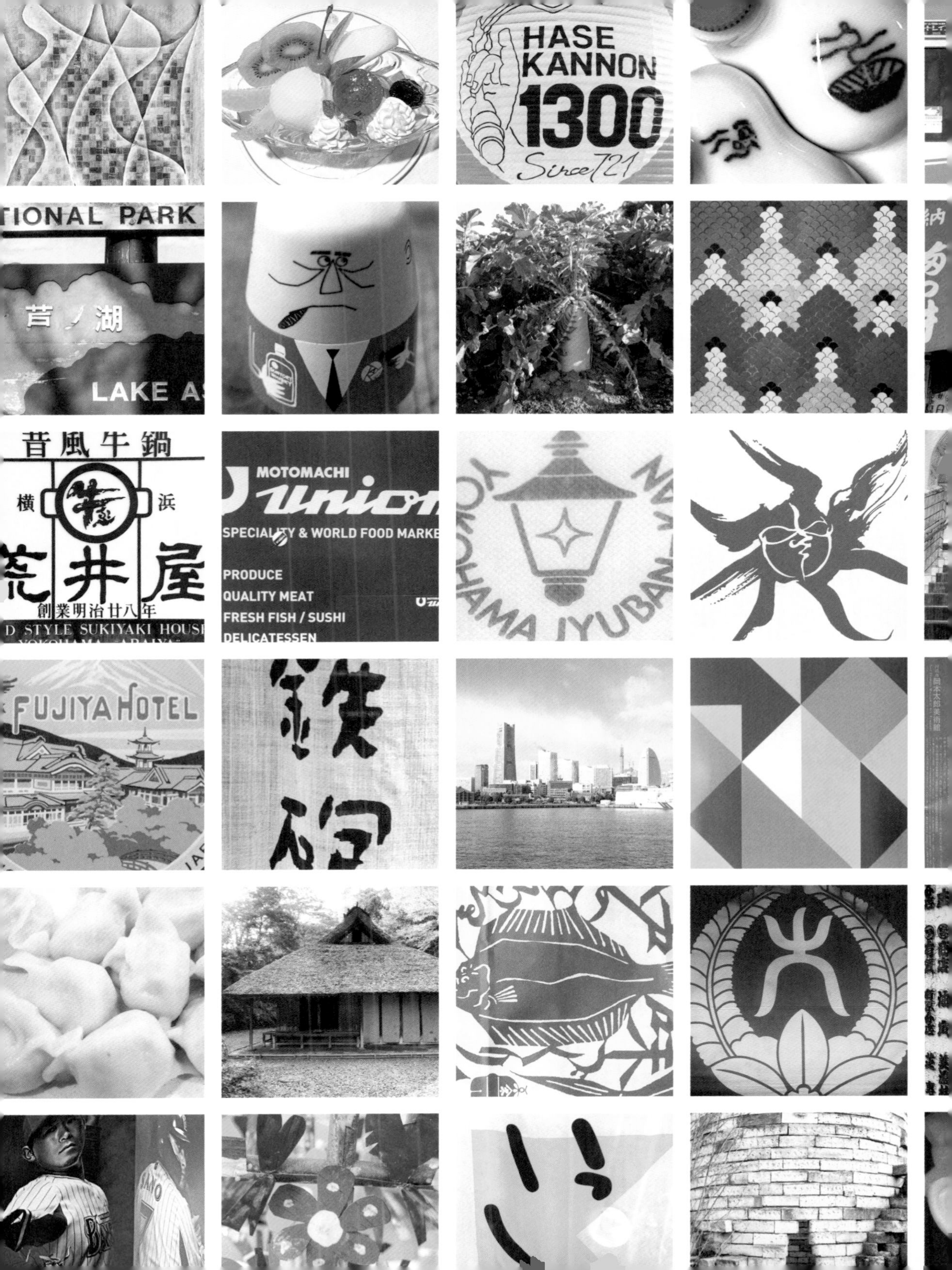
HASE
KANNON
1300
Since721
TIONAL PARK
芦ノ湖
LAKE AS
昔風牛鍋
横
浜
荒井屋
創業明治廿八年
D STYLE SUKIYAKI HOUS
MOTOMACHI
union
SPECIALITY & WORLD FOOD MARKE
PRODUCE
QUALITY MEAT
FRESH FISH / SUSHI
DELICATESSEN
YOKOHAMA JYUBAN
FUJIYA HOTEL

神奈川県らしい風景から学ぶ

真鶴町の『美の基準』

川口瞬（真鶴出版）

Learning from a Uniquely Kanagawa Landscape

Beauty Standards – Design Code in Manazuru-machi

By Shun Kawaguchi (Manazuru Publishing)

川口 瞬　真鶴出版代表。雑誌『日常』編集長。1987年山口県生まれ。大学卒業後、IT企業に勤めながらインディペンデントマガジン『WYP』を発行。"働く"をテーマにインド、日本、デンマークの若者の人生観を取材。2015年より神奈川県真鶴町に移住。「泊まれる出版社」をコンセプトに真鶴出版を立ち上げ、出版を担当。地域の情報を発信する出版物を手がける。「LOCAL REPUBLIC AWARD 2019」最優秀賞。

Shun Kawaguchi　Kawaguchi is director of Manazuru Publishing and editor-in-chief of the *Nichijo* magazine. Born in Yamaguchi Prefecture in 1987. Kawaguchi moved to Manazuru in Kanagawa Prefecture in 2015, and in the same year he launched Manazuru Publishing as a publishing house where guests can stay over. Since then, he has taken charge of publishing operations, releasing publications that feature regional information. In 2019, the company won first prize at the Local Republic Award.

懐かしさを残すまち

東京の隣に位置する神奈川は、良くも悪くも独自の文化が残りづらいところかもしれない。通勤しやすいところにはマンションが乱立してしまうし、数少ない文化の残るまちも、簡単に訪れられるからこそ観光地化されやすく、それはそれで資本の波が押し寄せてくる。

僕が8年前に移住した真鶴町《まなづるまち》も、車で通り過ぎるだけだと、どこにでもある小さな港町だと感じる人が多いだろう。

ただ、車から降りて路地裏を歩き、もう少しまちの中に入ってみると、「懐かしい」と感じる人が多い。「以前訪れた○○のまちに似ている」と言う人もいる。それは日本人だけでなく、外国人でもそうだ。誰しもの記憶の扉を開けるスイッチが、真鶴のまちのどこかに隠されているのかもしれない。

僕はこのまちで、「真鶴出版」という屋号で出版業と宿泊業を営んでいる。そして真鶴出版の活動の根幹にあるものが、真鶴で約30年前につくられたまちづくり条例、通称「美の条例」だ。美の条例は世界的にも珍しい、「生活風景を守る条例」である。

暮らしをつくった石と、貴重な水

美の条例が生まれた背景を説明するには、真鶴の風土について説明しなければならない。真鶴が他のまちに比べて特徴的なのは、「石」と「水」だ。真鶴は、数十万年前の火山の噴火によってできた溶岩の地盤を持つため、平安時代末期から石材業が盛んであった。平らな土地がほとんどない真鶴だが、石積みの技術があったからこそ、石垣をつくり、細い路地を張り巡らせて、そこに家を建てることができた。斜面に無理やり家を建てるので、必然的に一つ一つの家は小さくなる。そうして、道や庭を共有したり、周りの人に気を遣いながらの暮らしが出来上がった。山からつくられる石垣、庭にはみかんの木。海で採れた魚や海苔《のり》を干し、夜には港に浮かぶ月を見る。真鶴を懐かしいと感じるのは、そういった中世の頃から変わらないまち並みが残されているからだろう。

もう一つ「水」は、もちろん海に囲まれた半島であることは特徴の一つだが、そうではなくて真鶴は水源に乏しいのだ。しかしそのことがきっかけで、80年代後半のバブル期にマンション建設反対運動が起きた。当時、リゾート法に

A Town of Familiar Elements

I moved to Manazuru eight years ago. For those driving through, Manazuru might look like any other small port town. However, when walking through its backstreets and going further into the center, for many people, there will no doubt be familiar elements. It might be that somewhere within the town there is a switch that opens the door to old memories. The town also has its own unique beauty ordinance — Design Code — specifically, an ordinance to protect the community landscape.

Lives Shaped by Stone and Valuable Water Sources

When compared to other towns, Manazaru is distinctive for its stone and water. The town sits on a lava plateau due to a volcanic eruption hundreds of thousands of years ago, and it has maintained a flourishing stone industry. Manazuru has almost no flat land, and so it is thanks to this expertise in stone masonry that it has been able to build stone walls, narrow backstreets, and houses in between. There was no choice but to build these houses on slopes, and so inevitably they are small in size. Locals have shared roads (→p. 092)

よる規制緩和で国全体が開発され、真鶴にも43棟ものマンション計画が持ち込まれたが、「これだけのマンションが建つと水不足になるのではないか」と噂が流れたのだ。数人の町民から始まったその運動は大きくなり、デベロッパーと町民の板挟みとなった当時の町長が退陣。代わりに三木邦之さんが町長となり、識者3人と協力しながらできたのが美の条例だった。

〝真鶴らしさ〟を言語化するもの

1993年に制定、翌年から施行された美の条例の中で、もっとも特徴的なのが『美の基準』という冊子だ。『美の基準』では真鶴の美しいところを69個のキーワードにまとめ、言葉とイラスト、写真を用いて説明している。それも「静かな背戸」「さわれる花」「実のなる木」「聖なる場所」など、詩のような言葉が連なる。あえて数値を使わないことにより、受け手に想像する余地が生まれる。例えば「ふさわしい色」とあった時、人によってその考えは異なる。「真鶴にとって、その土地にとってふさわしい色はなにか」。『美の基準』はその考える行為自体を促そうとしている。

また、『美の基準』の「美」とは、新しく創造したものではなく、もともとあった真鶴の良さをまとめたものだ。それは伝統建築のような「様式美」ではない。前述したような昔から続く「生活風景」だ。『美の基準』をつくった三木さんは、「『美の基準』は条例に心を入れるもの」と話す。

変わりゆく『美の基準』の役割

真鶴出版では、『美の基準』のことを発信するのはもちろん、宿泊施設に泊まりに来たゲストに「町歩き」というツアーをつけ、その中で『美の基準』ができるまでのストーリーを語り継いでいる。

制定当時美の条例がつくられた目的は、開発をコントロールするためのものだった。そして条例の中でも『美の基準』は、その膨張していく社会の中で豊かな暮らしを守るための指針であった。しかし今はその頃に比べ、人口は減少し、空き家も増え続けている。人も建物も膨らみ続けていた当時とは真逆の状況で、それに伴い『美の基準』の役割も変わり始めているように感じる。

一つは、「真鶴らしさ」をまとめた『美の基

and gardens and lived their lives with careful consideration for those around them.

Although the peninsula is surrounded by seawater, the town in fact has a distinct lack of water sources. As a result, in the 1980s, the townspeople led a campaign against the construction of apartment blocks in the area. At the time, the lifting of restrictions saw apartment blocks pop up throughout Japan, and plans were put forward for 43 blocks in Manazuru. Naturally, the town's citizens became worried about water shortages. What started as a campaign led by a small number of citizens gradually grew bigger resulted in the town mayor's resignation. Kuniyuki Miki took his place and came up with the Design Code.

Putting the Town's Unique Features into Words

The Design Code was formulated in 1993 and enacted the following year, with its most distinctive feature being a booklet of *Beauty Standards – Design Code*. The stunning elements of Manazuru were summarized into 69 keywords, and the booklet describes them through text, (→p. 094)

©山田将志

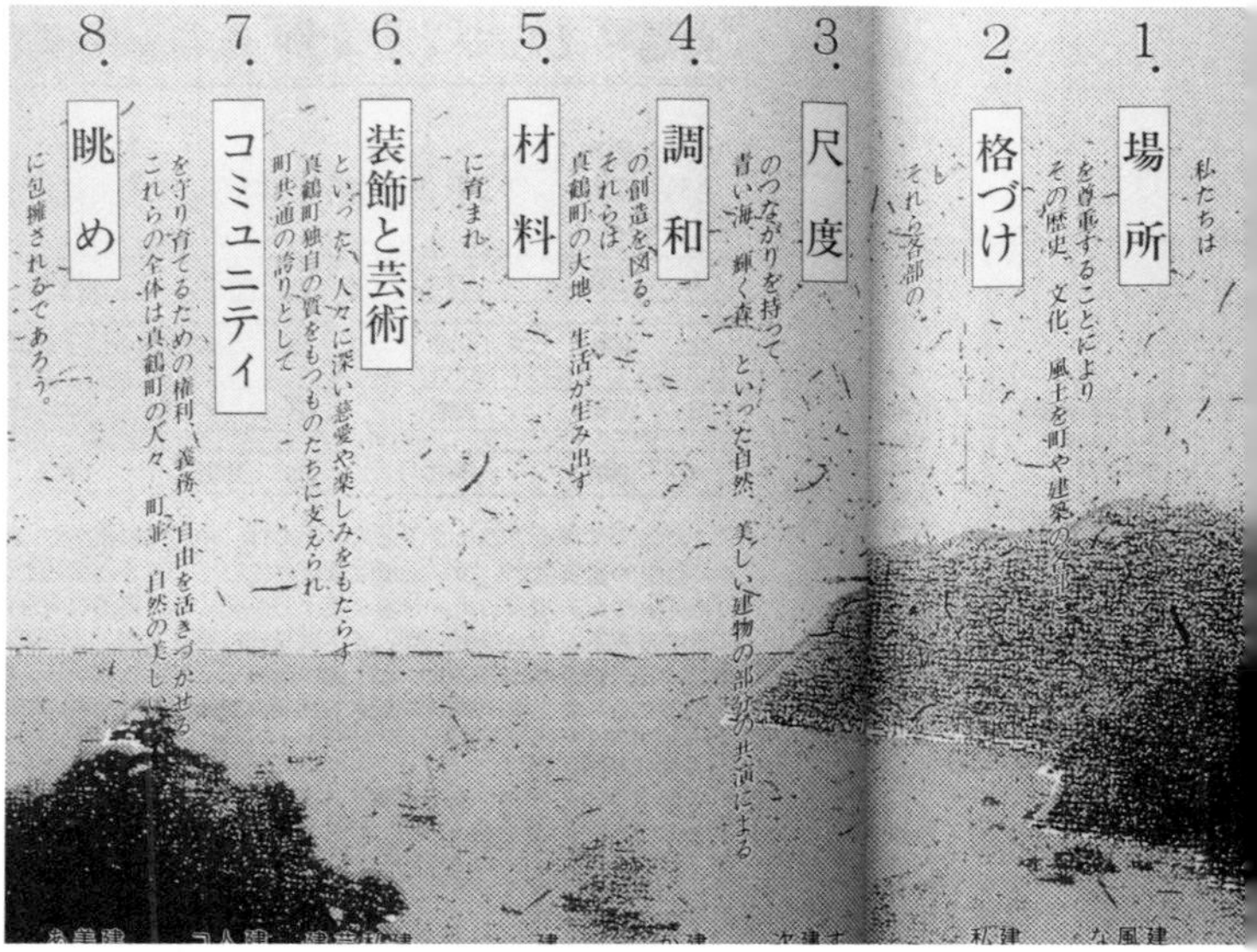

私たちは

1. 場所

を尊重することにより
その歴史、文化、風土を町や建築の

2. 格づけ

それら各部の

3. 尺度

のつながりを持って
青い海、輝く森、といった自然、美しい建物の部分の共演による

4. 調和

の創造を図る。
それらは
真鶴町の大地、生活が生み出す

5. 材料

に育まれ

6. 装飾と芸術

といった、人々に深い慈愛や楽しみをもたらす
真鶴町独自の質をもつものたちに支えられ
町共通の誇りとして

7. コミュニティ

を守り育てるための権利、義務、自由を活きづかせる
これらの全体は真鶴町の人々、町並、自然の美しい

8. 眺め

に包擁されるであろう。

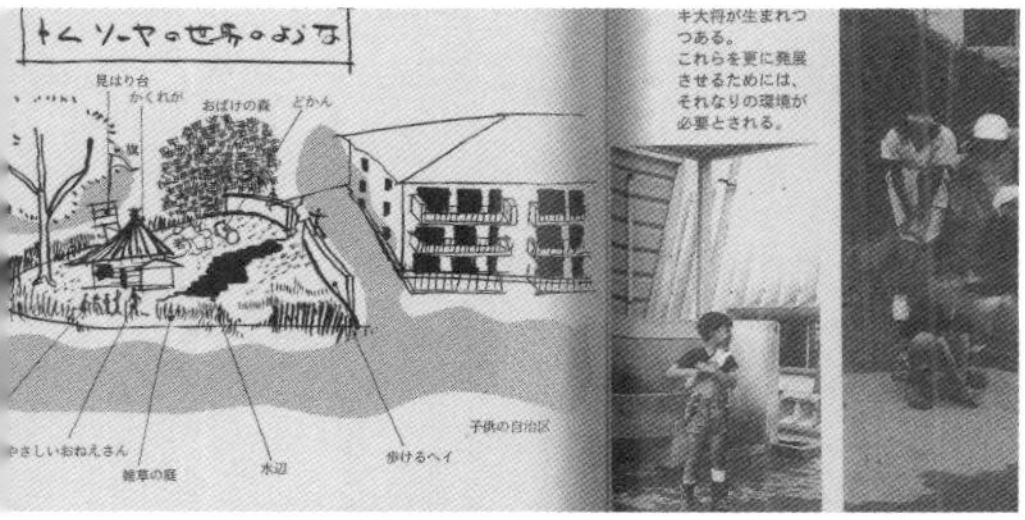

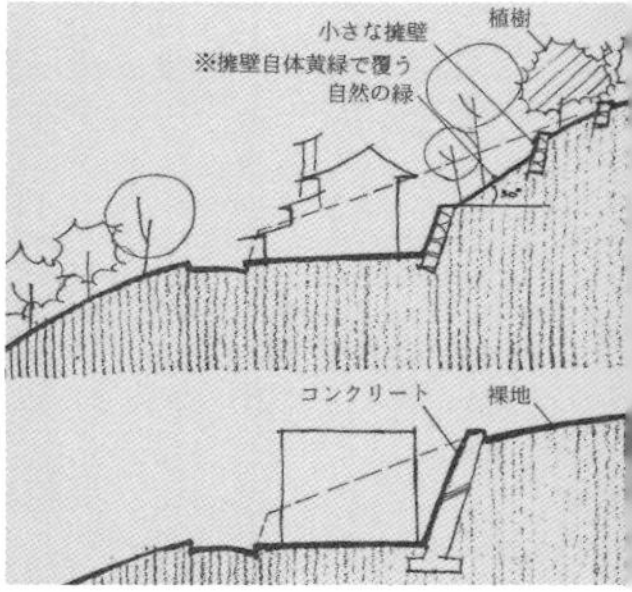

真鶴出版
MANAZURU PUBLISHIN

準』を発信することで、観光客や移住者など、外から来る人と地域との齟齬《そご》を生まれづらくすることだ。いま真鶴では移住者が増えているが、移住者ほど『美の基準』が好きで移住してくる人が多い。不思議なことにそうした人たちは、利便性よりも文化を求めることが多く、より地域に愛着を持った人たちが集まるようになる。またもう一つは、『美の基準』を参考に真鶴での暮らしの振る舞いを引き継いでいくことだ。このように積極的に『美の基準』の良さを発信し、暮らしに活用していくことで、画一化していく地方の中で個性を出していくことができると考えている。

2024年に『美の基準』は、施行から30周年を迎える。もしこのまま何十年と今のままの真鶴を残せたのなら——東京から1時間半圏内のところにそんな場所が残れば、それは「独自の文化」といえるのではないだろうか。

© 山田将志

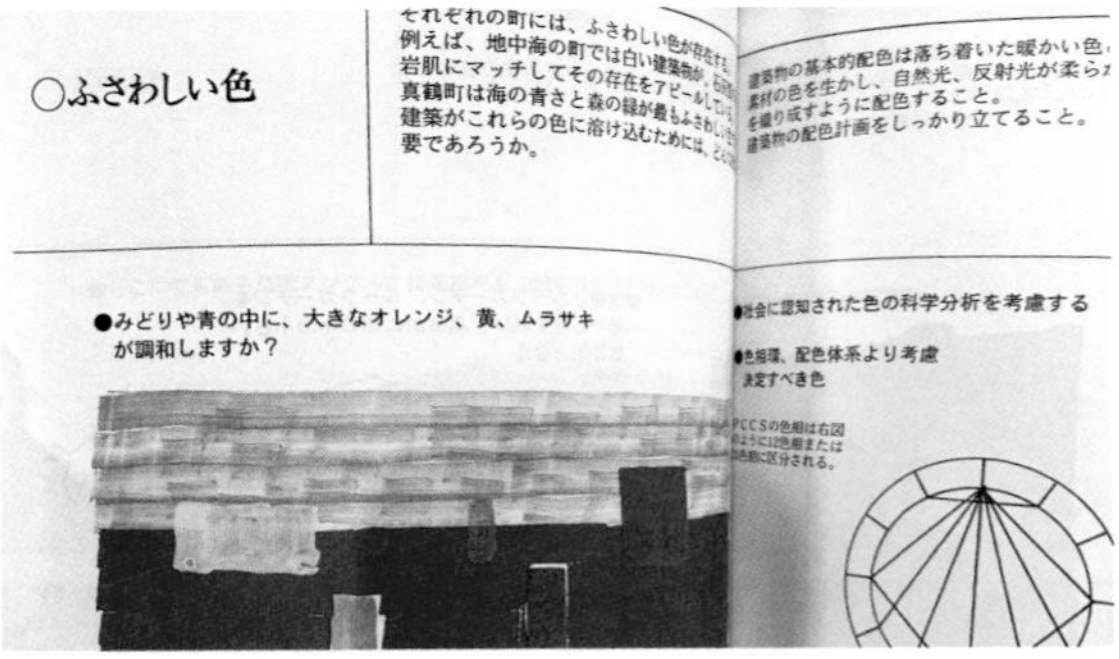
○ふさわしい色
要であろうか。
建築物の配色計画をしっかり立てること。
●みどりや青の中に、大きなオレンジ、黄、ムラサキ
が調和しますか？
●社会に認知された色の科学分析を考慮する
●色相環、配色体系より考慮
決定すべき色

illustrations, and photographs.

The Changing Role of the Town's Beauty Standards

The initial purpose of the Design Code was to limit developments in the area, while the beauty standards functioned as a set of guidelines to protect lifestyles in the ever-growing community. However, the population has since declined. With contrasting conditions to when the ordinance was first enforced, it feels as though the role of the beauty standards has started to change.

First, by widely communicating these beauty standards, it may be possible to eliminate any discord between those visiting from outside and the town itself. The number of people moving to Manazuru is increasing, and many are doing so because of these beauty standards. Interestingly, these individuals prioritize culture over convenience, boosting the number of people who gather in the town with a sense of attachment. Second, using these beauty standards, it will be important to maintain and carry on the Manazuru way of life.

神奈川県の街にあるフライヤー

小田原ごきげんマップ

その土地の個性を真剣に広く伝えようと、ローカルから発信されるフライヤーやパンフレットたち。広告満載の大都市圏の雑誌とは違う、キリッとした編集やメッセージを、それらから感じ取って、その土地を旅しましょう。神奈川県からは、旧三福《きゅうさんぷく》不動産がお薦めする、小田原駅周辺の素敵なお店34軒を掲載した『小田原ごきげんマップ』をご紹介。城下町に息づく豊かな暮らしを、ぜひ楽しんでみてください。

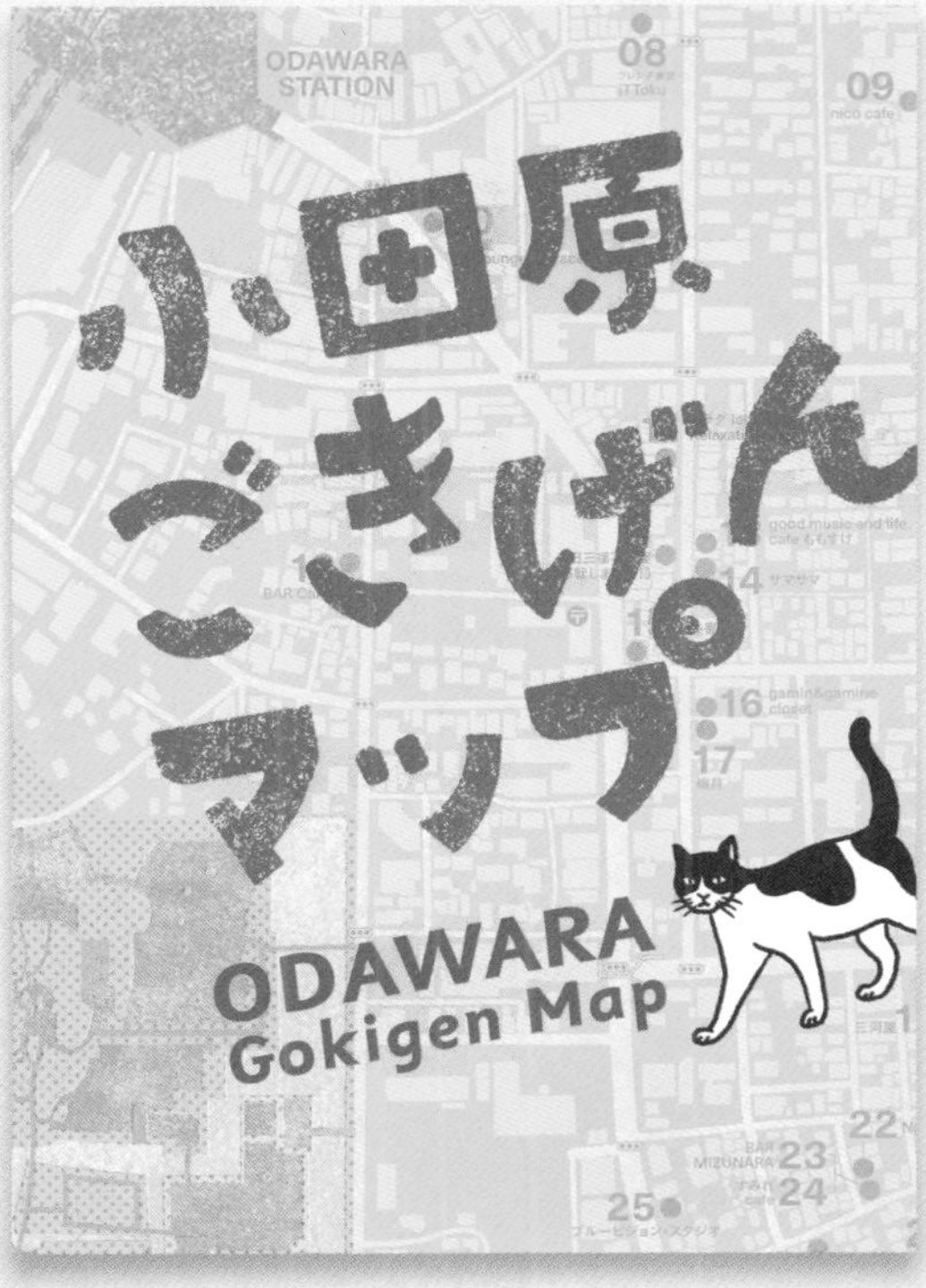

発行元	株式会社旧三福不動産	**企画・制作**	株式会社旧三福不動産
発行日	初版 2022年7月22日	**編集**	真鶴出版
価格	無料	**デザイン**	金子英夫(テンテツキ)
配付場所	旧三福ビルヂング、真鶴《まなづる》出版、一部掲載店舗、他	**イラスト**	ゴトータケヲ
		お問い合わせ	0465-24-9329
		ウェブサイト	93estate.com

Fliers Found in Cities in KANAGAWA

Odawara Gokigen Map

Local flyers and pamphlets seek to carefully and widely communicate the characteristics of their respective regions. Unlike big-city magazines full of advertisements, local publications feature smart editing and crisp messages, helping potential visitors to be better understand the area when visiting. From Kanagawa Prefecture, we introduce Odawara Gokigen Map that features 34 wonderful shops around Odawara Station, Kanagawa.

Publisher & Planning & Production: 93 estate, Inc.
Publication Date: First edition issued on July 22, 2022
Distribution places: 93 puku BLDG, Manazuru Publishing, some listed stores, etc.
Editing: Manazuru Publishing
Design: Hideo Kaneko
Illustrations: Takeo Goto

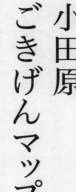

神奈川県の〃民藝《みんげい》〃

港

高《たか》木《き》崇《たか》雄《お》（工《こう》藝《げい》風《ふう》向《こう》）

Mingei (Arts and Crafts) of KANAGAWA

Port

By Takao Takaki (Foucault)

高木 崇雄　「工藝風向」店主。高知生れ、福岡育ち。京都大学経済学部卒業。2004年「工藝風向」設立。九州大学大学院・芸術工学府博士課程単位取得退学。専門は柳宗悦と民藝運動を中心とした日本近代工芸史。日本民藝協会常任理事・『民藝』編集長。著書に『わかりやすい民藝』(D&DEPARTMENT PROJECT)、共著に『工芸批評』(新潮社 青花の会)など。

Takao Takaki　Owner of "Foucault". Born in Kochi and raised in Fukuoka. Graduated from Faculty of Economics, Kyoto University. Established "Foucault" in 2004. Conducted research on history of modern technical art with Muneyoshi Yanagi and folk art movement as the subjects. Completed the PhD program in Graduate School of Design, Kyushu University. Secretariat of Fukuoka Mingei Kyokai. The permanent director of Japan Mingei Kyokai. Editorial board member of Shinchosha "Seika no Kai."

世界各地で生み出された民藝の品々を指し示す「諸國民藝」という言葉がある。「フォークアート」と同じように用いられることも多い言葉だが、実際のところは少々違うんじゃないかな、とも思う。

今も昔も、人々は当たり前の暮らしを営むために、お金があろうがなかろうが、自分たちが住む土地の風土がもたらす素材を生かしつつ、日々の道具や祈りの姿を形作ってきた。そのような品々の中に、時折、場所も時代も遠く離れた場所に住む人々が生み出したものであるにもかかわらず、今を生きる自分たちと同じような悦《よろこ》びや悲しみを抱えて生きている人々の息遣いを感じさせてくれるものがある。この世の中は捨てたものではないな、と思える品と出会うことができる。そのような、僕らの感情を直《じか》に揺さぶる品こそが「諸國民藝」と呼ばれてしかるべきものに違いない。単なるエスニックアート、海外雑貨、土産物とは違うのだ。

神奈川の〝民藝〟といってまず思い起こすのは、横浜市中区・山手町で言葉通りの「諸國民藝」を取り扱う「巧藝舎」だ。現在店を営まれている小川能里枝《のりえ》さん、先年亡くなった弟の小川泰範さん、そしてお二人のご両親の時代から、芹沢銈介《せりざわけいすけ》・濱田庄司《はまだしょうじ》・吉田璋也《よしだしょうや》・外村吉之介《とのむらきちのすけ》・武内晴二郎・船木研児《ふなきけんじ》・丸山太郎・柚木沙弥郎《ゆのきさみろう》といった、民藝運動に参加した錚々《そうそう》たる人々と交わり、彼らに新鮮な品々を手渡してきた。巧藝舎さんがこれまでアジアやアフリカ、ラテンアメリカで見出した品々を収めた書籍『世界の美しい民藝』（グラフィック社 2021年刊行）には、出会いの悦びが溢れている。そして今も巧藝舎へ行けば、そこ

There is a term "*shokoku mingei*" that refers to folk art produced in various parts of the world. It's often used in the same way as "folk art," but I still think they are somewhat different.

Regardless of whether they have money or not, people have always made use of the materials produced by the climate of the land they live on in order to lead a normal live, which has shaped their daily tools and prayers. From time to time, some of these items – despite the fact that they were created by people living in far removed places and times – remind us of their lives and that they lived with the same joys and sorrows as we do today. Some *mingei* items may make us think, "This world is not so bad after all," and such items that directly stir our emotions should be called "*shokoku mingei.*"

The first place that comes to mind when one mentions *mingei* in Kanagawa is "Kogeisha," a shop in Yamate-cho, Naka-ku, Yokohama City, that literally deals with "*shokoku mingei.*" Ever since the shop was established – in the days of Norie Ogawa's parents (Norie took over from her younger brother, Yasunori Ogawa who recently passed away) – they have (→p. 099)

Chokoku Nyukyoki."

I couldn't wait anymore and took the 8:30 a.m. train alone on December 22 to Yokohama... I felt a little odd when I thought of the fact that Rodin's sculptures were now in Yokohama. It felt even stranger to think that I came all the way here to get them... When I headed for the place where the inspected goods were and checked against the receipt number, I was all pins and needles when it was time to find them. When I saw the roughly three-by-two feet box with "Australian" stamped on it, I felt like biting into the box. It was around two in the afternoon when the box finally left the customs gate after going through all the complicated formalities, and I was actually relieved.

It was nearly four in the afternoon when I made my way by car for the Train Station in Yokohama. Driving through town with Rodin in my arms, I felt a kind of strength that I had never experienced before... Because Rodin was with me, I felt like I'd never yield no matter what happened.

Even though I was frustrated with the speed of the train, I was more tempted to see the sculptures as soon (→p. 100)

には新鮮な驚きと悦びがきっとある。

それにしても、巧藝舎さんが横浜という港町に店を構えているのはきっと偶然ではない。港はいつも違う世界、「外」への扉として開かれ、港町にはいつも出会いの悦びがある。神奈川の〝民藝〟は、「港」から届く新鮮な悦びそのものだ。そういえば、柳宗悦《やなぎむねよし》たちが「民藝」という言葉を生み出す前、文芸誌『白樺』の編集に取り組んでいた際も、『白樺』の名を最も世に広めたきっかけの一つ、彫刻家であるオーギュスト・ロダンの作品もやはり横浜からもたらされた。柳宗悦は『ロダン彫刻入京記』という文章に、その際の悦びを克明に記している。

十二月二十二日、待ち遠になったので自分は一人で朝八時半の汽車で横浜に出掛けました。（略）この横浜に今ロダンの彫刻があるのだと思うと少し変な気がして来ました。そうして自分が今それを受け取りに来たのだと思うと尚更妙な気がして来ます。（略）検査済の荷のある場所へ行って、受けとりの番号と照り合わせて、その荷をめっける（引用者註「見つける」の意）時は、もう気が気でありません。「オーストラリアン」と云う印のおしてある長さ三尺巾二尺ほどの箱を目つけた時、かぢりつきたい様な気がしました。午後の二時頃色々の面倒な規定をふんで、その箱が最後に税関の門を出た時、自分は実際ホッとしたのです。

車を横浜の停車場に走らした時はやがて四時近くでした。ロダンをかかえて町を走る時の気持ちは実に経験した事のない程、一種の強みを感じました。（略）何しろロダンだから、どんな奴が来ても負けっこないと云う気になっています。

汽車の走り方もまたハガユく思いましたが、それよりも今度は、その彫刻を早く見たいと云う誘惑が起こりました。しかし一人先に見るのは皆んなに気の毒だと云う気がしてます。しかしアダム、イブが禁断の実をおかした時の様に、自分はガマンしきれなくって一番小さな包みをとうとう汽車の中で開けてしまいました。ギリシャ時代のもので彫刻と云う概念をおぼろに画いてた自分の頭は、ロダンのこの「ゴロツキの首」によって全く破壊せられた様な気がしました。深く掘り刻んだチゼル（引用者註：「鑽たがね・鏨のみ」のこと）の

mingled with prominent people (like Keisuke Serizawa, Shoji Hamada, Shoya Yoshida, Kichinosuke Tonomura, Seijiro Takeuchi, Kenji Funaki, Taro Maruyama and Samiro Yunoki) of the *mingei* movement and provided them with new *mingei*. "*Sekai no Utsukushii mingei*," authored by Kogeisha and published in 2021 by Graphic-sha, is a compilation that speaks of the joys of the *mingei* items Kogeisha discovered in Asia, Africa, and Latin America. A visit to Kogeisha will surely still spark joy and bring new surprises.

It is certainly no coincidence that Kogeisha is located in the port town of Yokohama. Ports always open their doors to the different, outside world and one will always find joy in encounters in a port town. *mingei* in Kanagawa literally brings new joys fresh off the port. That said, before Muneyoshi Yanagi and others coined the term "*mingei*," they were editing the literary and art magazine, "*Shirakaba*" with the works of the sculptor, Auguste Rodin (who also accounted for the popularity of the magazine), that were, needless to say, brought in from Yokohama. Muneyoshi Yanagi wrote a detailed account of his joys in an essay entitled, "*Rodin*

あとは自分の心をもえぐる様な気がしました。

千九百十一年十二月廿二日午後五時四十分、ロダンはかくして遂に入京したのです。[＊1]

この、ふだんの柳とまったく異なったスタイルによる文章を読むたびに、柳の興奮と悦びが強く伝わってくる。実際、日本にロダンの作品がもたらされたのはこの時がはじめてだったし、この興奮、悦びを『白樺』の同人たち、そして読者が共有することによって、『白樺』のムーブメントは広がりをみせてゆき、のちの民藝運動の広がりにも繋《つな》がっていくこととなる。柳とロダンにしても、巧藝舎と「諸國民藝」にしても、彼らは皆で悦びを共有すること自体に悦びを覚える人たちだった。そう、〝民藝〟は、悦びを共に楽しむ運動として始まったのだ。憎しみが連鎖するSNSの時代にあって、悦びを共有することで結ばれるコミュニティーをもう一度作り直すこと。そこにこそ、新しい時代における〝民藝〟の、そしてロングライフデザインの役割があるのではないか。

＊1　柳宗悦全集第一巻 p.568-574
引用者が新字新かなに直しています

as possible. I did, however, feel sorry that I would be the first one to see them. Just like how Adam and Eve could not resist the forbidden fruit, I gave in to my temptations and finally opened the smallest package on the train. I felt like my vague concept of sculptures as something from the Grecian period was utterly and completely overturned by Rodin's "Ruffian's Head" – the deeply chiseled marks in the sculpture made me felt like my heart was being gouged out.

At 5:40 p.m. on December 22, 1911, Rodin finally entered Tokyo. *1

Whenever I read this, which is written in a completely different way from Yanagi's usual style, I can really feel his excitement and joy. In fact, this was the first time Rodin's works were brought to Japan. Yanagi shared his excitement and joy with his coterie and the readers of "*Shirakaba*," which helped to spread the "*Shirakaba*" movement, and that later led to the spread of the *mingei* movement. Be it Yanagi or Rodin, or Kogeisha or "*shokoku mingei*," all of them took pleasure in sharing their joys with others. Yes, *mingei* started exactly as a movement for people to share their joys with each other.

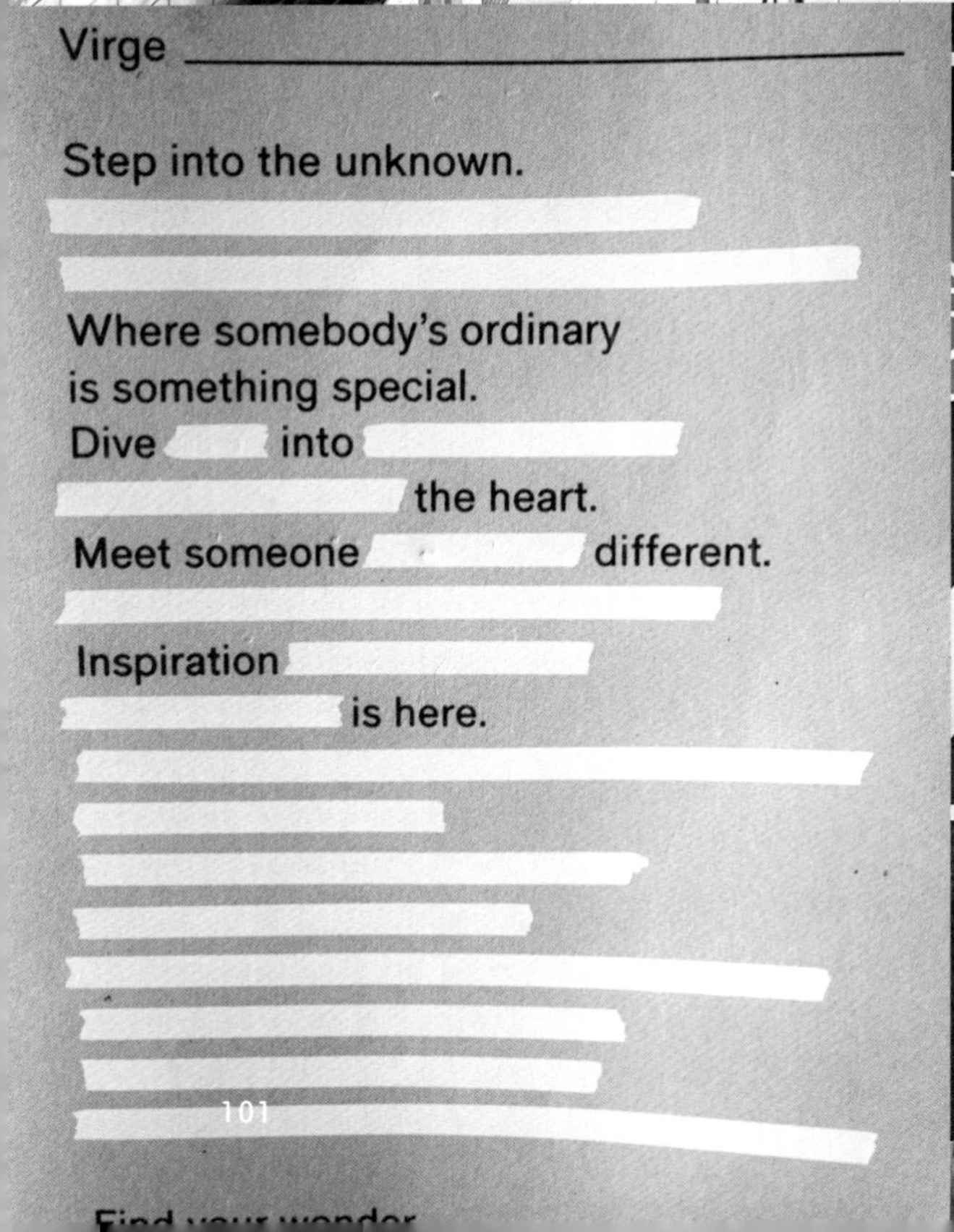
Virge

Step into the unknown.

Where somebody's ordinary
is something special.
Dive into
the heart.
Meet someone different.

Inspiration
is here.

Find your wonder

かながわもの

”その土地らしさ”がつくるものたち

日本のものづくりには、長く続いていくものや、衰退してなくなってしまうものだけでなく、住民や行政の応援で復活するものや、移住者や若者の新たな視点でつくられる”新名物”もある。そんな神奈川県の風土と土地があるからこそ、必然で生まれたものたちを、本誌編集部が、デザインの視点で再定義する、”神奈川県らしい”ものづくり。

A Selection of Unique Local Products

The Products of KANAGAWA

Among traditional Japanese products, some have stayed around since eras long past, while others have become lost over time. Our Editorial Department aims to identify, and redefine from a design standpoint, the various Kanagawa-esque products that were born inevitably from the climate, culture and traditions of Kanagawa Prefecture.

とん漬
Tonzuke(pickled pork in miso)
猪の肉に味噌を塗り焼いたことが始まり。養豚業が盛んな厚木市の名物料理。
芝山漆器
Shibayama lacquerware
貝や象牙などを漆の表面に嵌め込んだ工芸品。海外への輸出向けに横浜で生産。
横浜中華街
Chinatown
横浜の開港による西洋と日本の貿易の仲介者として多くの中国人が集まり築いた。
アイロン台
Ironing boards
テーラーやクリーニング店が軒を連ねる横浜で、業務用のアイロン台が誕生。
川崎大師の久《く》寿《ず》餅《もち》
Kawasaki Daishi’s kuzumochi
江戸時代、麦の産地だった川崎で誕生。発酵させた小麦粉を蒸して作る。
横浜家具
Yokohama furniture
開港で西洋家具の修理や製作が増えて発展した。無垢材を主体に「ほぞ接ぎ」で作る。
横浜スカーフ
Yokohama scarves
開港により生糸の輸出が盛んになる中で、万国博覧会などをきっかけに製品化。
打ち出し中華鍋
Hammered woks
1枚の鉄板を何千回もハンマーで叩いて成型。強度があり熱が均一に伝わる。
スカジャン
Suka-jan(Embroided satin jackets)
戦後、米兵の日本土産として誕生。「横須賀ジャンバー」を略して「スカジャン」。
鎌倉彫
Kamakura-bori lacquerware
鎌倉時代、唐物の影響を受けて、仏師らが木彫漆塗りの技法で作ったのが始まり。
よこすか海軍カレー
Yokosuka Navy Curry
明治時代、栄養分を補うため軍隊食に取り入れ、当時のレシピをもとに再現。
三崎の大漁旗
三崎の大漁旗
Misaki tairyo-bata
("big catch flag")
漁業が盛んな三浦市で、すべて手作業で作られる。祭りやお祝いなどの飾り旗も。
へらへら団子
Floppy dango
横須賀市佐島に江戸時代から伝わる、豊漁・無病息災を祈願した郷土菓子。
ダイコン
White radishes
富士山の火山灰を多く含む水はけの良い土。希少な「三浦ダイコン」も作る。
三崎のまぐろ
Tuna from Misaki
地形の良い港で遠洋漁業の拠点として発達。冷凍マグロ専用の市場は日本初。

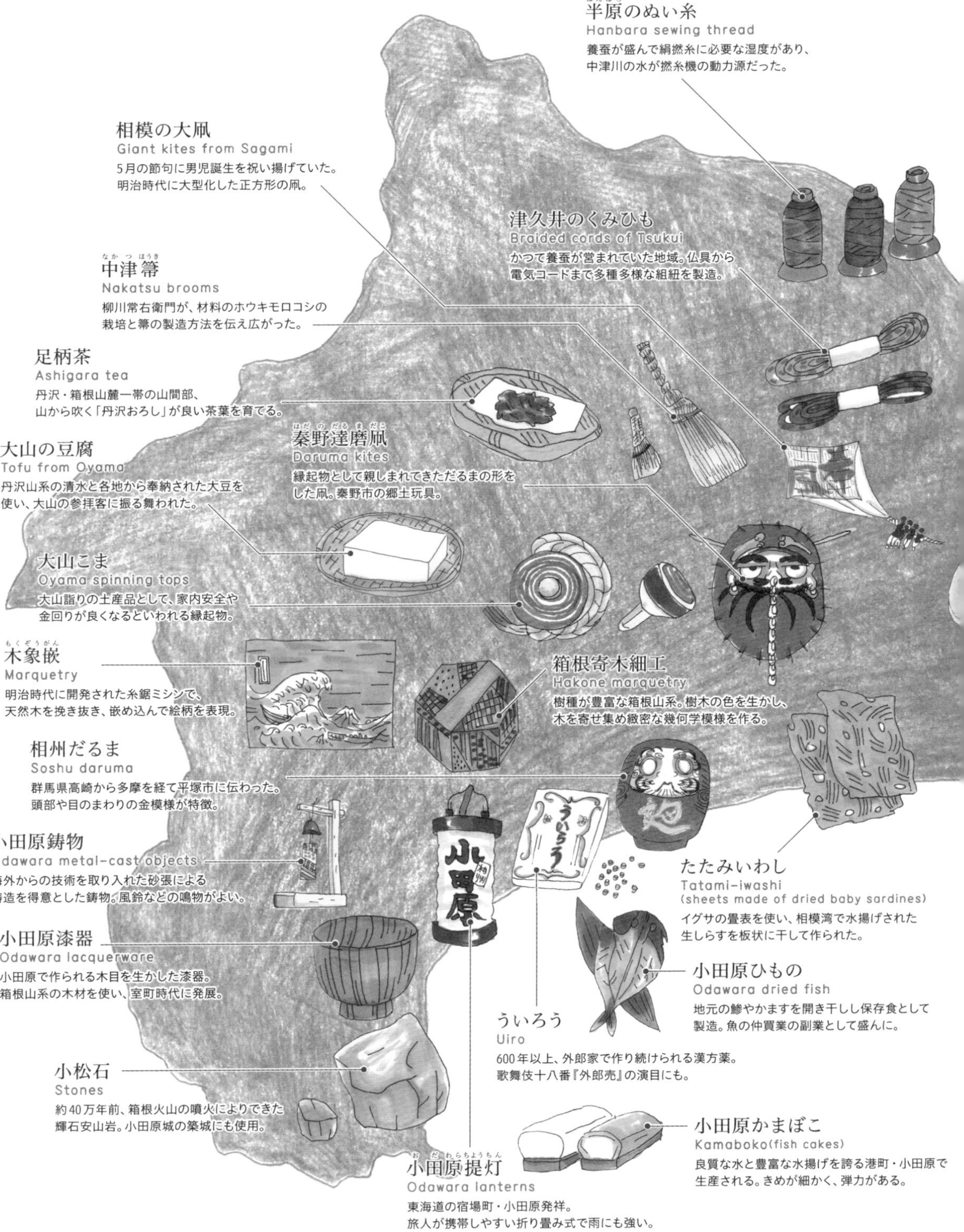
半《はん》原《ばら》のぬい糸
Hanbara sewing thread
養蚕が盛んで絹撚糸に必要な湿度があり、
中津川の水が撚糸機の動力源だった。
相模の大凧
Giant kites from Sagami
5月の節句に男児誕生を祝い揚げていた。
明治時代に大型化した正方形の凧。
津久井のくみひも
Braided cords of Tsukui
かつて養蚕が営まれていた地域。仏具から
電気コードまで多種多様な組紐を製造。
中《なか》津《つ》箒《ほうき》
Nakatsu brooms
柳川常右衛門が、材料のホウキモロコシの
栽培と箒の製造方法を伝え広がった。
足柄茶
Ashigara tea
丹沢・箱根山麓一帯の山間部、
山から吹く「丹沢おろし」が良い茶葉を育てる。
秦《はだ》野《の》達磨《だるま》凧《だこ》
Daruma kites
縁起物として親しまれてきただるまの形を
した凧。秦野市の郷土玩具。
大山の豆腐
Tofu from Oyama
丹沢山系の清水と各地から奉納された大豆を
使い、大山の参拝客に振る舞われた。
大山こま
Oyama spinning tops
大山詣りの土産品として、家内安全や
金回りが良くなるといわれる縁起物。
木《もく》象《ぞう》嵌《がん》
Marquetry
明治時代に開発された糸鋸ミシンで、
天然木を挽き抜き、嵌め込んで絵柄を表現。
箱根寄木細工
Hakone marquetry
樹種が豊富な箱根山系。樹木の色を生かし、
木を寄せ集め緻密な幾何学模様を作る。
相州だるま
Soshu daruma
群馬県高崎から多摩を経て平塚市に伝わった。
頭部や目のまわりの金模様が特徴。
小田原鋳物
Odawara metal-cast objects
海外からの技術を取り入れた砂張による
鋳造を得意とした鋳物。風鈴などの鳴物がよい。
たたみいわし
Tatami-iwashi
(sheets made of dried baby sardines)
イグサの畳表を使い、相模湾で水揚げされた
生しらすを板状に干して作られた。
小田原漆器
Odawara lacquerware
小田原で作られる木目を生かした漆器。
箱根山系の木材を使い、室町時代に発展。
小田原ひもの
Odawara dried fish
地元の鯵やかますを開き干しし保存食として
製造。魚の仲買業の副業として盛んに。
ういろう
Uiro
600年以上、外郎家で作り続けられる漢方薬。
歌舞伎十八番『外郎売』の演目にも。
小松石
Stones
約40万年前、箱根火山の噴火によりできた
輝石安山岩。小田原城の築城にも使用。
小田原かまぼこ
Kamaboko(fish cakes)
良質な水と豊富な水揚げを誇る港町・小田原で
生産される。きめが細かく、弾力がある。
小《お》田《だ》原《わら》提灯《ちょうちん》
Odawara lanterns
東海道の宿場町・小田原発祥。
旅人が携帯しやすい折り畳み式で雨にも強い。

Illustration：Kifumi Tsujii

神奈川県らしい文化活動

横浜にとって、アートとは何か？

神藤《しんどう》秀人《ひでと》

Cultural Activity of Kanagawa Prefecture

What is Art for Yokohama?

By Hideto Shindo

写真 / 椿昇＋室井尚・《インセクト・ワールド、飛蝗》2001・横浜トリエンナーレ2001展示風景・撮影：黒川未来夫

みなとみらいに、巨大なバッタが出現!?

海に浮かぶ帆船をイメージした「ヨコハマグランド インターコンチネンタル ホテル」。そんなみなとみらいエリアのランドマークとしても定着している建物の外壁に、全長35メートルの巨大なバッタが出現したのは、2001年9月2日のこと。僕はまだ大学生で、今ほど全国的にアートイベントが行なわれていない時代、その圧倒的なスケール感の展示に、友人たちと興奮したことを昨日のことのように思い出す。「横浜トリエンナーレ2001」は、11月11日までの67日間で開催され、およそ35万人の来場者を得て、国内外の現代美術が広く、一般の目にも触れる歴史的なイベントだった。おそらく、最も驚いたのは、この地域をよく知っている横浜市民だったはずで、そうした新しい取り組みをいち早く行なう先進性は、まさに〝横浜らしさ〟でもある。

きっかけは、1997年に外務省が国際美術展の定期開催を決定したことで、新たな横浜の都心臨海部活性化のための起爆剤として開催。メイン会場は「パシフィコ横浜展示ホール」と、「横浜赤レンガ倉庫1号館」。今でこそ赤レンガ倉庫は、モダンな文化・商業の複合施設に生まれ変わり、横浜を象徴する観光名所になっているが、当時はまだ廃屋で、一般に訪れるような場所ではなかったという（『あぶない刑事』などの刑事ドラマには、しばしば登場していたらしい）。もともとの役割は、横浜開港時代に遡《さかのぼ》り、新港ふ頭建設の一環で、保税倉庫として最新鋭の技術をもって建てられた国の倉庫。関東大震災でも全壊は免れ、戦時中は軍事物資の補給基地、戦後はアメリカ軍に接収され港湾司令部として使用された。

そんな赤レンガ倉庫を利用した会場では、1階から3階までの空間に、束芋氏の『にっぽんの通勤快速』や、沖啓介氏の『身体未来-脳を見たか?』などが展示され、美術館やギャラリーなどのホワイトキューブでの鑑賞とは異なり、その独特な〝荒廃感〟が作品を際立たせていた。また、パシフィコ横浜では、会田誠氏の『ジューサーミキサー』や、塩田千春氏の『皮膚からの記憶―2001―』などが展示され、今でも印象に残っている人も多いだろう。周辺施設や野外での展示もあり、「赤レンガパーク」では、オノ・ヨーコ氏の『貨物車』、「運河パーク」では、草間彌生氏の『エンドレス ナルシス ショウ』な

An Enormous Grasshopper Appears in Minato Mirai!?

The "InterContinental Yokohama Grand" Hotel was envisioned on a sailing ship floating in the water. On September 2, 2001, a large grasshopper 35 meters in length appeared on the outer wall of the landmark hotel in Minato Mirai. The "YOKOHAMA 2001: International Triennale of Contemporary Art" was held for 67 days until November 11 and acquired 350,000 visitors. It was an historic event that spread domestic and overseas contemporary art. Perhaps the citizens of Yokohama who know the area well were most surprised by the large Grasshopper. The forward-thinking of such a new initiative was very "distinctive of Yokohama."

The main venues were the "PACIFICO Yokohama Exhibition Hall" and the "Yokohama Red Brick Warehouse No.1." The latter was reborn as a complex of modern culture and businesses and has become a tourist spot that symbolizes Yokohama, but at the time it was dilapidated and not somewhere people tended to visit. Its original role goes back to the era of the opening of Yokohama's port linked to the construction of the Shinko Pier, and was built as a (→p. 106)

どなど。日本を含む38か国から参加した全１０９作家のうち、ほとんどの作家は、展示設営とオープニングに合わせ、本人自らが横浜にやって来たという。世界各地を行き来するアーティストたちが、これだけ顔を揃えたことは貴重なことで、それも国際都市・横浜のブランド力でもあった。

横浜発祥の文化

そうして日本最大規模の国際展は、華やかなスタートを切った。第4回以降は、運営の主体を「横浜市」に移し、文化庁の支援を受けながら開催している。ちなみに、第8回は、「横浜美術館」をメイン会場に、２０２4年に開催予定。

横浜トリエンナーレが示したものは、まだ見ぬ他愛もないアートの素晴らしさだけでなく、その土地の記憶を持つ歴史的建造物の活用法にもあったように思える。日常の風景や、人気のない無機質な建物に、現代アートが巧妙に作用し、化学反応を起こした。そこに居合わせた来場者や関係者は、新しい創造力が掻《か》き立てられ、結果として今、日本各地で起きている町の古民家や、商店街などを利用したさまざまなアートイベントに繋《つな》がっている。それに、現在の赤レンガ倉庫も然り、古いビルや高架下などの有効活用の先駆けでもあり、「横浜トリエンナーレ」は、開港以来、横浜が自発的に開花させた〝横浜らしい文化〟なのだと思う。

変幻自在のアートプロジェクト

２００4年3月、そんな横浜のアート文化を躍進させていく「BankART1929」が誕生する。歴史的建造物や港湾倉庫などを文化芸術に活用しながら街を再生していく、横浜市が推進する「創造都市」のリーディングプロジェクトだ。元銀行だった2つの建物を利用し、「Bank（銀行）＋ART（アート）」。旧第一銀行を「BankART1929 Yokohama」、旧富士銀行を「BankART 1929 馬車道」とした。ジャンルは、美術、建築、パフォーマンス、音楽、飲食など多岐にわたり、これまで年間、数百本の事業を行なってきた。

みなとみらい線の開通に合わせて、発足からわずか45日で、旧第一銀行を仮オープンし、当初は、家具や備品の整備もままならぬまま、あえて未完成のまま開いた。ふらりとやってくる一般客には、珈琲などを振る舞ったというが、後

national customs bonds warehouse with state-of-the-art technology. It managed to escape complete destruction in the Great Kanto Earthquake.During the war it was used as a military supplies base, and after the war it was seized and used as a port headquarters by the U.S. Army.

Of the 109 artists that participated in the triennale from 38 countries, including Japan, most came themselves to Yokohama to set up the exhibition and for the opening. It was valuable to have many of the artists together coming from countries all over the world, and was also due to the brand of Yokohama as an international city.

The Culture of Yokohama's Origin

That's how the largest scale international exhibition of Japan made a prosperous start. Main operations moved to "Yokohama City" from the fourth exhibition and are held with support from the Agency for Cultural Affairs. Incidentally, the eighth exhibition is due to be held with its main venue at the "Yokohama Museum of Art" in 2024.

The Yokohama Triennale showed a way to make use (→p. 109)

第8回横浜トリエンナーレは、2024年3月15日（金）～ 6月9日（日）に開催予定

上 / ジョコ・アヴィアント・《善と悪の境界はひどく縮れている》2017・ヨコハマトリエンナーレ2017展示風景・撮影：加藤健
中央 / エヴァ・ファブレガス・《からみあい》2020・ヨコハマトリエンナーレ2020展示風景・撮影：大塚敬太
中央右 / チェ・ジョンファ・《フルーツ・ツリー》2001・撮影：加藤健
右下 / マイケル・ランディ・《アート・ビン》2010/2014・ヨコハマトリエンナーレ2014展示風景・撮影：加藤健
写真提供：横浜トリエンナーレ組織委員会

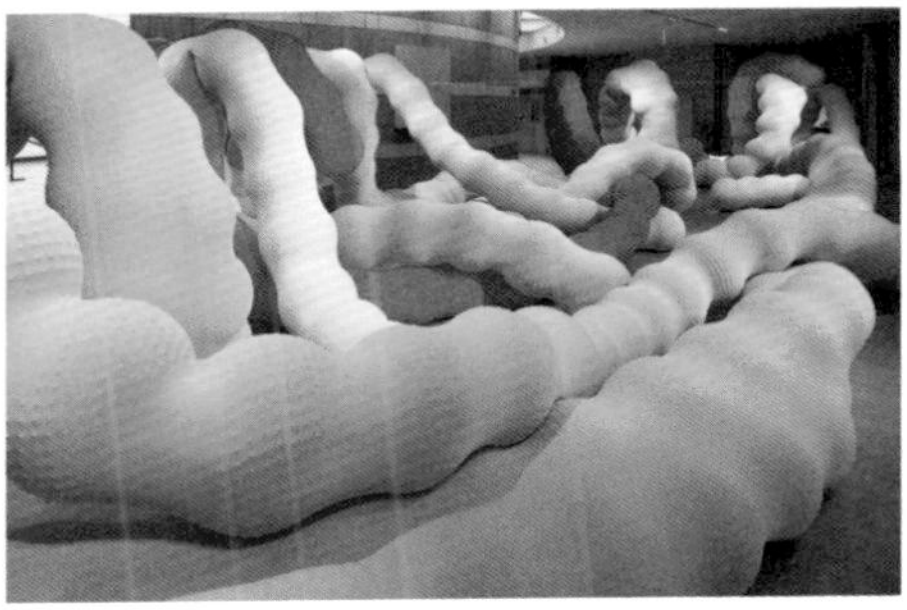

nkART Station
上 B1階

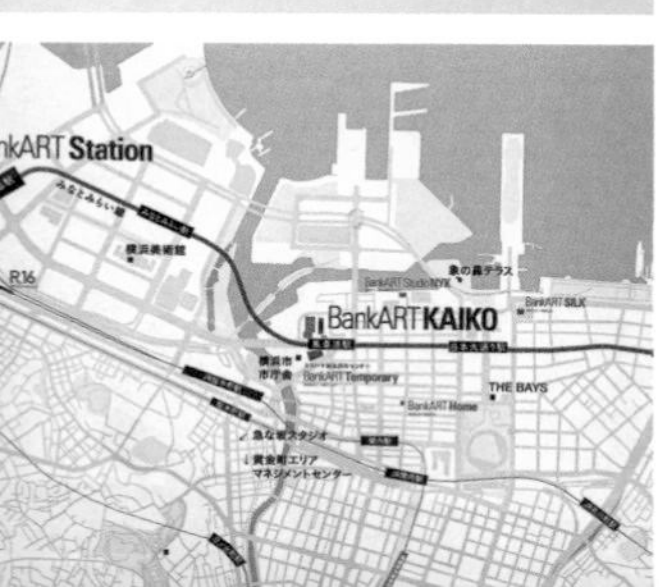
nkART Station
みなとみらい線
横浜美術館
R16
象の鼻テラス
BankART Studio NYK
BankART KAIKO
BankART SILK
横浜市
市庁舎
BankART Temporary
THE BAYS
BankART Home
急な坂スタジオ
黄金町エリア
マネジメントセンター

にも先にもそうした柔軟性こそ、彼らの強みなのだと思う。その後、2つの建物には、ショップやパブを併設し、多彩な展示やイベントを展開。専門家や市民などさまざまな人が関わりながら成長していった。翌2005年、東京藝術大学大学院映像研究科の誘致に伴い、旧富士銀行から、旧日本郵船倉庫に移転。日本郵船の船の資料館だった2階部分をリニューアルし、倉庫だった1階はホールに改修して、「BankART Studio NYK」として再スタートした。

BankARTの主要なプログラムの一つに「BankARTスクール」がある。講師は、各ジャンルごと第一線で活躍する人たちで、子どもに向けたワークショップから、専門性の高い講座までさまざまだ。〝現代の寺子屋〟として、講師や受講生同士の交流も積極的に促し、アーティストや学生のみならず、仕事帰りのサラリーマンや役人までもが頻繁に通っている。

BankART1929は、「駅」でありたい。ヨーロッパの駅のように、さまざまな人やモノや情報が行き交い、ベンチで眠っている人、ビールや珈琲を飲む人、音楽を奏でる人がいる、そんな包容力のある心地いい空間を目指してきた。アーティストにとっての機会や経済も豊かになるように、そのための実験の場でもあるのだ。

BankARTの連鎖

BankARTの活動が、1年ほど経過した頃、「森ビル」による北仲地区の帝蚕倉庫群の再開発が決まった。着工までの約2年間、仮囲いの中に期間限定でオープンさせたシェアオフィス「北仲BRICK & WHITE」。入居者たちは、独自にオープンスタジオなどを行ない、積極的に街に開いたという。その取り組みも影響して、横浜市は、歴史的建造物を利用した活動拠点「ZAIM」を開設した。北仲の閉鎖後、約3分の1の入居者が移ったという。民間が所有するビルも併行して「本町ビルシゴカイ」をオープンさせ、その終了後も「宇徳ビルヨンカイ」に展開するなど、多くのシェアオフィスプロジェクトにも繋がった。

こうした動きに拍車をかけていたのが、横浜市のクリエイター助成制度で、関内外地区に数多くのクリエイターが居を構えるようになった。その他、「BankART桜荘」（黄金町《こがねちょう》）や、「BankARTかもめ荘」（日ノ出町《ひのでちょう》）などが生まれ、内陸部にも活動の場を広げていく。2006年には、大

of historical buildings that hold memories at their site, not only the brilliance of never-before-seen playful art.

An Art Project Capable of Ever-changing Appearance

In March 2004, "BankART1929," which made rapid progress on such art culture of Yokohama, was born. The "Creative City" leading project promoted by Yokohama City regenerated the city by using historical buildings, port warehouses, and the like for arts and culture. It uses the buildings of two former banks and combined "Bank + ART." The former Dai-ichi Bank became "BankART1929 Yokohama" and the former Fuji Bank "BankART 1929 Bashamichi." The genres are diverse, including art, architecture, performance, music, and food and drink.

To date, it carries out hundreds of projects per year. One of the major programs at BankART is "BankART School." The instructors are active at the forefront of their genres and carry out anything from workshops for children to highly specialized lectures. It frequently attracts people from all walks of life, from artists and students to office workers and government officials on their way home from work.

(→p. 110)

地の芸術祭越後妻有アートトリエンナーレの空家プロジェクトで、建築家集団「みかんぐみ」と共に「BankART 妻有」をつくった。そして、2015年には、海外初の拠点である「BankARTベルリン」へと続いていく。

街に〝棲む〟アート

2018年に活動終了し解体されるまで、「BankART Studio NYK」では、大型個展『原口典之展』『川俣 正展』『柳 幸典展』ほか、横浜トリエンナーレと連動した大規模な企画展が続いた。NYK閉鎖後は、相生町《あいおいちょう》に小さなカフェスペース「BankART Home」がオープン。さらに東急東横線の廃線跡の高架下を活用した「R16〜スタジオ」を開設。各部屋は、内というよりも半分以上外？ 雨風、虫、車や電車の騒音……そんな悪条件も、もはやBankARTらしい。

その後、坂倉準三設計の「シルクセンター」内に誕生した「BankART SILK」を経て、2019年、みなとみらい線・新高島駅構内地下1階の「BankART Station」と、帝蚕倉庫を復元した建物に入る「BankART KAIKO」をオープンさせ、2023年4月現在、BankART1929は、この2施設を拠点としている。これまでに、紹介しきれないほど横浜の至るところを〝棲家《すみか》〟とし、中には、中華街や野毛の飲食店などとコラボレーションした『食と現代美術』など、数多くのクリエイティビティーを生んできた。

BankARTは、もはや、実体がなく、再開発が目まぐるしく進む横浜には、どこにでも存在している生き物のようにも思える。2022年3月、代表の池田氏は急逝したが、彼の任務は未完のままではない。すでに新代表の細淵太麻紀さんにはもちろん、これまでBankARTに関わってきた全てのアーティスト、横浜市行政、そして横浜市民の皆さんに託されている。

一見華やかで先進的な都市のようだが、実は明治の「開港」と、昭和の「戦後」が、今でも続いている横浜。その呪縛から解き放たれるためには、隔たりない「アート」が必要だったのかもしれない。国が開港を選んだまるで〝ゲーム〟のような街で、戦後、志を持った都市へと変わろうとしてきた。世界に誇る現代アートの祭典「横浜トリエンナーレ」も然り、日常の中に潜む本当の〝横浜の風景〟を、アートを通して考えてみてほしい。きっとその先に、横浜の未来像が見えてくるはずだ。

Chain Reaction of BankART

After about one year passed of BankART's activity, redevelopment of the Teisan Warehouse in Kitanaka area was decided. During the two years before construction work started, a shared office called "Kitanaka BRICK&WHITE" opened for a limited period inside a temporary enclosure. Also, Yokohama City focused on Kitanaka's end of use and established the activity site "ZAIM," which used historical buildings. Later, many shared office projects came about.

Art "Inhabits" the City

In 2019, "BankART Station" opened on B1F of the Shin-Takashima Station on the Minatomirai Line, and "BankART KAIKO" opened in the reconstructed building of the Teisan Warehouse. At a glance, it seems like a thriving and advanced city, but in reality, Yokohama's development from the "opening of the port" in the Meiji Period and in the "post-war" Showa Period has continued to the present day. We would like you to consider the true "Yokohama landscape" lurking behind everyday life through art.

池田修の夢十夜
IKEDA
Osamu
Recollections:
Ten Nights'

美味しい中華料理

編集部が、お薦めする神奈川県の名物

世界最大級のチャイナタウン横浜中華街。上海、広東、四川など、さまざまな中国料理がある中で、日本ならではの〝中華料理〟も生まれてきた。飲食店は200軒を超え、ご飯ものから麺類、点心、主菜、スープ、お菓子まで、お気に入りの店を探しに探した編集部。結局のところ、どの店も美味《おい》しいのだが、特にシビれた中華料理特集。

1. 上海焼きそば　老舗《しにせ》製麺所が開業した上海料理店。本場のソウルフード「上海炒麺」は、インパクトある極太麺に、具は豚肉と青菜のみ。中国醤油の甘めの味つけは虜《とりこ》になります。 940円

萬来亭　神奈川県横浜市中区山下町126
045-664-0767　ランチ 11:30–14:30（L.O.14:00）
ディナー 17:00–21:00（L.O.20:30）　土・日曜・祝日は、11:30–21:00（L.O.20:30）　木曜休（祝日の場合は営業）
Banraitei　Yamashita-cho 126, Naka-ku, Yokohama, Kanagawa　Lunch 11:30–14:30（L.O. 14:00）　Dinner 17:00–21:00（L.O. 20:30）　Saturday, Sunday and national holidays, 11:30–21:00（L.O. 20:30）　Closed on Thursday（unless a national holiday）

2. ブタまん　1894年に精肉業から始まった店の厳選する食材を使った規格外の中華まん。驚きはサイズだけでなく、魚介や野菜も入って旨味《うまみ》もたっぷり。超ジューシー！ 600円

江戸清 中華街本店　神奈川県横浜市中区山下町192
045-681-3133　10:30–19:30　無休　www.edosei.com
Edosei Chukagai Main Shop　Yamashita-cho 192, Naka-ku, Yokohama, Kanagawa　10:30–19:30

3. 水ギョーザ　中華街に来たことを再認識させてくれる居心地のよさ。特製タレの蓋《ふた》を開け、ココナッツをたっぷりすくって水餃子にのせて食べてほしい。悶絶《もんぜつ》します。880円

山東２号店　神奈川県横浜市中区山下町150-3
045-212-1198、050-5869-6205（予約専用）
月～木曜 11:00–23:00（L.O. 22:30）
金～日曜・祝日 11:00–24:00（L.O. 23:30）　無休
www.santon.co.jp
Santon No.2　Yamashita-cho 150-3, Naka-ku, Yokohama, Kanagawa　Monday to Thursday 11:00–23:00（L.O. 22:30）　Friday to Sunday, national holidays　11:00–24:00（L.O. 23:30）　Open all year

2. *Butaman*
This restaurant, opened in 1894, was founded by a meat processing firm. It selects only the best ingredients for its huge, juicy buns.

3. *Sui-gyoza*
This comfortable restaurant will help you feel right at home in Chinatown. Enjoy dumplings with a special coconut-based sauce for a remarkable taste experience.

4. Sichuan Mapo Tofu (with real spice)
Serves genuine Sichuan cuisine. Enjoy an authentic mapo tofu.

5. Cha shao and shao rou
This restaurant opened in Japan's Meiji Period. At the year-end, long queues of customers look for souvenirs. Their specialty is roast pork and pork belly with skin.

5

5. 叉焼拼焼肉

明治創業の焼き物と乾物の名店。年末には、お土産を買うために長蛇の列もできるほど。特に、チャーシューと皮付き豚バラ肉の焼き物は"白眉"です。 2,310円

中華菜館 同發 本館 神奈川県横浜市中区山下町 148 045-681-7273
月～金 11:00–21:30 (L.O. 20:30) 15:00–17:00 休憩 土・日曜 11:00–21:30 (L.O. 20:30)
無休 www.douhatsu.co.jp **Douhatsu Honkan Chinese Restaurant**
Yamashita-cho 148, Naka-ku, Yokohama, Kanagawa Monday to Friday 11:00–21:30 (L.O. 20:30) 15:00–17:00 Break time Saturday to Sunday 11:00–21:30 (L.O. 20:30) Open all year

6

6. 龍仙粥 エビ、ホタテ、イカなどの海鮮と、揚げワンタンにザーサイまで入った具沢山《ぐだくさん》の名物。お粥の下から具がゴロゴロ出てくる出てくる！閑散とした早朝の中華街で、朝粥というのも乙《おつ》です。 935円

馬さんの店 龍仙 本店
神奈川県横浜市中区山下町 218-5
045-651-0758 7:00–23:00 (L.O.)
無休 www.ma-fam.com
Masan no Mise Ryusen Main Shop
Yamashita-cho 218-5, Naka-ku, Yokohama, Kanagawa 7:00–23:00 (L.O.) Open all year

4

4. 四川マーボー豆腐（本場の辛さ） 数少ない四川料理の専門店で、本場の麻婆豆腐に挑戦！「辣《らー》」と「麻《まー》」、黒豆ソースなどの旨味の調和と、豆腐の美味しさに、汗ダラダラ、シビれました！ 1,991円

景徳鎮 神奈川県横浜市中区山下町 190 045-641-4688
月～金曜 11:30–22:00 (L.O.21:30)、土・日曜・祝日 11:00–22:00 (L.O.21:30)
無休 www.keitokuchin.co.jp
Keitokuchin Yamashita-cho 190, Naka-ku, Yokohama, Kanagawa
Monday to Friday 11:30–22:00 (L.O. 21:30) Saturday, Sunday and national holidays, 11:00–22:00 (L.O. 21:30) Open all year

Kanagawa Prefectural Specialty Recommended by the Editorial Department

Delicious Chinese Food

Yokohama Chinatown is one of the largest Chinatowns in the world, home to restaurants serving various types of Chinese food including Cantonese, Shanghai and Sichuan cuisine. It is also the home of Japanese-style Chinese *Chuka* cuisine. More than 200 restaurants serve rice, noodles, meat and fish-based dishes, as well as dim sum, soups and confectionary. We checked out the best the area has to offer to choose this special selection of wonderful dishes.

1. Shanghai *Yakisoba*
A specialist in Shanghai cuisine. Once you try the noodles, you'll be a fan for life.

神奈川県のロングライフスポーツ大会

わかりやすい箱根駅伝

今でこそ日本を代表するスポーツ大会の箱根駅伝。実は、そのコースの8割以上が神奈川県。編集部は、まさに選手が走る国道1号線を何往復も（車で）走って、歴史や文化や風土など、今まで気づかなかった箱根駅伝の魅力に引き込まれました。これで次の箱根駅伝は、10倍面白い。

Long-Lasting Sports Tournament in Kanagawa

Beginner's guide to the Hakone *Ekiden*

The "Hakone *Ekiden*" is now known as a "long-lasting" sports event. Over 80% of the course actually lies in Kanagawa. The editorial department was fascinated by the history, culture, and the local characteristics of Hakone *Ekiden*.

1. 日本独自の陸上競技「駅伝」

長距離を複数人のチームで「たすき」を繋いで走る「駅伝競走」は、日本で誕生した陸上競技。発祥は1917年に開催された「東京奠都五十年奉祝・東海道駅伝徒歩競走」です。関東と関西の2チームが出場し、京都・三条大橋から、東京・上野不忍池までのおよそ500キロを走ったそうです。ちなみに、「駅伝」というネーミングは、奈良時代に幹線道路に整備された「駅制」に基づき、往来する役人のために用意された「駅馬《えきば》」と「伝馬《てんま》」からヒントを得たそう。

A track and field event unique to Japan – *Ekiden*
The *Ekiden* race is a Japanese track and field event in which runners of each respective team run long distances and pass "*Tasuki*" (cloth sashes that serve as relay batons) to each other. The first race was held in 1917; the two teams hailed from the Kanto and Kansai regions, and they ran about 500 kilometers from the Sanjo-ohashi Bridge in Kyoto to Shinobazu-no-ike Pond in Ueno, Tokyo. By the way, the name "*Ekiden*" was inspired by "*Ekiba*" and "*Tenma*," horses for transporting government officials and goods based on based on "*Ekisei*" (station system) on the main route in the Nara period.

2. 箱根駅伝の生みの親・金栗《かなくり》四《し》三《そう》

日本人初のオリンピック選手・金栗四三（熊本県出身）。彼は、東京高等師範学校（現在の筑波大学）に進学し、長距離ランナーとして才能を開花させ、日本国内では敵なしといわれましたが、三度出場したオリンピックでは、すべて惨敗でした。しかし、さまざまな長距離走競技の普及に努め、若手の育成にも尽力し、日本の"マラソンの父"とも呼ばれています。そんな金栗四三らが、世界に通用するランナーを育成したいという思いでつくったのが「箱根駅伝」なのです。アメリカ大陸横断など途方もない話も出たそうですが、どうやらロッキー山脈を箱根山に見立てたという説もあるとか。

Shiso Kanakuri, the founder of Hakone *Ekiden* A Kumamoto native, Shiso Kanakuri was the first Japanese Olympian. He blossomed his talent as a long-distance runner and was considered unbeatable in Japan. Yet he failed miserably in all three Olympic Games in which he competed. Despite this, he is regarded as Japan's "father of the marathon" for his efforts to popularize various types of long-distance running and to train young athletes. It was him, together with others, who created the Hakone *Ekiden* out of the desire to develop world-class runners. As Kanakuri did spoke of crossing the American continent, some have also said Mt. Hakone is comparable to the Rocky Mountains.

3. 箱根駅伝って、どんな大会

「箱根駅伝」の正式名称は、「東京箱根間往復大学駅伝競走」で、関東学生陸上競技連盟が主催しています。1920年に始まり、2023年で第99回を迎え、絶大な人気を誇っていますが、あくまで関東のローカル大会。大学対校の駅伝大会は他にもありますし、女子駅伝や実業団駅伝などもあります。箱根駅伝は、東京・大手町から、箱根・芦ノ湖湖畔までを10区間に分け、10人のランナーが往復計200キロ強を2日間で走ります。

What kind of tournament is the Hakone *Ekiden*? The Hakone *Ekiden*, officially called the Tokyo-Hakone Round-Trip College *Ekiden* Race, is held by The Inter-University Athletic Union of Kanto. Beginning in 1920, it will be held for the 99th time come this 2023. Even though it is extremely popular, it is still a local competition in the Kanto region. The round trip from Otemachi, Tokyo to Ashinoko Lake, Hakone is divided into ten legs (five legs each way), in which ten runners will run over 200 kilometers in two days.

4. 箱根駅伝に参加するためには?

まず、箱根駅伝に出場するためには、主催する関東学生陸上競技連盟に加盟している大学であることが条件になります。そして、前年の10月に開催される予選会で上位に入ること。1957年(第33回)からは"シード校制度"が導入され、前年の箱根駅伝本選で10位までのチームは、翌年の予選会が免除されます。予選会には、たくさんの大学が参加するため、かなり過酷なレースとなります。

How does one get to run in the Hakone *Ekiden*? Those who want to run in the Hakone *Ekiden* must come from universities under The Inter-University Athletic Union of Kanto, which organizes the event, and they have to place high in the qualifying round held in October of the previous year. A "collegiate seeding system" was established since 1957 (33rd race), in which seeded teams that finished in the top ten in the previous year's Hakone *Ekiden* are exempted from the qualifying round the following year. The qualifying round is a very tough race due to the large number of universities participating.

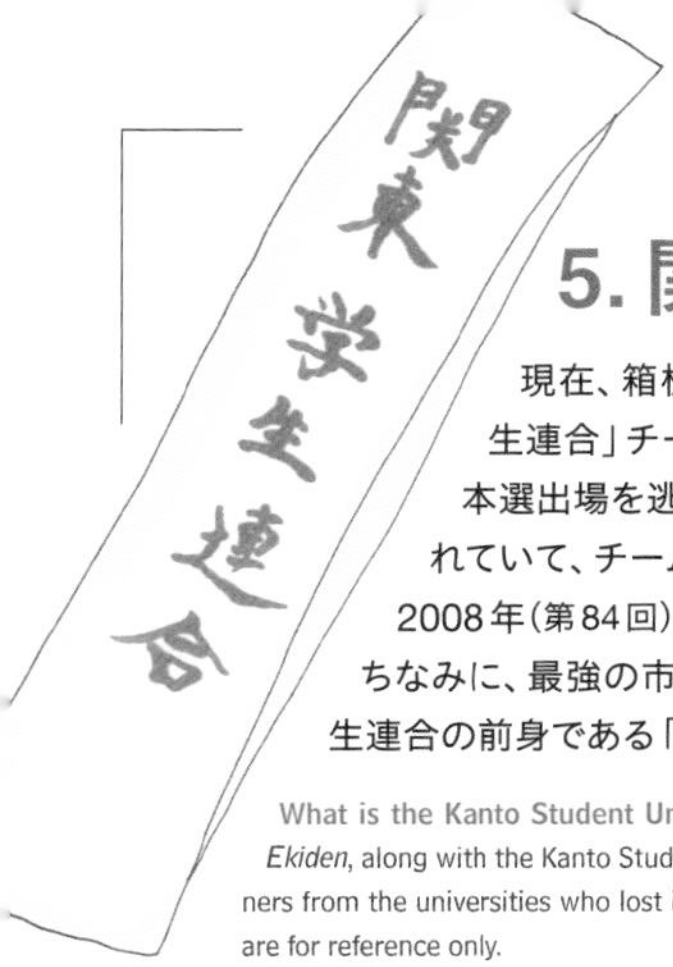

5. 関東学生連合とは?

現在、箱根駅伝の出場校は、20校。そこに加えて、「関東学生連合」チームが出場しています。関東学生連合は、予選会で本選出場を逃した大学の選手たちによる選抜メンバーで構成されていて、チームの記録は個人記録も含め、参考記録になります。2008年(第84回)には、総合4位になるなど大会を騒がせました。ちなみに、最強の市民ランナーともいわれた川内優輝選手は、関東学生連合の前身である「関東学連選抜」の一員でした。

What is the Kanto Student Union Team? At present, 20 universities compete in the Hakone *Ekiden*, along with the Kanto Student Union team. The Kanto Student Union consists of selected runners from the universities who lost in the qualifying round. Team records, including individual records, are for reference only.

6. 3つの優勝

2日間にわたって競う箱根駅伝には、3つの優勝があります。初日の1区から5区までのタイムトップに与えられる「往路優勝」。2日目の6区から10区までのタイムトップに与えられる「復路優勝」。そして、往路と復路の合計した総合タイムトップに与えられる「総合優勝」。単に「箱根駅伝優勝校」といえば、この総合優勝を指します。ただ、往路優勝は、芦ノ湖に早く着いた順なのでわかりやすいのですが、復路では総合順位は悪くても、復路優勝することもあるのです。なぜなら復路は、芦ノ湖に到着した順にスタートするので、復路優勝は、単に大手町に着いた順とは限らないのです。

Three titles The two-day Hakone *Ekiden* has three winning titles. The Day 1 title is given to the team that finishes first for the outward route , while the Day 2 title is given to the top team for the return route. The overall Hakone *Ekiden* title is awarded to the team with the shortest, combined time for both the outward and return routes. Simply put, the Hakone *Ekiden* champion refers to this university team with the title. It's easy to understand the Day 1 title since the team that arrives at Ashinoko Lake first wins. But for the Day 2 title, it's possible that a team with an overall poor ranking may get it.

Illustration：Kifumi Tsujii

7. 新聞社のバックアップ

箱根駅伝は、1920年(第1回)の時代から新聞社が共催となって全面的にバックアップしてきました。箱根駅伝の生みの親・金栗四三は、すでに関係性のあった報知新聞に話を持ち込み協力を得ました。大会のスタート / フィニッシュ地点が新聞社前としているのも初期のころから。現在も、読売新聞(1942年に報知新聞を統合)が共催になり、社屋の移転に伴い、スタート / フィニッシュ地点も変わってきています。

Endorsed by newspaper company The Hakone *Ekiden* has been fully endorsed by a newspaper company (co-organizer) since its first race in 1920. Since the early days, the race has started and finished in front of the newspaper company. Even till today, the Yomiuri Shimbun (acquired Hochi Shimbun in 1942) continues to remain as a co-organizer, and the start and finish points have changed along with the relocation of the company building.

8. 戦争と箱根駅伝

1930年代、大学スポーツとして確固とした地位を築いてきた箱根駅伝でしたが、戦争には勝てませんでした。しかし、学生たちの執念で、戦意高揚の特別大会として、1943年は靖国神社と箱根神社を結ぶコースで開催しました。戦後復活となった1947年(第23回)からは予選会(1946年)も始まりました。優勝した明治大学と57秒差で惜しくも2位となった中央大学からは、なんと砲丸投げやハードル選手も参加したそうです。みんなが待ちに待った復活大会でした。

War & Hakone *Ekiden* The Hakone *Ekiden*, which had established a firm position for itself as a collegiate sport, collapsed in the face of the war in the 1930s. But in 1943, tenacious students organized a race that connected the Yasukuni Shrine to Hakone Shrine as a special event to raise the morale of Japanese soldiers.

9. 新時代の箱根駅伝の申し子

1953年(第29回)には、ラジオによる実況中継が始まっていましたが、1987年(第63回)からは、全国規模のテレビ実況生中継が始まりました。箱根駅伝は、一気に日本中のお茶の間に浸透していったのです。また、留学生ランナーの登場もこの頃です。1989年(第65回)に山梨学院大学は、ケニアからの留学生が走り、創部7年目の1992年(第68回)には見事総合優勝したのです。

The poster child for the new era of Hakone *Ekiden* Live radio coverage of the tournament began in 1953 (29th race), and nationwide live TV coverage in 1987 (63rd race). The Hakone *Ekiden* quickly became a popular event among all Japanese households. It was also around this time that international student runners made their appearance. An international Kenyan student from Yamanashi Gakuin University ran in 1989 (65th race), and they eventually won the overall title in 1992 (68th race), seven years after its running club was founded.

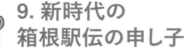

10. コースは「東海道」

箱根駅伝は、10区間で構成されていて、それぞれの区間に特徴があり、選手たちがたすきを繋ぐ中継所になるのは、もともと東海道の宿場町。現在は、東京の大手町の読売新聞社前をスタートする1区。六郷橋を渡って神奈川県に入り「鶴見中継所」へ。次は、文明開化の地・横浜を走る2区です。権太坂など、力を試される難易度の高い区間。そのためごぼう抜きなども多く見られ、各チームのエース級の選手が集まることから“花の2区”ともいわれています。「戸塚中継所」で繋ぎ、海岸線を走る3区へ。風光明媚《ふうこうめいび》な富士山を借景に「平塚中継所」まで頑張ります。そして、日本最古の海水浴場としても知られる大磯を走る4区。小田原の城下町に入り、名物ういろうと蒲鉾に喉もなりますが、歯をくいしばって「小田原中継所」へ。日本屈指の温泉街を抜け、箱根の山道を走る往路のラスト5区です。“山を制するものは箱根を制する”という言葉もあるように、箱根駅伝の重要な区間です。芦ノ湖のほとり、「箱根駅伝ミュージアム」の前が、往路のフィニッシュ地点でもあり、復路のスタート地点です。基本的には、往路の逆走行になるのが復路です。ただし、上り坂は下り坂になりますし、風や太陽の日差しの向きも異なってきますので、選手たちにとっては全く別のコースと言えるでしょう。

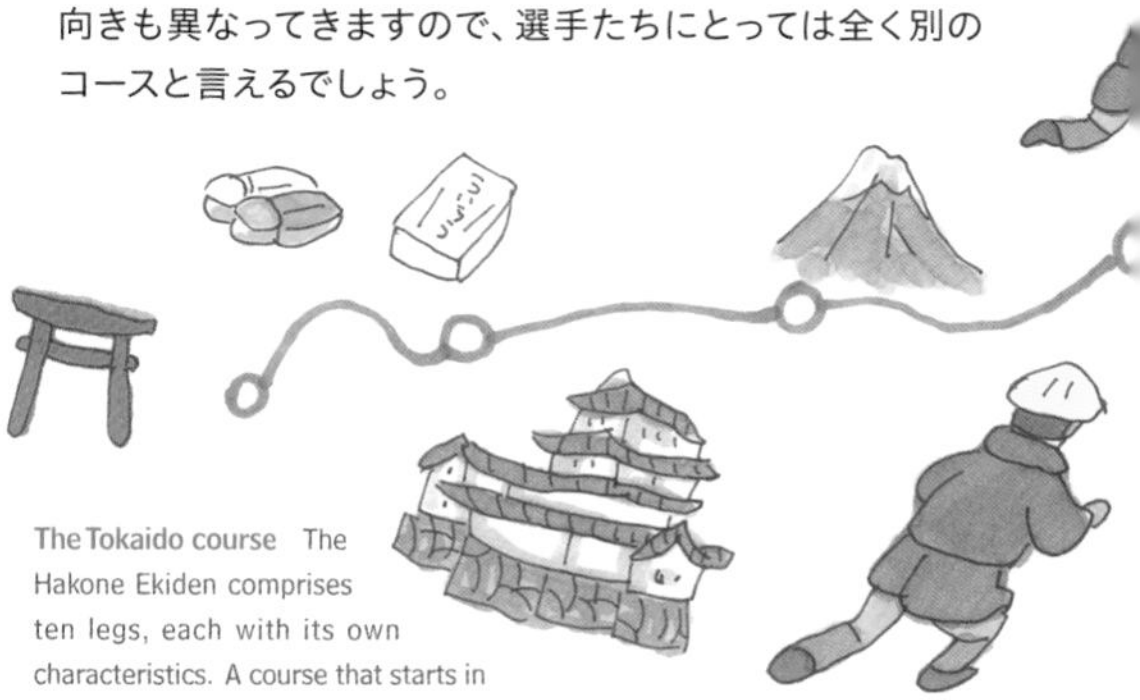

The Tokaido course The Hakone Ekiden comprises ten legs, each with its own characteristics. A course that starts in front of the Yomiuri Shimbun in Otemachi, Tokyo. Right in front of the Hakone Ekiden Museum on the shores of Ashinoko Lake is finish line of the outward route and the start of the return route. Basically, the return route from Legs 6 to 10 is the reverse of the outward route.

11. 応援も楽しみがいっぱい!

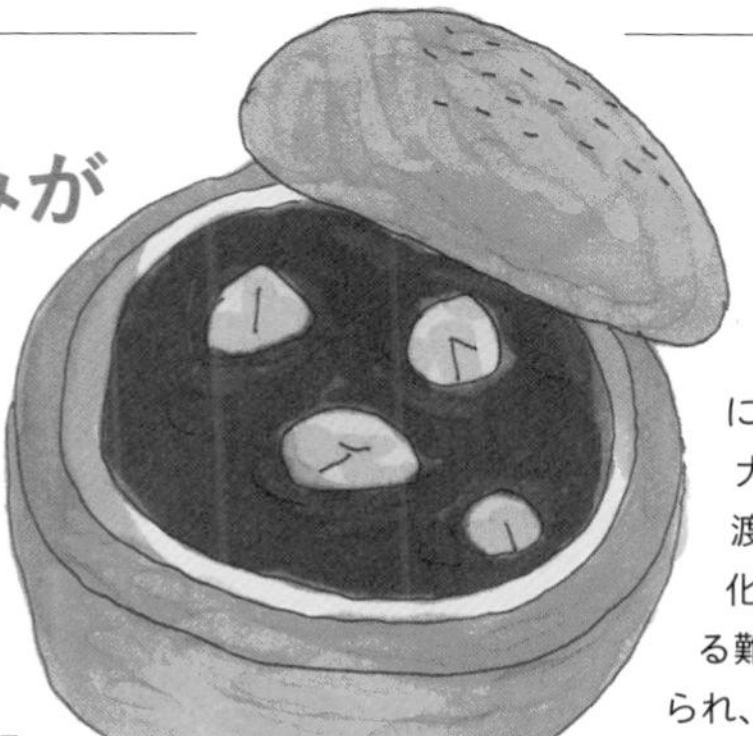

毎年、同級生やOBだけでなく、地元の人や観光客まで、地域一丸となって応援する箱根駅伝。そして、そんな応援する側も楽しい、知る人ぞ知る「歓迎イベント」。「富士屋ホテル」がある町としても知られている5区・6区は、道がとても狭く、臨場感たっぷり。さらには、オリジナルのメガホンや、名物「シチューパン」が配られるなど、箱根駅伝のハイライトともいえる山エリアは魅力がいっぱいです。また、個性溢れる大学ごとの応援も要チェック。
※2020年(第96回)からは、コロナ禍で開催されていません。

Cheering them on is also lots of fun! Every year, the entire community – not only their classmates and alumni, but also locals and tourists – come together to cheer for the Hakone *Ekiden*. There is also a “welcome event” that's only known to the insiders, that is fun for those who are cheering the runners as well. There are attractions such as the original megaphones and the offering of the famous “stews in bread bowl.”

12. こだわりのチームカラー

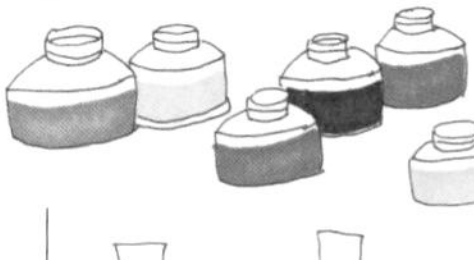

毎年熱い戦いを見せてくれる箱根駅伝ですが、チームカラーにも注目してみてください。例えば、同じ青系の大学を比較してみると、駒澤大学は「藤色」、東洋大学は「鉄紺《てつこん》」、明治大学は「紫紺《しこん》」、そして、2023年(第99回)に55年ぶりに出場した立教大学は「江戸紫」。緑系の大学は、青山学院大学は「フレッシュグリーン」、大東文化大学は「ライトグリーン」、東京農業大学は「松葉緑」。それぞれチームの“伝統”をまとって戦いに挑んでいるのです。

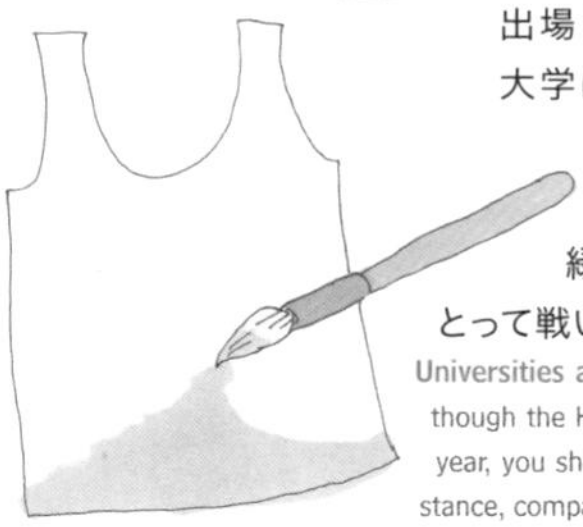

Universities are particular about their team colors Even though the Hakone *Ekiden* is a hotly contested event every year, you should also pay attention to the “*Tasuki*.” For instance, comparing the blue universities, the respective colors are “*fujiiro*” for Komazawa University, “*tetsukon*” for Toyo University, etc. Each team is wearing their own “traditions” in the relay race.

*往路優勝記念トロフィー

13. トロフィー*は「箱根寄木細工」

往路、復路、総合、それぞれ優勝したチームには、賞状やトロフィーが授与されますが、往路で優勝したチームには、なんと箱根町から「箱根寄木細工」の記念トロフィーと記念メダルが贈られます。なかなかテレビでお目にかかることはありませんが、「箱根駅伝ミュージアム」にはレプリカが展示してありますので、箱根駅伝の歴史とともに訪ねてみるのもお薦めです。

Hakone marquetry trophy (Commemorative trophy for Day 1 title) The winning teams for the outward route, return route, and overall, will be awarded with certificates and trophies. The winning team for the outward route will receive a Hakone marquetry commemorative trophy and medal from Hakone Town. Although not often seen on TV, a replica of it is on display at the Hakone *Ekiden* Museum, and a visit there is recommended along with a look at the history of the Hakone *Ekiden*.

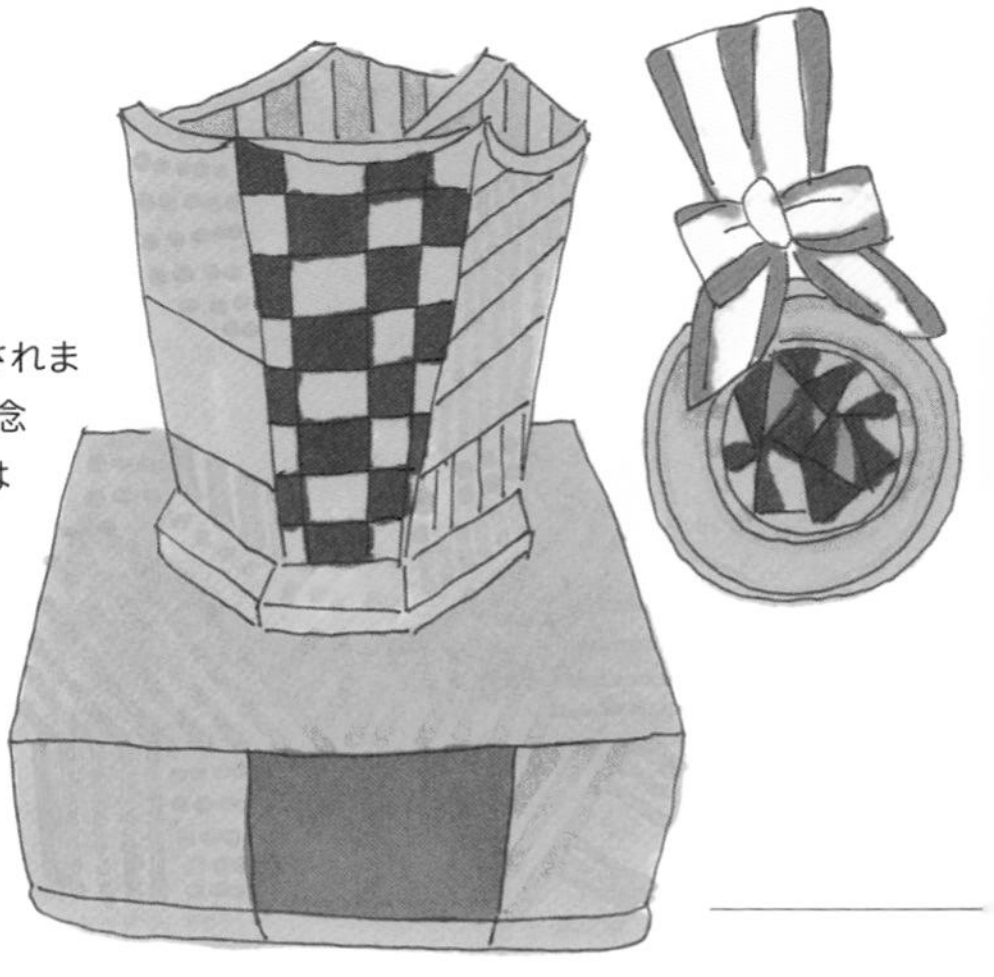

神奈川県のロングライフデザインを探して

サイトウ・アイロン・ボード

黒江美穂

Looking for Long-Lasting Design
in KANAGAWA

Saito Ironing Board

By Miho Kuroe

黒江 美穂　神奈川県生まれ。2012年 D&DEPARTMENT PROJECTに参加。同年より日本初の地域デザインミュージアム「d47 MUSEUM」の企画、編集、運営を担当し、日本各地のデザイン、工芸、物産等の選定やキュレーションを行なう。2019年よりショップ事業部ディレクターとして店舗運営に携わる。

Miho Kuroe　Born in Kanagawa. Participant in the 2012 D&DEPARTMENT PROJECT. In the same year, she began planning, curating and running Japan's first regional design museum, the d47 MUSEUM, which selects, showcases and designs craftworks and specialty products from Japan's 47 prefectures. Since 2019, she has been involved in running the d47 MUSEUM store as Director of the organization's shopping division.

サイトウ・アイロン・ボード
(横112×奥行45×高さ76〜88cm)
※4段調整

☎045-459-9311(クロスドッグ)
🅸 saitoironingboard.jp

Saito Ironing board
(width112× depth 45× height 76〜88cm)
*4-stage adjustable
Cross Dock Inc.

西洋文化の影響から、いち早くテーラーやクリーニング店が生まれた横浜で、「プロのアイロン台の使い勝手の良さを家庭にも」という思いから誕生。創業した大正初期は、プロ仕様のアイロン台は、「まんじゅう」と呼ばれ、長年使ううちに自然に生まれる丸みを帯びた形が特徴だった。「サイトウ・アイロン・ボード」は、その掛け心地の良い形を再現。衣類がフィットするように四方を曲面にデザインしており、平らなアイロン台よりも軽い力で掛けることができる。面積も大きいので、ワイシャツを十分に広げることができ、位置をずらす手間も少ない。3層に分かれた台の内部では、一番下の凸凹層と、中間のフェルト層で蒸気がコントロールされ、上質な仕上がりに。樹脂をカバーするフェルトは、蒸気がかかってもカビが発生しない素材を使用。ひと目でわかるシンプルな構造と、パーツごとに取り換え可能なことから長く使い続けられる。一度は廃業に迫られたが、思いを繋ぐ仲間と職人によって、今でも横浜で組み立てられている。まず感動するのがシャツの襟のアイロン掛け。ボタンがフェルト層に沈んでフィットし、驚くほど簡単に仕上げることができる。アイロン掛けの時間を楽しみにしてくれる。

Yokohama was the first city in Japan to host tailors and drycleaners under the influence of Western culture. Saito Ironing Board was launched early in Japan's Taisho Period. Using the curved design requires less effort than a flat board and the broad surface makes it easier to spread out a shirt, reducing repositioning time. The board is made from three layers, with a ribbed bottom layer and an intermediate felt layer controlling steam release to deliver a high-quality finish. The simple design and ability to replace individual parts ensures the board can be used for a long time. The company once ceased business, but an association of craftspeople brought it back to life. Shirt buttons sink right into the felt layer, making the whole ironing process easy. With these fine products, ironing is a pleasure not a chore.

神奈川県の〝らしさ〟をつくる人

柳原良平とヨコハマ

神藤《しんどう》秀《ひで》人《と》

Creator of All Things KANAGAWA

Ryohei Yanagihara and Yokohama

By Hideto Shindo

アンクルトリスの生みの親

高度経済成長当時、一日の疲れを癒すサラリーマンの心情を代弁した「アンクルトリス」。戦後間もない日本に生まれ、長きにわたり愛され続けてきたサントリーウイスキートリスの広告キャラクターだ。『トリスを飲んでHawaiiに行こう！』でお馴染みの名キャッチコピーも相まって、もはや国民的で、今もなお世代を超えて愛され続けている。そして、そのキャラクターの生みの親こそ、無類の船好きでも知られるイラストレーター・柳原良平さん（故・以下敬称略）。人生の半分以上を横浜で過ごし、誰よりも「横浜」と「港」を愛した人だった。

〝船好き〟に培われた画力

1931年、柳原良平は、現在の東京都杉並区に生まれ、6歳の時、父親の転勤により関西で少年期を過ごした。戦争へと向かう時代に生まれ、育った柳原少年は、海軍雑誌に掲載される軍艦などの写真や記事に興味を持ち、「陸奥」「長門」「伊勢」など、日本海軍すべての戦艦の全容を覚えたという。しかも、船の名前は、旧国名から選ぶというので、日本地図と照らし合わせ、ついでにその地方の産業や産物まで調べたほどの勉強家。そして、京都に住んでいた頃、日本郵船と大阪商船の客船集の「絵はがき」と出会った。柳原は、それらを畳の上に並べて、顔をスレスレまで近づけたりして、まるで本物の船の前にいるような雰囲気をつくって楽しむ純真無垢な子どもでもあった。趣味は、モノを集めるところから始まるといわれるが、彼にとっては、その絵はがきこそが、〝船人生〟への端緒になったのかもしれない。

1945年、東京大空襲。関西にも空襲警報が発令されるようになり、柳原は、逃げ回る際に持ちきれない量の絵はがきのコレクションを、すべてスケッチブックに縮小して書き写したという。今でこそ〝船の画家〟とも称され、その正確さは右に出るものはいないといわれるのは、そうした訓練を幼少期から当たり前のように行なってきたからなのだ。ちなみにそのコレクションだが、残念ながら空襲で焼失してしまった。

壽屋（現・サントリー）時代

戦争が終わり、中学生になった柳原は、憧れ

The Father of Uncle Torys

Uncle Torys is the mascot for Suntory's Torys whisky, first appearing in Japan shortly after the war. During Japan's period of rapid economic growth, Uncle Torys was always there for the country's businessmen and women, helping to relieve the fatigue from their long days. Uncle Torys was and continues to be loved by the entire nation. Illustrator Ryohei Yanagihara, known for his unparalleled love of ships, was Uncle Torys' creator. Yanagihara spent more than half of his life in Yokohama and loved the city and its port more than anyone else.

Artistic Skills Born from a Passion for Ships

Yanagihara was born in the prewar era in 1931. During his youth, he became engrossed in photos and articles of warships, and is said to have learned everything about all of Japan's fleet. Japanese warships were named based on former domains, and Yanagihara even went as far as learning about the industries and produce of the areas they were named after. Later, when he lived in Kyoto, Yanagihara discovered picture postcards of merchant ships.

The Bombing of Tokyo took place in 1945, and (→p. 122)

の軍艦たちがほとんど沈められていたことを知り、ショックを受けた。また商船の方は、新聞などでも報知されず、船の無事を心配した彼は、主な船会社へ手紙まで出したという。しかも、返事のあった「大阪商船」（現・商船三井〈MOL〉）には職場見学にも行ったそう。そこで出会った造船技師とは、それ以来、親交を深めて、船の知識も深めていったとか。もちろん柳原自身も造船技師を目指していたが、疎開していた時間は取り戻せず、その道は諦め、画家を目指し、美大へと進学する。しかし、食いはぐれるわけにはいかないと、商業デザインを専攻し、「壽屋」の宣伝部へ入社。戦争という、良くも悪くも当時の社会環境が、彼を形成していったのだ。

　壽屋で待っていたのは、のちに『裸の王様』で芥川賞を取る開高健(故)との出会いだった。開高との最初の仕事は、在外邦人の引き揚げを祝福する新聞広告の制作で、柳原は、引き揚げ船「興安丸」のイラストレーションを担当した。黒・白・濃淡のグレーの4つのトーンで描き、初めて彼の絵が全国紙に載り、準朝日広告賞を受賞。以後、トリスの広告も担当し、線がシャープで面白いという上司のアドバイスで「切り絵」を用いるように。当時は、新聞広告が最も効果を上げるものとされ、文章を開高、デザインを柳原という名コンビが誕生。1か月間に30種類近くの広告デザインを制作した。ひと仕事終え、近くにあった撮影用のウイスキーを勝手に呑《の》んだりもしたそうだが、それも許されよう。

　戦後の日本は、復興を果たし、高度経済成長を遂げつつあった。1950年代には、仕事帰りのサラリーマンたちが気軽に立ち寄れる酒場として「トリスバー」が誕生。そんな〝盛り場〟の地図や、文化人による酒をテーマにしたエッセイ、オリジナルのグラスなどのグッズ……楽しいイメージを膨らませ、まずはPR誌『洋酒天国』が出版されることになった。印刷は、東京の「凸版印刷」で行ない、エッセイは東京の文化人がほとんど寄稿していたため、柳原は、故郷、東京へと転勤になった。

　時代とともにテレビ広告にも力を入れようと、登場キャラクターを一新。そもそもトリスは安価で若者を対象としていたため、新聞では若い男女を描いてきたが、テレビCMでは「けしからん！」と、ひんしゅくを買う可能性もあったので、6等身ほどだったキャラクターを2等身半にし、ちょっとエッチな場面も許されるような愛らしい初老の男性に変更。そうして機能的

air-raid warnings were issued in his area, too. Unable to take his entire postcard collection with him as he escaped from place to place, Yanagihara is said to have copied his entire collection into his sketchbook. Yanagihara's peerless accuracy is thanks to the hard work and dedication he put in during his childhood.

Yanagihara at Kotobukiya (**Today's Suntory**)

Post-war, a junior high school-aged Yanagihara was shocked to find out that the majority of his favorite warships had been sunk. Although his dream was to become a ship engineer, unable to recover the time he had spent evacuating, he gave up on his goal, instead choosing to join an art college. Yanagihara then went on to study commercial design before joining the advertising department at Kotobukiya.

It was here that Yanagihara met Takeshi Kaiko, who would later win the Akutagawa Prize. His first job with Kaiko was the creation of a newspaper advertisement to celebrate the repatriation of Japanese citizens. Yanagihara was in charge of the illustration. This was the first time his drawing had featured in a national newspaper, and for it he won (→p. 125)

横浜みなと博物館蔵

JAPAN LINE
K
TOYOTA
FL 01
PL
810
Ships…Vital link to mankind
uclear Ship "MUTSU"
ten Trawler "No.65 TAIYO MARU"
.P.G. Carrier "No.5 BRIDGESTONE MARU"
ontainer Ship "HAKOZAKI MARU"
6. Submarine "UZUSHIO"
7. Oil Tanker "OKINOSHIMA MARU"
8. Ore Carrier "NIIHATA MARU"
9. All Purpose Defence Destroyer "NAGATSUKI"
11. Lumber Carrier "JAPAN AZALEA"
12. Passenger & Car Ferry "PHOENIX"
13. Cargoliner "ENGLAND MARU"
14. Trawler "YAMASHIRO MARU"
16. Cable Layer "TSUGARU MARU"
17. Railway Ferry "YOTEI MARU"
18. Patrol Boat "IZU"
19. Meteorological Observation Ship "KEIFU MARU"
21. Mine Sweeper "KASADO"
22. Fire Boat "HIRYU"
23. Car Carrier "No.10 TOYOTA MARU"
24. L.A.S.H. Ship "ACADIA FOREST"
26. Hovercraft
27. Hydrofoil Boat
The Shipbuilders' Association of Ja
Japan Ship Exporters' Association

船内をご見学いただけます。
文化財 日本郵船「氷川丸」
氷川丸
横浜
HIKAWA MARU YOKOHAMA

TORYS
トリス
■普通瓶＝340円 ■ダブルサイズ＝620円 ■徳用瓶＝850円

に生まれたのが、アンクルトリスだった。ストーリーは、開高らとアイデアを出し合い、のちに『江分利満氏の優雅な生活』で直木賞を取る山口瞳(故)も合流し、CMは毎日産業デザイン賞を獲得することになる。

ウイスキーの世界から、船の世界へ

その頃、船をテーマにした絵本を出版。タグボート(大型船の手伝いをする小型船)が主人公の、初めての船の絵本だった。本の装丁や漫画の仕事などが増えてきたため、壽屋を退社し、嘱託社員になった。そして、1964年、港の見える横浜・山手に引っ越した柳原。大阪商船の貨物船が入港してくる〝港〟が見えたのが決め手だった。当時、東京オリンピックが開かれ、大桟橋は、見物客のホテルシップとして客船がたくさん停泊していて、相当な賑《にぎ》わいだったという。中でも戦後横浜に来た客船では、最も大きかったというイギリスのP&Oの客船「オリアナ」は、この時は黄土色で美しかったそうだが、次に来た時は、純白に変わっていてがっかりしたとか……そんなエピソードも柳原らしい。水を得た魚のように、ますます船に没頭していっ

Yanagihara quit his full-time position at Kotobukiya. In 1964, he moved to the Yamate area of Yokohoma, where he could see cargo ships coming into port. Immersing himself further into the world of ships, Yanagihara next published *the Ship Book* series. Featuring familiar characters throughout, the book series became a bestseller for its unique content. Its success saw an increase in ship-related work for Yanagihara.

Initiatives for the City's Citizens and Port

The Yokohama Marine Science Museum opened in 1961. Around 15 years after its opening, however, Yanagihara was approached by the museum's curator—"We need your help. The museum isn't turning a profit, so the City's economic department is going to close it down." Embarrassed at how a museum about one of Japan's leading, biggest port cities might close down due to a lack of interest, Yanagihara made up his mind to set up an association to create closer connections between Yokohama citizens and the port.

Yanagihara also participated to movements to help protect and preserve the Nippon Maru training ship. In (→p. 127)

p.125 イラスト全て横浜みなと博物館蔵

た柳原は、続いて『柳原良平 船の本』を出版。馴染みあるアンクル風のキャラクターをちりばめ、従来の専門的な本とは一線を画すユニークな内容でベストセラーに。

市民と港のために

1961年に開館した「横浜海洋科学博物館」。当時は、横浜マリンタワーの3階にあり、模型やジオラマ、船具、漁具など船と港に関する展示があった。開館から15年近く経《た》ったある日、同館の学芸員が柳原のもとにやって来て、「市の経済局が不採算を理由に閉鎖して物産館にしようとしているので力を貸してほしい」と彼に泣きついたという。そこで柳原は、「横浜市民と港を結びつける会」を結成。柳原が代表理事を務め、医学界、港湾業界、書店の有隣堂やホテルニューグランドまで、錚々《そうそう》たる実力者を理事に招き、会員は、1000人に達した。毎月「港の集い」を開き、船と港への知識を高め、講演会、見学会、パーティーなどを開催。そうした啓蒙活動は、横浜文化賞を受賞。

また、「太平洋の白鳥」とも呼ばれた練習帆船「日本丸」を保存する運動にも関わった。保存に

an Asahi Advertising Award. He later oversaw advertising for Torys whisky, and came to use papercutting methods with sharp, amusing lines.

In line with its post-war recovery, Japan experienced a period of rapid economic growth. The 1950s saw the emergence of Torys Bars, a place for businessmen and women to relax. At the same time, Kotobukiya published a PR magazine titled *Yoshu Tengoku*. The magazine was printed by Toppan in Tokyo, while its essays were predominantly written by Tokyo-based intellectuals. As a result, Yanagihara was relocated to Tokyo.

With the changing times, Kotobukiya decided to focus on TV advertisements, and so the decision was made to renew the company's characters. The company created a new character—a much shorter, charming old man, Uncle Torys.

From the World of Whisky to the World of Ships

At around this time, Yanagihara published a picture book about ships, featuring a tugboat as the main character. With bookbinding and illustrating taking up more of his time,

は、東京や神戸、鹿児島など全国10の都市が立候補したが、市民と船員が中心になったのは横浜だった。１９８９年、ついに、日本丸の誘致とともに海洋科学博物館は「横浜マリタイムミュージアム（現・横浜みなと博物館）」として再スタート。日本丸は、旧横浜船渠《せんきょ》の第一号ドック内に保存され、隣接するように建設されたミュージアムは、日本丸の景観を大切にし、地下に潜り込むように低層設計になった。ちなみに、第二号ドックは、あの「横浜ランドマークタワー」に併設し、現在はフリースペースとして活用されているが、現存する最古の石造りドックとして風格がある。

とにかく、横浜を愛して、横浜を楽しくしよう、という目的の「ヨコハマの会」も結成した。会長はいなく、会則もなく、会費は都度ワリカンで負担。最初は、ホテルに集まって勝手に話し合う会だったそうだが、そのうち「ヨコハマ遊学校」という講演会を開き、横浜を楽しくしてくれた人や団体、物に賞を贈る『ヨコハマ遊大賞』もつくった。ちなみに、これまで賞を受けたのは、崎陽軒のシウマイ弁当に、博物館の学芸員、氷川丸（戦前より唯一現存する日本の貨客船であり、山下公園前に博物館船として係留されている）、そして、横浜ベイスターズなど。

みなとの、みらい

街中にロープウェイが通っている光景は、まるでＳＦ映画に出てくる宇宙基地のような「みなとみらい」。この日本丸の保存されている一帯は、１９８３年、三菱重工業横浜造船所の移転に伴い新設された街で、当時、市民にも馴染むようにと、街のニックネームを募り、柳原は、そのためのポスターをデザインした。さらに、そのニックネームの選考委員にも選ばれ、２０００点以上の応募の中から、「赤い靴シティ」と「みなとみらい21」が残り、投票で後者に決定。「みなとみらい21」は、当初の最終選考にはなく、再度柳原によって拾い上げられた案（敗者復活）だったそうで、実質、この土地の生みの親も、柳原だったと言えるのかもしれない。

横浜を〝母港〟にして、精力的に創作活動を行なってきた柳原。彼の作品は街中でも見られ、例えば、みなとみらい線の日本大通り駅の壁には、陶板のレリーフ『横浜港今昔』があり、駅の利用者の目印にもなっていて、銘菓「横濱ハーバー」のパッケージには、横浜港ゆかりの船た

The Future of the Port

In 1983, Mitsubishi Heavy Industries moved its Yokohama Shipyard from the area and a plan was devised to create a new urban center. The city thus called on the public to submit ideas for nicknames. Yanagihara designed the poster calling for submissions. The project saw more than 2,000 entries and Yanagihara himself was chosen to sit on the selection committee.

With Yokohama as his home port, Yanagihara energetically went about his creative activities while visiting ports and ships around the world. Yanagihara passed away in 2015 at the age of 84. His family has since donated around 5,000 of his artworks to Yokohama City, and this led to the opening of the Yanagihara Ryohei Art Museum in 2018. A wide range of his work is on display, from pictures from before his creation of Uncle Torys to various ship-related artwork. Not only are these fantastic works of art, but they also offer a fascinating designer's perspective. If anything, the role of this Kanagawa Issue should be to further explore and communicate the charms of the Yokohama that Yanagihara loved. Yanagihara's dream was to create a future port city for everyone to enjoy.

ちを描き、本誌「神奈川号」の表紙にも採用させていただいた。そして、知る人ぞ知るのが「もとまちユニオン」の包装紙。大切な贈り物を、柳原がデザインしたパッケージに包んでくれる。

２０１５年、84歳でこの世を去った柳原だが、遺族からは彼の作品約５０００点が横浜市に寄贈され、２０１８年には「柳原良平アートミュージアム」が開館（横浜みなと博物館に併設）した。展示ブースには、アンクルトリス以前の作品から、さまざまな船の作品までが展示され、作品の素晴らしさももちろんだが、デザイナーならではの視点も勉強になる。

彼の著書『良平のヨコハマ案内』を読むと、どんなガイド本よりも〝横浜らしいヨコハマ〟がわかるせいか、以前の横浜と比べ、どこか、港が遠くなってしまったようにも感じる。それでも、彼が愛した横浜の港には、今も同じ様に世界中の船が来航し、多くの歓びを届けてくれている。そして、たくさんの夢と希望を乗せて、船は、世界へと出航していく。柳原の作品の中に描かれる、すべての人にとって幸せな〝未来の港〟は、きっとこれからも、横浜の〝希望〟として永遠に伝え継がれていくだろう。

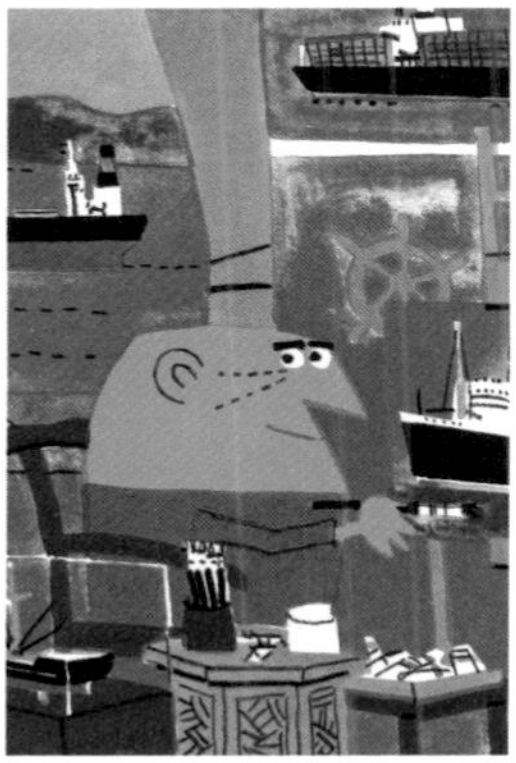

p.127 イラスト全て横浜みなと博物館蔵

1989, with the Nippon Maru in place, the museum reopened as the Yokohama Maritime Museum (today's Yokohama Port Museum). The Nippon Maru is preserved in Dock 1 of the former Yokohama Dockyard, and the neighboring museum offers spectacular views of the ship via its low-rise design.

With a strong love for Yokohama and a desire to make it a more exciting place, Yanagihara also set up the Yokohama Association, organizing the Yokohama Yu Awards in recognition of people, groups, and products that made it a more exciting location.

『誰もいない海』2011年　画像提供:美術著作権センター

柳原良平（1931–2015年）　東京都出身。イラストレーター。京都市立美術大学（現・京都市立芸術大学）卒業後、壽屋（現・サントリー）宣伝部に入社。その後、絵と文で船への想いを傾けた『柳原良平　船の本』を契機に、小どもの頃から好きだった船の絵を本格的に描き始める。1964年に横浜の山手に移り住み、横浜を母港に世界と日本の港と船を巡り、精力的に創作活動を展開した。

Ryohei Yanagihara (1931–2015)　Illustrator, born in Tokyo. Graduated from the Kyoto City University of Arts and joined the advertising department in Kotobukiya (now Suntory). His *Ship Book*, in which he expressed his thoughts on ships through paintings and writing, inspired him to start drawing pictures of ships that he had loved since he was a child. In 1964, he moved to Yamate, Yokohama, and traveled to ports and ships around the world and in Japan, using Yokohama as his home port, while actively developing his creative activities.

神奈川県のロングライフな祭り

山とギャンブル

坂本大三郎(山伏《やまぶし》)

『大山詣り《おおやままいり》』という落語の演目があります。江戸の長屋に住む者たちが、大家さんを先達にして大山詣りに行こうとするものの、参拝を希望する者の中に熊五郎という酒癖の悪い者がいました。皆からは連れて行くのは嫌だと断わられ、決して喧嘩《けんか》をしない約束をすることでようやく連れて行ってもらい、しかし結局、熊五郎は酔って暴れてしまう云々《うんぬん》というお話です。

大山の石尊大権現《せきそんだいごんげん》は、「博打の神」ともされ、知人の山伏から聞いた話では、江戸の庶民は、大山詣りが楽しい娯楽で、借金を抱えている者は、ある時期になると大山詣りに出かけて、山で博打《ばくち》をして勝てば揚々と江戸に戻り、負ければ行方をくらましたのだそうです。

大山の近くの丹沢山塊の塔ノ岳では、実際に昭和前半まで賭場が開かれていたといいます。実は山や寺院のような霊場では、賭場が開かれることが珍しくはなかったそうです。博打をする時に払う手数料のことを「テラ銭」と呼ぶのも、寺院で博打が行なわれていた名残だという

the year to gamble on the mountain, returning to Edo in high spirits if they won, and go into hiding if they lost.

In Mt. To-no-dake of the Mt. Tanzawa near Mt. Oyama, a gambling den was actually held until the first half of the Showa period. Some believe that the term "*terasen*," a nominal fee paid by gamblers to the gambling sites, is a vestige of the gambling that took place at temples.

Folklore scholar Shinobu Orikuchi said that the divination skills of the itinerant Buddhist monks somehow morphed into gambling, which brought forth the stories of gamblers and other rogues. Since mountains and temples were out of the reach of secular authorities, they could not be policed. Offenders and criminals, and women who wanted to dissolve their marriages, often took refuge in these so-called ***Engiri*** (for divorce) or ***Kakekomi*** (women's shelter) temples.

When I was in elementary school, it never occurred to me that a gambling house was even once held in the nature of Mt. Tanzawa. But when I got to learn of this history of the mountains, I felt more respect for the fact that Mt. Tanzawa and Oyama had long been beloved places of the common people.

坂本 大三郎　現代の感性と客観性を併せ持つ山伏。東北出羽三山《でわさんざん》での山伏修行で、山伏の在り方や山間部に残る生活技術に魅せられ山形県に移住。山は人智を超えた「わからないもの」の象徴だと考え、そこにある奥深い文化や風習を、わかりやすい言葉と魅力的な絵で伝える。イラストレーター、文筆家としても活躍。

Daizaburo Sakamoto　*Yamabushi* (mountain priest) with a modern sensitivity and objectivity. During training as *Yamabushi* in Dewasanzan, Tohoku, he was attracted by the way of life of mountain priests and the art of living that remains in mountainous regions, and so he decided to relocate to Yamagata. Based on his belief that mountains are the symbol of "things we don't know" that surpass human intellect, he conveys the profound culture and customs in mountainous regions through easy to understand language and attractive illustrations. He is also active as an illustrator and writer.

説もあります。

民俗学者の折口信夫《おりくちしのぶ》は、山伏が持つ占いの技術が博打に転化したとして、そこから博徒などのゴロツキが生まれたのだと述べました。山や寺は、俗権力の及ばない場所であったので、取り締まりができず、娑婆《しゃば》で罪を犯した者が逃げ込んできたり、夫婦関係を解消したいと考えた者が駆け込むこともあったようです。いわゆる縁切寺とか駆け込み寺は、そういう役割を担った場所でした。

千葉県で生まれ育った自分にとって、東京湾を挟んだ反対側の神奈川県の山々は、小学生の頃には、夏休みに毎年キャンプに訪れた、楽しい思い出がたくさん残っている場所です。小学生の頃には、丹沢の自然の中で、昔、賭場が開かれていたなんてことは思いもよらないことでしたが、そんな山の歴史を知った時には、丹沢や大山が古くから庶民に愛される場所だったんだな、と、より敬意を感じたのでした。

Long Lasting Festival in KANAGAWA

Mountains & gambling

By Daizaburo Sakamoto (*Yamabushi*)

There is a *rakugo* (Japanese comedic storytelling) program called "Oyama-Mairi." A group of *Nagaya* (long rowhouse) dwellers in Edo were going to go on a pilgrimage to Mt. Oyama with their landlord as their guide. One of them who wanted to visit the temple was a man named Kumagoro, and he was a bad drunk. No one wanted him on the trip, but they eventually relented when Kumagoro promised not to get into a fight with them. However, Kumagoro did get himself drunk and got out of control.

Sekison Daigongen (a Japanese deity) at Mt. Oyama is also known as the "God of Gambling." According to what I heard from an itinerant Buddhist monk that I know, pilgrimages to Mt. Oyama were a fun pastime for the common people of Edo. Those in debt would go to Mt. Oyama at certain times of

神奈川のうまい！

編集長が、取材抜きでも食べに行く店

牛鍋やナポリタンなど、開港時代に生まれた名物も美味《おい》しかったけど、神奈川県の〝うまい！〟の極みは、さらにその先を行って横浜スタジアムの場外ホームラン級。直球もあれば、変化球もある、〝ハマの番長〟もびっくりの、編集部厳選の9品をご紹介。

Favorite Dishes From KANAGAWA

Yokohama's specialties, ever since its port opened up, are certainly delicious. But the unrivaled delicacies that can only be found in Kanagawa Prefecture are so good. Here are nine dishes carefully selected by our editors, some are plain good, while others are deviously so, that would even surprise the "Yokohama's Bancho."

1 FAVORITE オリジナル ハンバーグステーキ

Original hamburger steak

(最初は脂が飛ぶので)ナプキン越しに鉄板を見つめる時間、約60秒。正直待てませんっ！ 2,090円(レギュラーセット)

ハングリータイガー保土ケ谷《ほどがや》本店
神奈川県横浜市保土ケ谷区星川3-23-13　045-333-7023
11:00–21:30(L.O. 21:00) ランチタイム–15:00(平日)
12月31日、1月1日休
hungrytiger.co.jp/location/hodogaya.html
Hungry Tiger Hodogaya　Hoshikawa 3-23-13, Hodogaya-ku, Yokohama, Kanagawa
11:00–21:30(L.O. 21:00) Lunchtime –15:00(weekdays)
Closed on December 31 and January 1

2 FAVORITE 勝烈定食(ヒレ)

Katsuretsu set meal (tenderloin)

「巧藝舎」でお薦めされた名店。棟方志功の"描いた横浜"を観に行くだけでもカチがあります。1,980円

勝烈庵 馬車道総本店　神奈川県横浜市中区常盤町5-58-2
045-681-4411　11:00–21:30(L.O. 21:00 ※状況により変更がある)
年中無休　katsuretsuan.co.jp
Katsuretsu-an Bashamichi Main Store
Tokiwa-cho 5-58-2, Naka-ku, Yokohama, Kanagawa
11:00–21:30(L.O. 21:00 ※Subject to change) Open all year

3 FAVORITE 三崎まぐろのフィッシュ&チップス

Misaki tuna Fish & Chips

城ケ《じょうが》島《しま》で至福のフィンガーフード。トンビに取られないようにと、熱々を頬張りました。864円(レギュラー)

FISHSTAND　神奈川県三浦市三崎町城ケ島658-142　046-881-7222
10:00–16:00 日～水曜休　www.fishstand.jp
FISHSTAND　Jogashima 658-142, Misaki-machi, Miura, Kanagawa
10:00–16:00　Closed on Sundays to Wednesdays

4 FAVORITE ツナメルト

Tuna melt

センス抜群の"市場めし"。自家製ツナととろけるチーズの組み合わせは、記憶に残ります。 715円

調理室池田　神奈川県川崎市宮前区水沢1-1-1 川崎市中央卸売市場北部市場関連棟45　7:00–13:30(L.O. 13:00／土曜 L.O. 14:00)
一般のお客様の市場への入場は8:00から　ランチ11:45–　水曜、日曜、祝日休
chourishitsu.tumblr.com
Chorishitsu Ikeda　Kawasaki City Central Wholesale Market Northern Market Bldg. 45, Mizusawa 1-1-1, Miyamae-ku, Kawasaki, Kanagawa
7:00–13:30 (L.O. 13:00／Saturdays L.O. 14:00)

5 FAVORITE アイス
Ice cream

旅した八百屋だからこそ生まれる“味とりどり”のアイス。
静岡の「手打ち蕎麦 naru」とか予想外！（メニューは季節で変わる）
480円（1スクープ）

青果ミコト屋 / MICOTOYA HOUSE
神奈川県横浜市青葉区梅が丘7-8　045-507-3504
月～金曜 11:00–17:00、土・日曜・祝日 10:00–18:00 木曜休　micotoya.com
MICOTOYA HOUSE　Umegaoka 7-8, Aoba-ku, Yokohama, Kanagawa
Mondays to Fridays 11:00–17:00 Saturdays, Sundays and national holidays 10:00–18:00 Closed on Thursdays

6 FAVORITE 干物ピザ
Dried fish pizza

求めていた“進化系の干物”が、まさかピザ。素材の良さに加えて
創意あるハイレベルなうまい！ 1,000円～

真鶴ピザ食堂KENNY　神奈川県足柄下郡真鶴町真鶴402-1
0465-68-3388　営業時間は要確認
www.facebook.com/manazuru.kennypizza
Manatsuru Pizza Shokudo KENNY
Manatsuru 402-1, Manazuru-machi, Ashigarashimo-gun, Kanagawa
Check opening hours

7 FAVORITE パラダイス酵母ジュース
Paradise Yeast Juice

パンにも使用される酵母（本シリーズ「福島号」参照）のジュースは、
毎日でも飲みたい。 宇宙料金（自由料金550円～）

PARADISE ALLEY BREAD & CO.（パラダイス アレイ ブレッドカンパニー）
神奈川県鎌倉市小町1-13-10　0467-84-7203
月～日曜 8:00– パンが売り切れ次第終了
cafecactus5139.com/paradisealley/
PARADISE ALLEY BREAD & CO.　Komachi 1-13-10, Kamakura, Kanagawa
Mondays to Sundays 8:00– Store will close when breads are sold out

8 FAVORITE ジンギスカン
Genghis Khan

茅ヶ崎の著名人・開高《かいこう》 健《たけし》が好んだ名店。
ずっと変わらない店構えがすでに“うまい”。 450円

ジンギスカン　神奈川県茅ヶ崎市幸町23-16
0467-86-9552　17:00–23:00（L.O. 22:40）　年中無休
Genghis Khan　Saiwai-cho 23-16, Chigasaki, Kanagawa
17:00–23:00（L.O. 22:40） Open all year

9 FAVORITE とんみの
Tonmino

“市民酒場”という歴史に思いを馳せながら
キリンビールとともに。本が完成したら
必ず再訪します。440円

市民酒蔵《しゅぞう》 諸星《もろほし》
神奈川県横浜市神奈川区子安通3-289
045-441-0840　16:30–22:00（L.O. 21:00）
土・日曜・祝日休　twitter.com/SakabaMorohoshi
Shimin Shuzo Morohoshi
Koyasu-dori 3-289, Kanagawa-ku, Yokohama, Kanagawa　16:30–22:00（L.O. 21:00） Closed on Saturdays, Sundays and national holidays

由比小濱出張所
THE BANK

MOTOMACHI
union
MOTOMACHI
union

神奈川県のCD

三崎港で、カフェとドーナツ店を運営する傍ら、実は音楽プロデューサーという異色の肩書きを持つ藤沢宏光さん自らのライナーノーツ。

ワンダフル・ミュージック!

かもめ児童合唱団
(MISAKIDONUTS RECORDS 3,300円)

夕日は昇る　神奈川県の三浦半島最南端・三崎港は、かつて関東屈指のマグロの水揚げ基地として隆盛を極めた港町です。時代は変わり、斜陽の一途をたどる現在もその面影を色濃く残す商店街に、「かもめ児童合唱団」の希望の歌声が響いています。彼らは、幼稚園の年長から中学一年生くらいまでのごく普通の元気な子どもたち。共通しているのは、歌うことが好きだということと、親御さんがかもめ児童合唱団のファンであること。代表の声楽家で、現在82歳の小島晁子先生の指導は恐ろしく厳しい。一生懸命歌っていても、「あなたの歌は逃げている」と、頭ごなしに叩《たた》きのめされ、泣き出す子もいます。自由で伸び伸びとした歌声が魅力のかもめ児童合唱団は、実は鍛えられた特別な子どもたちなのです。彼らは、「夕日は昇る」という歌を歌っています。今、まさに沈みつつある夕日に染まったこの町で、「夕日は、昇る」と歌っているのです。世界で一番きれいな夕日が沈む三崎港で。

CDs of KANAGAWA

Liner notes by Hiromitsu Fujisawa, who has the unusual title of a music producer in addition to running a café and donut store in Misaki Port.

Wonderful Music!
Kamome Children's Choir (MISAKI DONUTS RECORDS, ¥3,300)

The Sun Rises
Misaki Port has long prospered as one of the best tuna fishing bases in the Kanto region. But times have changed, and voices of "Kamome Children's Choir" now resonate in the declining shopping district. These children, hailing from kindergartens to junior high schools, all love singing, and their parents are their fans. Vocalist Choko Kojima is very strict when it comes to teaching them. They are now singing the song "The Sun Rises" right here in this town bathed in the setting sun. At Misaki Port, where one can see the most beautiful sunset in the world.

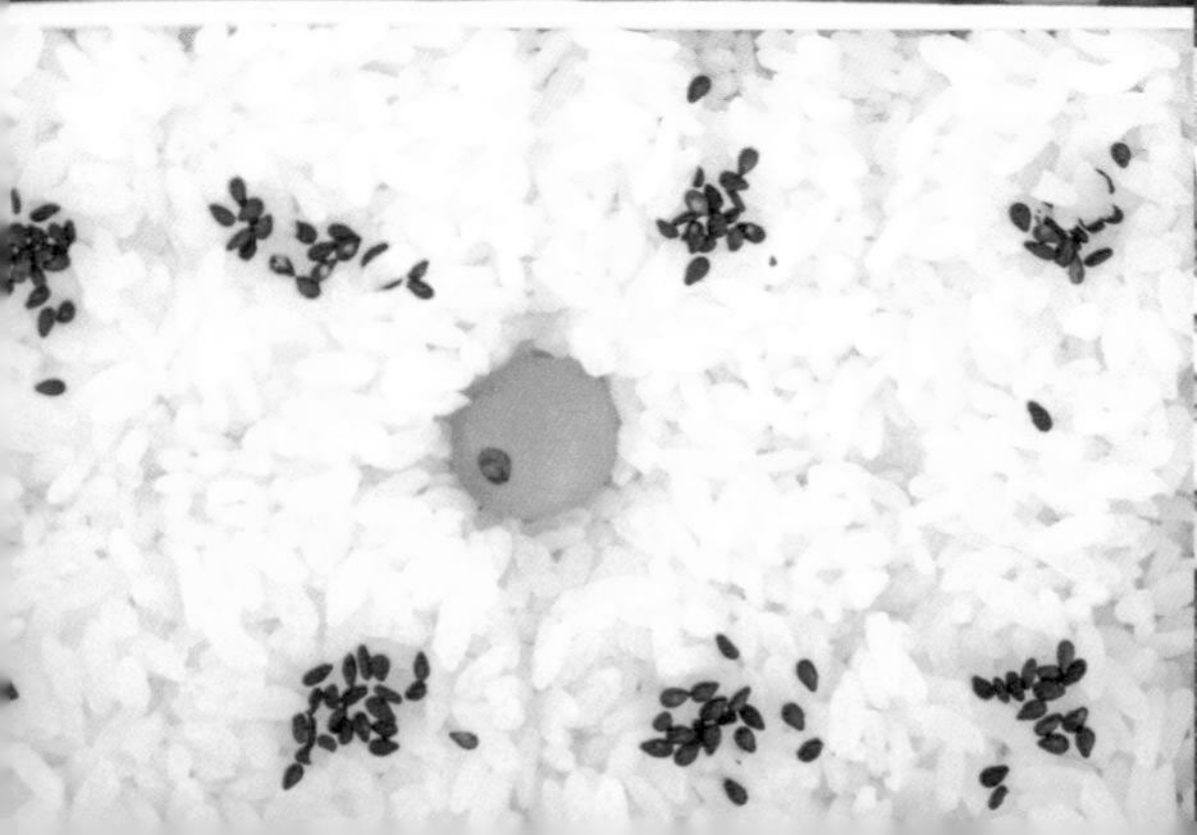

K. S. P. C.
神奈川縣動物愛護會
社團法人帝國競馬協會
牛馬飲水

神奈川県の本

横浜若葉台団地の書店「BOOK STAND 若葉台」店主兼移動本屋「BOOK TRUCK」主宰の三田修平さんお薦めの“神奈川本”。

海街diary

吉田秋生《あきみ》
（小学館　9巻完結
1〜8巻 各 600円、9巻 631円）

古都鎌倉に連綿と続く人々の営みが胸を打つ　近隣の市区町村にやたらと対抗心を燃やすというのは、どの都道府県でもあるのだろう。神奈川県もご多分に漏れず日々競い合っているのだが、こと鎌倉に関してはどの地域も一目置いているような気がする。それもそのはず、海と山に囲まれた圧倒的なロケーションと、日本屈指の深い歴史を併せ持つ、そんなチートな街こそが鎌倉なのだ。『SLAM DUNK』『ピンポン』『教師諸君!!』など、鎌倉や湘南エリアを舞台とした名作漫画は数多くある。その中でもこの地の魅力がぎゅっと詰まった漫画として吉田秋生の『海街diary』をお薦めしたい。鎌倉にある古い和風住宅で暮らす四姉妹を描いた本作は、鎌倉から江ノ島にかけてのリアルな文化や風土、歴史が濃縮されていて、鎌倉にさほど興味がない者も惹きつける引力がある。実在するこの地域のランドマーク的なお店も登場するため、これらを巡ってみるのも楽しいに違いない。

Books of KANAGAWA

“Kanagawa Books” recommended by Shuhei Mita, owner of “BOOK STAND Wakabadai” bookstore in Yokohama Wakabadai Apartment Complex and organizer of the mobile bookstore, “BOOK TRUCK”.

Our Little Sister

Akimi Yoshida (Shogakukan, 9 volumes; Vol. 1–8 at ¥600, Vol. 9 at ¥631)

The ceaseless and moving lifestyles of people in Kamakura

There’s a great deal of rivalry amongst prefectures, but they all seem to concede defeat when it comes to Kamakura. Many masterpiece *mangas* were set in the Kamakura and Shonan areas, and the one that I’d suggest is “*Our Little Sister*”, which talks about four sisters living in Kamakura. The manga is full of the culture and history of the region, from Kamakura to Enoshima. It also features landmark stores that actually exist in the area.Reading a book is very much like taking a walking tour.

神奈川県の味

神奈川定食

相《あい》馬《ま》夕《ゆう》輝《き》
（d47 食堂ディレクター）

※上から、時計回りに
【シュウマイ】
生姜《しょうが》の利いた豚シュウマイと、歯切れの良い海老《えび》シュウマイ。
【マグロの角煮】
マグロの尾身を使った角煮。黒糖でやわらかく煮込む。
【けんちん汁】
根菜と豆腐を基本に、細切り昆布を加えて。
【小田原の十郎梅】
無農薬栽培の「曽我の里農園『和《なごみ》』」の塩漬け梅干し。
【小田原の蒲鉾】
縁起の良い紅白の蒲鉾。
しなやかな弾力と歯切れの良さが特徴。
※中央
【落花生の煮豆】
秦野《はだの》では落花生を甘く煮込む。食感がよく、酒の肴《さかな》にも。

料理　中山小百合（d47 食堂）
写真　山﨑悠次

小田原のもてなし

江戸時代、江戸から京都を結んだ東海道の五十三次は、神奈川では９つの宿場町が形成され、当時から多くの人が行き交う場所であった。小田原の蒲鉾《かまぼこ》はまさに旅人をもてなした料理の一つ。見学に伺った「鈴廣《すずひろ》かまぼこ」では、富士、箱根、丹沢連山からおよそ１００年かけて天然に濾過《ろか》された地下水を使い、プリッとした食感が特徴的なきれいな白い蒲鉾がつくられていた。いとも簡単に空気を抜きながら練り上げ、リズミカルに成形する職人技は見ているだけで楽しめる。また、市街地の外れには「曽我梅林」があり、皮が非常に薄くて繊細な「十郎梅」が育てられている。塩っ気は強いが、実の部分はやわらかくフルーティーなのが印象的な梅干しになり、梅おむすびだけで十分なもてなしになりそうだ。宿場町のあった小田原だけに、旅人たちを受け入れた食文化を感じることができた。

精進料理から生まれた家庭料理

鎌倉では、「けんちん汁」の発祥の地、建長寺に向かった。食材を余すところなく使う精進料

Kanagawa's "Home Grown" Meal

By Yuki Aima (Director, d47 SHOKUDO)

Above photo, clockwise from the top:
***Shumai*: Gingery pork *shumai* and springy shrimp *shumai*.**; **Stewed tuna:** Stewed chunks that uses tuna tail.; ***Kenchin-jiru*:** Generally, a stew of root vegetables and tofu with julienned kelp.; ***Juro Ume* from Odawara**: Salted, pickled plums grown in "Soga No Sato Nagomi Farm" without pesticides.; ***Kamaboko* from Odawara**: Auspicious red and white *kamaboko* with distinctive springy chewy texture.; **Boiled peanuts:** Peanuts boiled with sugar and soy sauce in Hadano.

Hospitality of Odawara
We visited Suzuhiro Kamaboko and found that the key to their beautiful, springy, white *kamaboko* with the distinctive springy texture is the groundwater from Mt. Fuji, Mt. Hakone and Mt. Tanzawa that has been naturally filtered over 100 years. The artisans' skilled kneading and rhythmically shaping (→p. 141)

理の一つで、野菜は皮を剥《む》かず銀杏切りや乱切り、豆腐も手でちぎって入れる。昆布と椎茸の精進出汁《だし》が基本。今回の「神奈川定食」開発メンバーである山田果穂（平塚出身）が、自家製のけんちん汁を旅の途中で持参してくれた。山田家では、細切り昆布を入れる工夫をするようで、旨味《うまみ》もぐっと引き立ち、お母さんの家庭の味による進化形に舌鼓を打った。

豪快な三崎のマグロ食文化

三浦半島を南下すると、隆起した地形一面に、広大な大根畑が広がる。三浦大根で全国的に知られ、正月にほとんどが出荷され、煮炊き料理に重宝される。三浦半島の南端に位置する三崎は、長閑《のどか》な港町になる。マグロ問屋「三崎恵水産」では、世界中から買い付けられたマグロが、マイナス50度の巨大な冷凍庫に保管されている。ちょうど場内に運び込まれていたタイミングに居合わせたが、その豪快な魚体に目を奪われた。かつて地元では、刺し身部位は商売に使われ、その他の部位は副産物として余すところなく煮たり焼いたりして食べたといわれている。地元のマグロ料理店「くろば亭」で、赤身の刺し身は

spreading across the uplifted terrain. Most of the Miura radish is shipped out at New Year's and is highly sought after in stews and cooked dishes. Misaki is a tranquil port town at the southern tip of the Miura Peninsula. I happened to be at Misaki Megumi Suisan, a tuna wholesaler, when the tuna purchased from all over the world was delivered and stored in a huge freezer at -50 degrees Celsius. I was entranced by the glorious bodies of the fish. Locals used to sell the *sashimi* parts and ate the remaining parts as by-products, boiled or grilled.

Yokohama, a chic port town

One can still feel the chicness of those days by walking around the old town, such as the Yokohama Port Opening Memorial Hall and Hotel New Grand. Yokohama introduced many localized Western dishes, such as such as rice gratin, spaghetti Napolitan, and pudding à la mode, to the rest of Japan. Chinese immigrants from all parts of China settled down in Yokohama and formed Japan's largest Chinatown as well. One can eat famous *shumai* with different ingredients and sizes in Chinatown.

相馬 夕輝　滋賀県出身。D&DEPARTMENTディレクター。47都道府県に、ロングライフデザインを発掘し、発信する。食部門のディレクターを務め、日本各地に長く続く郷土食の魅力を伝え、生産者を支援していく活動も展開。また、d47食堂の定食開発をシェフとともに担当し、日々各地を巡る。
Yuki Aima　Native of Shiga prefecture. Representative Director of D&DEPARTMENT INC. He established D&DEPARTMENT which uncovers long life designs in the 47 prefectures of Japan and transmits information of such designs. He is also serving as director of the Food Department, and develops activities to convey the appeal of regional cuisine that has a long tradition in all parts of Japan and to support producers. He is also in charge of set meal development in the d47 SHOKUDO together with chefs, and frequently travels to various regions.

もちろん、珍味と書かれたメニューにあった「眼肉のネギユッケ」「胃袋のアヒージョ」「マグロの角煮」などをいただいた。漁港にある「うらりマルシェ」では、赤身はもちろんそれらの部位も販売されている。

ハイカラな港町ヨコハマ

そして、神奈川の中心部「横浜」は、言わずと知れた世界に開かれた港町である。旧市街を歩くと、「横浜市開港記念会館」や「ホテルニューグランド」など、今でも当時のハイカラさを感じる趣が残る。横浜から日本全国に伝わった日本的な西欧料理は多く、ドリア、ナポリタン、プリンアラモードなどが生まれた。また、中国各地から横浜に移住した華僑が、日本最大の中華街をも形成。「崎陽軒」の「シウマイ」は、今や全国区としても知られるが、中華街のそれぞれの店では、具材も大きさも異なるシュウマイがあり、食べ比べても楽しい。中でも、「山東」の独創的な「ココナッツダレ」には驚かされた。旅人や異文化を受け入れた寛容な神奈川県。歴史を遡《さかのぼ》るといつも旅の楽しみに溢《あふ》れている。独創的でハイカラさがあるのが、神奈川定食だろう。

the *kamaboko* while removing air effortlessly from it is a joy to behold. Also, on the outskirts of the city is Soga Plum Grove that grows "*Juro Ume*," a plum variety with extremely thin and delicate skin. Given that Odawara was once a post town, I could feel the food culture that welcomed travelers.

Home cooking rooted in Buddhist cuisine

In Kamakura, we headed to Kencho-ji Temple, the birthplace of "*kenchin-jiru*" (vegetable stew) – one of the Buddhist cuisines that wastes no ingredients (vegetables are not peeled and tofu is manually crushed into the stew) and basically uses no *dashi* (soup stock) as well. Kaho Yamada, who is from Hiratsuka and one of the members working on this "Kanagawa's Home Grown Meal" segment, brought her homemade *kenchin-jiru* on the trip. Her family added julienned kelp to boost the flavor, and we ate the improved version of her mother's homemade soup with relish.

Glorious tuna-eating culture in Misaki

To the south of the Miura Peninsula lies vast radish fields

編集部が本音でお薦めしたい

神奈川県のおみやげ

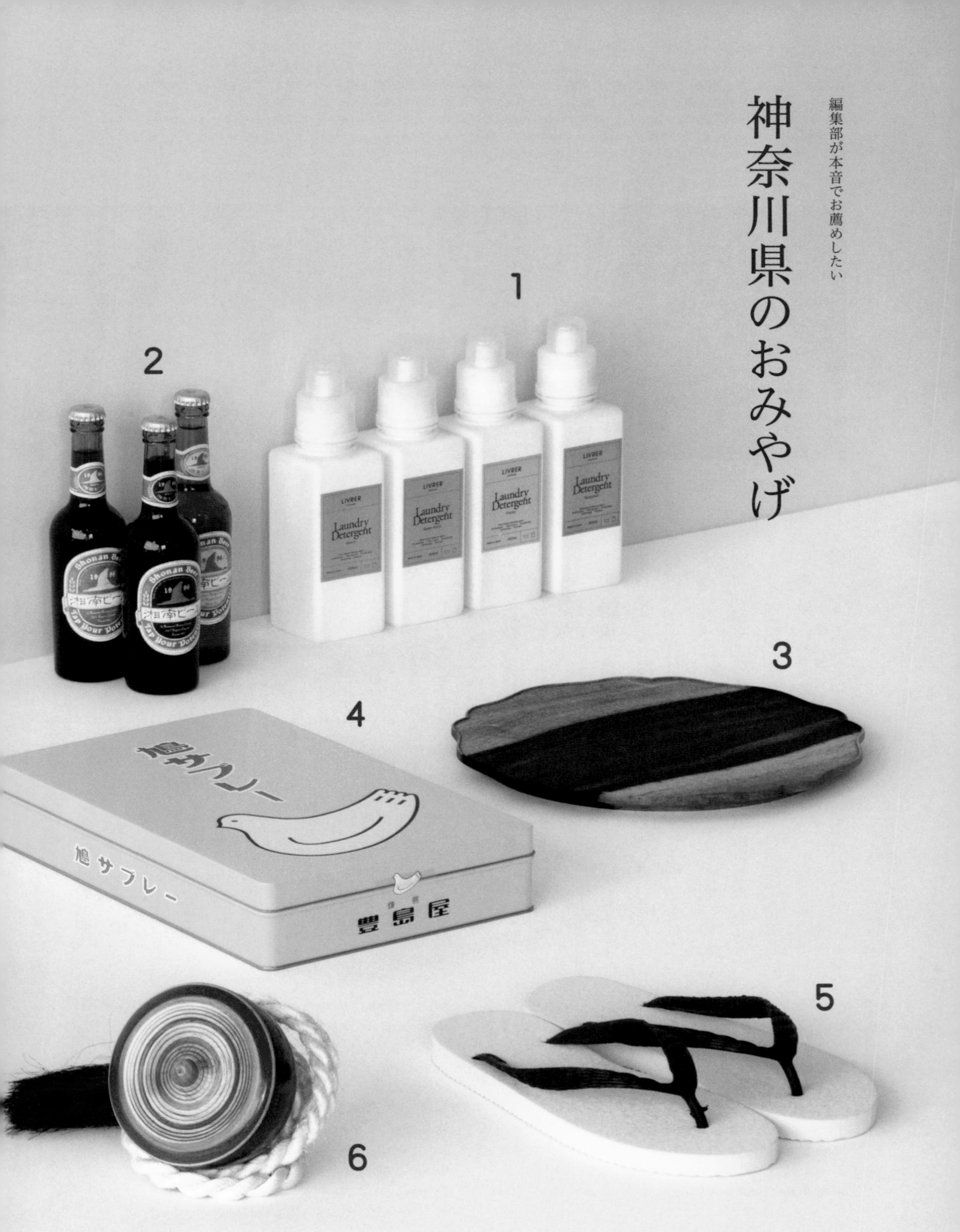

1. LAUNDRY DETERGENT　西洋式洗濯の歴史を知り、現代的な“わかりやすい洗濯”を学んだからには、自宅で試さないわけはない。 各600ml 2,860円　**LIVRER YOKOHAMA**　神奈川県横浜市都筑区すみれが丘20-2　045-624-8320　livrer.co.jp　**LAUNDRY DETERGENT**　600ml each from ¥2,860　**LIVRER YOKOHAMA**　Sumiregaoka 20-2, Tsuzuki-ku, Yokohama, Kanagawa

2. 湘南ビール　日本酒蔵としては黎明期から造られるクラフトビール。時代を感じながら呑むことをお薦めします。 ピルスナー・アルト・シュバルツ 各300ml 550円　**熊澤酒造 蔵元直売所 地下室**　神奈川県茅ヶ崎市香川7-10-7　0467-50-0202　www.kumazawa.jp　**Shonan Beer**　Pilsner; Altbier; Schwarzbier; 300ml each from ¥550　**Kumazawa Brewing Company Brewery Store, Basement**　Kagawa 7-10-7, Chigasaki, Kanagawa

3. 輪花皿　カフェで使って即購入。銀杏や欅、金木犀……さまざまな藤野産の木から「黒柿」の木をチョイス。 黒柿 約30cm 17,600円　**studio fujino (gallery & cafe)**　神奈川県相模原市緑区牧野3613　studiofujino.com　**Floral-shaped wooden plate**　*Kurogaki* (old persimmon tree); Approx. 30cm ¥17,600　**studio fujino (gallery & café)**　Magino 3613, Midori-ku, Sagamihara, Kanagawa

4. 鳩サブレー　鶴岡八幡宮のお膝元で誕生した銘菓は、今や日本の“サブレー界”を牽引。編集部満場一致のデザイン土産です。 16枚入・缶 2,160円　**鎌倉豊島屋 本店**　神奈川県鎌倉市小町2-11-19　0467-25-0810　www.hato.co.jp　***Hato* sablé (Pigeon-shaped cookies)**　16 pcs/can; ¥2,160　**Kamakura Toshimaya Main Shop**　Komachi 2-11-19, Kamakura, Kanagawa

5. ビーチサンダル　天然ゴムを使用した“育てるビーサン”。神奈川県のビーチに行く度に、この店で買うと決めていました。1,250円　**げんべい商店 一色店**　神奈川県三浦郡葉山町一色1464　www.genbei.shop　**Beach sandals**　¥1,250　**Genbei Shoten Isshiki-store**　Isshiki 1464, Hayama-machi, Miura-gun, Kanagawa

6. 大山こま　回る姿も可愛い縁起物のこま。こんな大きいのが回るの？と疑って買ったけど、回る回る！ 40号(12cm) 4,800円(麻紐)　**金子屋支店**　神奈川県伊勢原市大山585　0463-95-2262　www2s.biglobe.ne.jp/~ooyama/　**Oyama spinning tops**　Size 40 (12cm); ¥4,800 (hemp cord)　**Kanekoya Branch Shop**　Oyama 585, Isehara, Kanagawa

7. 和漢のチャイ(左) 和漢のミントティー(右)　漢方初心者の編集部でしたが、お裾分けにもこの2つを購入。舌で味わうことも生薬ならでは。 各3g×7包 1,296円　**漢方 杉本薬局**　神奈川県鎌倉市大船1-25-37　0467-46-2454　sugimoto-ph.com　***Wakan* Chai tea (left); *Wakan* Mint tea (right)**　3g×7 sachets/bag; ¥1,296　**Chinese herbal medicine, Sugimoto Pharmacy**　Ofuna 1-25-37, Kamakura, Kanagawa

8. 鉄打出片手中華鍋・パイプ柄 お玉　世界でも最大規模の中華街を支えるキッチンツール。お玉と一緒に使えば料理の腕が上がる気がします。 中華鍋 (1.6mm 30cm ハンマー跡付き) 5,940円、お玉(小) 1,540円　**山田工業所**　神奈川県横浜市金沢区福浦1-3-29 (直売所なし)　www.d-department.com　**Hammered iron round bottom wok (1.6mm thick; 30cm wide); Iron light handle wok ladle (small)**　Wok (with hammer marks) ¥5,940; ladle ¥1,540　**Yamada Kogyosho**　Fukuura 1-3-29, Kanazawa-ku, Yokohama, Kanagawa (no retail store)

9. オリジナルブレンド dimanche 中深煎り　シーズンごとに楽しいブレンドもありますが、まずはこれ。いつもの“湘南”を感じてみてください。 200g 1,650円　**café vivement dimanche**　神奈川県鎌倉市小町2-1-5 櫻井ビル1F　0467-23-9952　dimanche.shop-pro.jp　**Original blend dimanche -medium- dark roast coffee**　200g ¥1,650　**café vivement dimanche**　Sakurai Bldg. 1F, Komachi 2-1-5, Kamakura, Kanagawa

10. シウマイ弁当　横浜駅とともに歩んできた会社の名物弁当。横浜で買うと紐で結んである。900円　**崎陽軒本店ショップ**　神奈川県横浜市西区高島2-13-12 1F　045-441-8827　kiyoken.com　***Shumai Bento***　¥900　**Kiyouken Main Store**　1F, Takashima 2-13-12, Nishi-ku, Yokohama, Kanagawa

Photo : Yuji Yamazaki

12

11

11. 港商《こうしょう》スカジャン　もとはアメリカ人のために作られた横須賀お土産ですが、日本人だってかっこよく着たい。 Mid 1940s Style Wool Gabardine × Acetate Souvenir Jacket "YOKOSUKA DRAGON" × "JAPAN MAP" 101,200円 **MIKASA** 神奈川県横須賀市本町2-7 046-823-0312 sukajyan.com **KOSHO Suka-jyan**(Embroided satin jackets) Mid 1940s Style Wool Gabardine × Acetate Souvenir Jacket "YOKOSUKA DRAGON" × "JAPAN MAP" ¥101,200 **MIKASA** Honcho 2-7, Yokosuka, Kanagawa

12. 和紙はがき 富士山　実は富士山が一番綺麗に見えるのは神奈川県だってこと編集部は知っています。一枚一枚型染めされ、手作業ならではの味わいがある。 各660円 **型染工房たかだ** 神奈川県足柄下郡湯河原町吉浜1902-36 0465-62-8020 (要連絡) takada-katazome.com ***Washi*(Japanese traditional paper) postcards – Mt. Fuji** each from ¥660 **Katazome Takada** Yoshihama 1902-36, Yugawara-machi, Ashigarashimo-gun, Kanagawa

13. あげかま　伝統の「かまぼこ」を楽しく味わう、木の葉・ごま丹・えび扇・ひさご・白梅の5種。特に炙ると感動的でした。 10枚入 1,296円 **鈴廣蒲鉾本店／鈴なり市場** 神奈川県小田原市風祭245 0120-07-4547 www.kamaboko.com ***Agekama*** 10pcs/pack; ¥1,296 **Suzuhiro Kamaboko Main Shop / Suzunari Market** Kazamatsuri 245, Odawara, Kanagawa

14. まぐろコンフィ - まぐろ屋さんのごちそうツナ -　今まで知らなかったのが悔しいほどに濃厚なツナ。観光地化されても三崎のマグロは最高です。 200g 950円 **FISHSTAND** 神奈川県三浦市三崎城ヶ島658-142(FISH&CHIPS) 046-881-7222 www.fishstand.jp ***Maguro* Confit – Tuna feast from Tuna Shop** 200g ¥950 **FISHSTAND** Jogashima 658-142, Misaki-machi, Miura, Kanagawa(FISH&CHIPS)

15. オモヒイレ(左)・重し(右)　箱根土産の伝統的工芸品「寄木細工」で唯一購入。他の工房にはないアイデアが素敵。 オモヒイレ 5,060円、重し3,960円 **OTA MOKKO** 神奈川県小田原市板橋179-5 0465-22-1778 ota-mokko.com ***Omoiire*(left); Paperweights(right)** *Omoiire* ¥5,060; Paperweights ¥3,960 **OTA MOKKO** Itabashi 179-5, Odawara, Kanagawa

16. かもめ児童合唱団のCD　毎週土曜、三崎銀座通り商店街には、元気な歌声が響いています。お気に入りの楽曲をお土産に。『海に向かって歌う歌』3,300円 **MISAKIDONUTS RECORDS** 神奈川県三浦市三崎3-4-10(ミサキプレッソ) 046-882-1680 **CD by Kamome Children's Choir** Songs Must Facing the Ocean ¥3,300 **MISAKIDONUTS RECORDS** Misaki 3-4-10, Miura, Kanagawa

17. 新型カキノタネ　金型からデザインまで"オール日産自動車"という楽しい柿の種。全車コレクションしたい気持ちを我慢して食べました。 82g 600円 **龍屋物産株式会社** 神奈川県伊勢原市田中803-1(直売店) 0463-95-4388 www.tatsuyabussan.co.jp **New *Kaki-no-tane* snack** 82g ¥600 **TATSUYA BUSSAN Co., Ltd.** Tanaka 803-1, Isehara, Kanagawa(retail store)

18. 甘橘山コールドプロセスソープ　桐箱の中には、「江之浦測候所」内で農薬不使用で栽培されたレモンの石鹸。柑橘は柑橘でも、こういうお土産も嬉しい。 90g 4,400円 **株式会社植物と人間** 神奈川県小田原市江之浦 info@syoku-nin.com(連絡先) syoku-nin.com **Kankitsuzan cold-processed soaps** 90g ¥4,400 **Shokubutsu to Ningen, K.K.** Enoura, Odawara, Kanagawa

19. 特選あじ 袋入真空パック　小田原名物・干物は毎日だって食べたい。種類が豊富で迷ったならば、まずは「あじ」を。600円 **himono stand hayase** 神奈川県小田原市本町3-12-21 090-3168-1291 hayasenohimono.com **Specially selected horse mackerel(vacuum-packed)** ¥600 **himono stand hayase** Honcho 3-12-21, Odawara, Kanagawa

LIST OF PARTNERS

095

小田原ごきげんマップ／株式会社旧三福不動産　神奈川県内で、実際に配布されているデザインあるフリーペーパーをご紹介するお馴染みのコーナー。今回、ご登場いただいたのは、小田原のちょっと〝おっ！〟となる賃貸・売買物件を扱う不動産会社「旧三福不動産」が、発行する『小田原ごきげんマップ』。「ごきげん時々いいかげん」を、行動指針と掲げる不動産屋なのですが、実は〝神奈川県一頼れる不動産屋さん〟と、僕は、断言します。このマップを頼りに、実際に小田原の素敵なお店を巡ったことは、言うまでもありません。

93estate.com

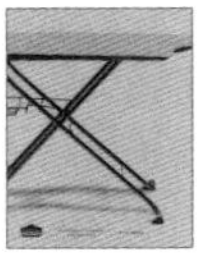
193

サイトウ・アイロン・ボード／株式会社クロスドッグ　いち早くテーラーやクリーニング店が生まれた横浜で、大正初期に創業したクロスドッグ。衣類がフィットするように四方を曲面にデザインし、掛け心地の良さを追求。平らなアイロン台よりも軽い力で掛けることができ、アイロン掛けの時間を楽しみにしてくれます。そして、2022年には、アイロン台の常識を覆した黒色を発売。商品のしわが際立ってよく見え、アイロンがけのポイントがわかりやすい。スタイリッシュで編集長もお薦め。

saitoironingboard.jp

Back Cover

BRUNO／ダイアテック株式会社　京都に本社を構える、自転車の製造・卸会社。スイス人のブルーノ・ダルシー氏と共同開発した小径車「BRUNO」に乗って旅をする編集部「お気に入りの一本道」を連載中。今号は、世界の窓口・横浜港にある山下公園前、ホテルニューグランドからも見えるイチョウ並木の道を駆け抜けました。赤れんが倉庫や、みなとみらい地区、さらには、野毛の繁華街まで、BRUNOがあればひとっ飛び。「e-hop」や「e-tool」なら、箱根の山だって、超軽快！

www.brunobike.jp

GORG
EL 045 321 3
OPEN Tue - S

YOKOHAMA
RED BRICK
WAREHOUSE
No.1
3F HALL
2F SPACE

デザイナーのゆっくりをききたい

連載 50

ふつう

「自分というふつう」

深澤直人

最近ふつうになったことは何だろう、と周りの人に聞いてもなかなか出てこない。異常なことばかりだから当然かもしれない。

大学で教えていると、授業に出てこない学生が多くいる。コロナ禍が続いているからなおさらなのかもしれないが、なぜ出席しないかという質問の答えが、「ちょっと心が苦しいとか、落ち込んでいて」といったものが多くなってきている。当たり前になっているくらいである。そう言われたら、「なんで？　理由は？」とかいうことは聞けないのである。オンラインの授業に顔を出すことも強要はできないし、欠席を咎《とが》めることもできない。

我々が子どもの頃は、欠席や遅刻は、「寝坊したとか、お腹が痛いとか、熱があるとか、風邪ひいた」といったような嘘か本当かわからなくても、言い訳は単純なものだった。しかし最近は、心の不調を訴えるのがふつうになってきた。

執着することは、あまり人に感動を与えない。だから特別な出来事より、日々の小さな出来事に些《さ》細《さい》な感動をするような時代が来ないかと思う。

さて日々の些細な感動とは何だろう。美《お》味《い》しいコーヒーが飲めることも結構ふつうになってきた。喫茶店という休憩場所は、チェーンのコーヒー

Futsuu **(Normal): The Ordinaries to Us**

When I ask people around me what has returned to normalcy these days, they find it hard to give me an answer. Perhaps it is only natural, since so many strange things have happened.

At the university that I'm teaching, many students do not show up for classes. Maybe it's because of the ongoing Covid pandemic, but more and more of them say that they are not attending classes because they are "a little nervous or worried," or they are "feeling down." And this is becoming the norm now. Yet I cannot ask them the whys and wherefores. I can't force them to show up for their online classes, and I also can't blame them for their absences.

Back when I was a child, the "reasons" – be it lies or excuses – given for being absent or late were straightforward, like "I overslept" or "I caught a cold." But nowadays, more and more are starting to complain of mental health issues.

Being fixated on something doesn't really move people's hearts. So, I wonder if the time will come when people will be moved by the everyday, trivial things rather than special events.

Now, what would be the everyday, trivial, (→p. 151)

ショップに変わったかと思いきや、仕事や勉強の場に変わった。ぼーっとするということに感動できたらいいなと思う。昔はそうだった。

　最近まで近所にあった喫茶店の名は「芝生」で、アーチ状の入り口のドアが懐かしかったが閉めてしまった。お茶を飲むという休憩を意味することが、ふつうになればいいなと思う。暇という時間の費やし方が、ふつうになればいいと思う。暇になってスマホからバーチャルな世界に入り込んだりするのも、ふつうにはなってきたが、それがもう習慣になってしまった。電車の中もコーヒーショップもベッドの上もスマホ場になってきてしまった。確かにその中に莫《ばく》大《だい》な興味の対象が詰まっていることは間違いないが、あくまでも情報の検索だったり、人との短い語り合いだったりする。

　日々の小さな感動を探したい。

　私はデザインが趣味みたいなものだから、ものが出来上がると大きな喜びとなる。別にデザイナーでなくても「ものを作ること」に手で作るということは、けっこう楽しくてあっという間に時間が過ぎていく。料理なんかもそうかもしれない。ヨガや健康のために歩いたり走ったりすることも結構ふつうで楽しい。

very moved by the back of a person running alone. I think, "Oh, this person lives alone just like me." And it's okay to be physically alone too, just like how easy it is for us to join a group or gather.

I think it's good and quite normal to value being an individual. And when individuals come together, unexpected things may occur. That is how the world works. The balance between spending time with individuals and good friends, and hanging out in groups, may be a happy way to spend our time. Let us enjoy being "individuals," by ourselves. I believe this would bring forth the everyday, trivial moments.

It feels like everyone is over-connected; this creates a chaotic society and confusing information. You'll naturally feel and think by yourself if you are alone. You'll know what is right for you. Feeling by yourself is wonderful.

Let's not live by the information we get from others. Let's feel with our hearts, not our heads; we'll naturally be guided in the direction that feels good to us. Let's live happily on our own. That is not isolation. To me, that is creation and the atom of happiness. Let's learn to recognize the ordinaries in our lives.

深澤 直人　プロダクトデザイナー。世界を代表するブランドのデザインや、国内の大手メーカーのコンサルティング等を多数手がける。2018年「イサム・ノグチ賞」など、国内外での受賞歴多数。著書に、『Naoto Fukasawa EMBODIMENT』(PHAIDON出版)、『ふつう』(D&DEPARTMENT出版)など。2012年より、「日本民藝館」館長。

Naoto Fukasawa　Product designer. Fukasawa has designed products for major brands in Europe, America and Asia. He has also worked as a consultant for major domestic manufacturers. Winner of numerous awards given by domestic and international institutions, including 2018 Isamu Noguchi Award. He has written books, 'Naoto Fukasawa EMBODIMENT' (PHAIDON). Since 2012, he is the Director of Nihon Mingei-kan (The Japan Folk Crafts Museum).

夜遅くに公園を走っていると、一人で走っている人の後ろ姿になぜかとても感動する。「ああこの人は一人で生きている」と共感する。群れるとか集まるということが簡単になっただけに、フィジカルに一人になることは悪くない。

個という単位を大切にすることは結構いいふつうだと思う。個が集まって思いもよらない創発が起こる。それが世界というものである。個と、仲良しな人と群れ遊ぶことの両立が、幸せの過ごし方ではないだろうか。個という一つの単位を楽しもう。それが日々の些細な感動を生み出すことになるのではないだろうか。

みんな繋《つな》がり過ぎのような気がする。それが混迷する社会や情報を生み出している。個でいれば自《おの》ずと感じ、自ずと考えるようになる。何が自分に合っているかがわかるようになる。自分で感じることは、素晴らしい。

人からもらった情報を鵜《う》呑《の》みにして暮らすのはやめよう。頭ではなく体で感じよう。そうすれば自分がいいと感じる方に自然に導かれていくような気がする。自分で細々と幸せに暮らそう。それは決して孤独とは違うだろう。それこそが創造であり幸せの最小単位な気がしてきた。自分というふつうに気づこう。

touching moments then? Even having a cup of delicious coffee has become quite ordinary. Cafés – once a place for people to take a breather – turned into coffeehouse chains, and now, a place for people to work and study.

There was once a café in my neighborhood called "Shibafu" with a fondly-remembered arched entrance, but they have recently closed down. I wish that drinking a cup of tea will become a normal way of taking a break. I wish we could spend our free time in a normal way. Entering the virtual world from one's smartphone in one's spare time has not only become commonplace, but a habit as well. The trains, the cafés, and even our beds, have become places for smartphones. It is true that smartphones grant us access to a virtual place packed with vast, interesting topics. But it is no more than a tool for searching information or making brief conversations with people. I'm looking for the everyday, trivial moments.

Because I am somewhat interested in design, it gives me great joy when I create something. Even if you're not a designer, it's pretty fun to make things with your hands, and the time flies by as well. Cooking can be like that too. Yoga, or walking and running for health, are also fun activities that are rather ordinary.

When I'm running in the park late at night, I'm somehow

D&DEPARTMENT ORIGINAL GOODS

産地の個性でオリジナルグッズをつくっています。

1

2

3

4

5

6

7

8

1. Long Life Plastic Project 2023 プラスチックマグカップ / 4,950円　プラスチックを一生ものとして、みんなで大切に使うプロジェクト。マグカップの2023年カラー。　**2. d 202 BACK POCKET SHIRT・ネイビー** / 17,600円　シャツとジャケットの間として使える、ガーデニングなどの作業に最適な背ポケット付きのワークウェア。　**3. コットンガーゼストール・レッド** / 11,000円　遠州産地でゆっくりと織られた生地を使用。軽やかで風通しの良いストール。　**4. MUSICA TEA スペシャリティ セイロン for D&DEPARTMENT** / 1,610円〜　老舗紅茶専門店「MUSICA TEA」堀江さんとスリランカの旅で巡った産地の茶葉をブレンド。
5. 泡盛 暖流・オリジナルラベル / 1,400円〜　たくさんの方に泡盛の魅力を知ってほしいという想いでデザインを手がけたオリジナルラベル。　**6. ファクトリークッション PU** / 13,200円〜　ものづくりの現場（ファクトリー）で廃棄されてしまう価値ある素材を再利用したクッション。　**7. BALCONY TABLE** / 66,000円　公園にある木製ピクニックテーブルを、2人掛けのコンパクトサイズにしたバルコニーテーブル。　**8. オリジナル靴箱・婦人** / 2,090円　靴箱の型で作ったボックスにD&DEPARTMENTのロゴを箔押し。2023年の限定色は「キャメル」。

お問い合わせは、店頭または www.d-department.com

D&DEPARTMENT PROJECT
FRIENDS

47 REASONS TO TRAVEL IN JAPAN

002
青森
AOMORI

みしまサイダー
青森県八戸市白銀1-8-1
0178-33-0411(八戸製氷冷蔵株式会社)
www.8-seihyo.co.jp

地元の人のための商品を　きつめの炭酸、レトロなラベル、王冠で閉じたガラス瓶の「みしまサイダー」は、1922年の発売からこの地域の人に愛され続けている。この「みしまサイダー」を製造するのは、1921年創業の「八戸製氷冷蔵株式会社」。製氷事業と冷蔵事業を始めて、清涼飲料事業は地域にあった会社から事業を譲り受けた。「もともと地元で流通し、消費されてきた飲料だから、変える必要がなかっただけなんです」と、八戸製氷冷蔵の橋本俊二常務は話す。三島に湧く水はミネラル分を多く含み、サイダー作りに適していたため、以前は八戸市内ではいくつかの清涼飲料工場があったが、今では自販機の普及などで減少。「何世代にもわたり、昔ながらのサイダーを懐かしんで飲んでくださる方がいるのが嬉《うれ》しい。これからも変えずに続けていきたい」と橋本常務は話してくれた。

(髙坂 真／のへの)

001
北海道
HOKKAIDO

拓真館
北海道上川郡美瑛町拓進
0166-92-3355
www.takushinkan.shop

3世代にわたって続くフォトギャラリー
丘のまち・美《び》瑛《えい》町《ちよう》は美しい景色の宝庫で、北海道の人気の観光地の一つ。日本の風景写真の第一人者として知られる前田真三氏もその景色に魅せられ、数々の風景写真を残してきた。1987年に廃校となっていた小学校跡を利用してフォトギャラリー「拓真館」を開館。広大な敷地内には1000本以上の白樺の回廊や、ラベンダー畑があり散策するのも楽しい。現在は、長年撮影に同行し助手を務めていた前田真三の長男である写真家の前田晃氏と、孫でアートディレクターの前田景氏が「拓真館」のリニューアルを進め、改めて魅力を発信している。2021年には同敷地内にレストラン「SSAW BIEI」がオープン。前田真三の代表作である丘の風景にちなんだ「丘スープ」など、美瑛の風景のように美しい料理を堪能できる。

(山田曜子／ D&DEPARTMENT HOKKAIDO)

004
宮城
MIYAGI

NOZOMI PAPER®
宮城県南三陸町歌津伊里前325-2
0226-25-8200(のぞみ福祉作業所)
www.nozomipaperfactory.com

幸せな手仕事　南三陸町の「NOZOMI PAPER Factory」は、障がいのある方々が営む紙工房だ。全国の支援者から届く牛乳パックやリサイクル原料を、手作業で分解して紙漉《す》きし、イラストを活版印刷したポストカードや名刺を販売している。分解が得意な人、絵を描くのが得意な人など、多様な人が集う福祉施設で、皆で仕上げる1枚の紙は温かさに溢《あふ》れている。「仙台七夕まつり」で使われた後の七夕飾りや、珈琲屋で出る出し殻のアップサイクルにも取り組み、機械では再利用できない素材の可能性を見出している。工房のディレクターを務めるデザインユニット「HUMORABO」が「福祉は幸せという意味を持っている」と言うように、手仕事を通じて幸せな仕事を創り続けている。宮城県内の雑貨店を中心に販売しているため、見つけたらぜひその感触を確かめてほしい。(岩井 巽／東北スタンダードマーケット)

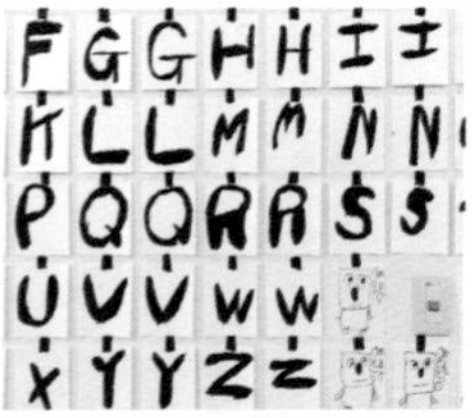

Photo : Ami Harita

003
岩手
IWATE

北のクラフトフェア
kitanocraft.com

北の地で待ち望まれたフェア
2022年に初開催された「北のクラフトフェア」。選考委員(皆川明さん、三谷龍二さん、日野明子さん、ナガオカケンメイさん、F/styleの五十嵐恵美さん・星野若菜さん、光原社 川島富三雄さん)たちが厳選した、約100組の作家たちが、岩手公園芝生広場で作品展示・販売を行なった。会場は、盛岡市と「ミナ ペルホネン」による複合施設「ホホホの森」の建設予定地。コロナ禍において計画が模索されていた中「ハードの建物前提ではなく、ソフトの一つであるクラフトフェアから始めてみよう」という皆川明さんの思いに賛同した有志によって実行委員会が結成された。つくり手でも自治体でも企業でもない、街を愛する市民により生まれたフェアは、周囲で食や音楽の関連企画を生み、街全体に多幸感をもたらした。誕生に立ち会えたことを光栄に思う。(佐藤春菜／編集者)

006

山形

YAMAGATA

白鷹町立図書館

山形県西置賜郡白鷹町荒砥甲833

0238-87-0217

lib-shirataka.wixsite.com/home

共有するもののあるべき姿　「白鷹町立図書館」は、白鷹町役場と併設した、まちづくり複合施設。白鷹町《しらたかまち》は、町全体の約65パーセントが森林にもかかわらず、戦後植林されたスギが活用されず山が荒れていたため、再び木材を活用し、緑の循環を目指そうと、この施設が建てられた。建材に使われたスギ材の約75パーセントに町産木材を使っており、館内はスギの香りに包まれている。壁や棚や階段にも、ふんだんに木材が使用され、ゆったりと過ごすことができる。また、図書館司書による愛が伝わる図書館だ。お薦めの本には、1冊ずつ丁寧に手書きPOPが貼られており、つい足を止めてしまう。その光景に、本だけではなく、推薦者の思いまでも一緒に届け、町全体でそれを共有しているような気がした。私は白鷹町民ではないが、あの空間が大好きで何度も訪れている素敵な図書館である。(仲舛 なずな／学生)

005

秋田

AKITA

秋田市文化創造館

秋田県秋田市千秋明徳町3-16

018-893-5656

akitacc.jp

創造と交流を生む開かれた施設　千秋《せんしゅう》公園の入り口に建つ「秋田市文化創造館」は、藤田嗣治(レオナール・フジタ)を支援した資産家、故・平野政吉の構想により設立された、旧「秋田県立美術館」(平野政吉美術館)をリニューアルし、2021年3月に開館した。印象的な屋根の円窓は、藤田による大壁画『秋田の行事』を展示する空間に、光が降り注ぐよう設計されたもの。美術館機能の移転により閉館したが、市民運動により利活用が検討され、物語の一端が残された。現在は市民やアーティストが表現を行なう場になっている。休憩などにも自由に来館でき、訪れた目的とは異なる出来事に触れられる、開けた空間であることが一つの特徴。館内に留まらず、街を回遊する企画も度々催《もよお》され、老若男女の思いがけない交流を生み出している。ホームページで筆者連載の『秋田の人々』も読んでいただけたら嬉《うれ》しい。(佐藤春菜／編集者)

Photo：Takugo Miwa

008
茨城
IBARAKI

むぎとろ古民家すずず

茨城県水戸市見川5-114
029-253-0509
blancoproducts.co.jp/suzu

Pass the baton 築70年超の古民家を改築し、2011年3月にオープンした「むぎとろ古民家すず」。この店の主役は、もちろん「とろろ」だ。笠間産の上質な自《じ》然薯《ねんじょ》を使用し、きめが細かく、ふくよかな風味が魅力。県産食材のポテンシャルを最大限に引き出す、料理人の丁寧な手仕事も光る。お薦めしたいのは「麦とろ水戸膳」。笠間産の自然薯をはじめ、地場産の惣菜や納豆料理など、茨城ならではの食が楽しめる。笠間焼や大子《だいご》漆《うるし》のおひつなどの美しい器にも注目したい。趣ある店舗空間はアイアンアーティストの山田圭一さんが手がけたもので、宮大工造の美しい意匠が今も大切に残されている。「世代を問わず、茨城の美味《おい》しいとろろを楽しんでほしい」と話すのは、オーナーの荻谷真司さん。洗練された和の空間と滋味深い料理で、日々の暮らしに潤いを与えてくれる。（国井 純／ひたちなか市役所）

007
福島
FUKUSHIMA

会津葵

福島県会津若松市追手町4-18
0242-26-5555
aizuaoi.jp

菓子で知るその土地の物語 良き旅の思い出とともに持ち帰る、土産物を買うのなら、その土地らしさを思い起こさせてくれる逸品を選びたい。老舗《しにせ》が多くある会津にある「会津《あいづ》葵《あおい》」は、まさにそんな希望を叶えてくれる菓子舗だ。会津の象徴ともいえる赤べこや、街中で目にする「べろくん出し」と呼ばれる会津唐人凧《とうじんだこ》などを題材にした菓子を創案し、会津藩御用達の茶問屋を系譜に持つ「会津葵」。特色ある手作りの菓子の中でも、特に僕が惹《ひ》かれたのが、起き上がり小法師《こぼし》を形そのまま菓子にした「小法師」。店主いわく、新春の風物詩「十日市」に並ぶ起き上がり小法師は、会津三縁起の一つで、家族の人数より、一つ多く買い求めて神棚に飾り、無病息災・家内安全を祈るのが会津地方での慣習とのこと。美味《おい》しさとともに、その土地の物語を伝える郷土色豊かな菓子も、僕にとっては旅の楽しみの一つだ。（原田將裕／茅ヶ崎市役所）

010 群馬 GUNMA

白井屋ホテル
群馬県前橋市本町2-2-15
027-231-4618
shiroiya.com

Photo：©Shinya Kigure

「めぶく。」前橋の新たな象徴　2008年に廃業を余儀なくされた「白井屋旅館」は、前橋再生の新たなビジョン「めぶく。」の象徴として2020年に「白井屋ホテル」として生まれ変わった。建築家・藤本壮介氏を中心とする世界的なクリエーターたちが集い創り出した新たな存在は、多くの人々の目を前橋に向けさせるだけでなく、市民の意識を変化し続けている。上毛かるたに「県都前橋 生糸《いと》の市《まち》」とあるが、前橋の生糸が日本の近代化に大きく寄与し、現在の礎となったことを今の若い人たちは殆《ほとん》ど知らない。「白井屋ホテル」には多くの人たちの心を惹《ひ》きつける何かが存在している。それは一流のアーティストたちの作品や、洗練されたデザインをその場で体感できるだけでなく、私たちがミライに紡いでいかなければならない「前橋人」としての気概を、その不動の姿に感じるからだ。（渡邉辰吾／ SOWA DELIGHT）

009 栃木 TOCHIGI

上澤梅太郎商店
栃木県日光市今市487
0288-21-0002
tamarizuke.co.jp

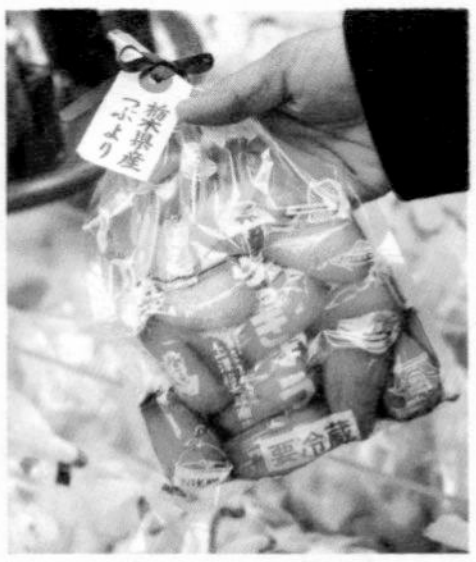

たまり漬始まりの地へ
「上澤梅太郎商店」は、会津西街道と日光街道が交わる宿場町・今市《いまいち》で約400年続く名家。先々代の当主、上澤梅太郎が味噌の副産物の「たまり」を使用したたまり漬を考案し、日光名物として広まった。看板商品のらっきょうは、艶のある曲線、頭とお尻のグラデーションが見事。口に入れるとパリシャキの歯応えと甘口のたまりのコク。飯《めし》に合わせると引き立て合う。聞くと、地元産の採れたてをすぐ塩漬けにし、たまり漬にしたのち毎朝蔵出ししている。あえて非加熱にすることで、あの食感を守っているのだという。隣に構える朝食専門店「汁飯香の店 隠居うわさわ」で感覚を研ぎ澄まし、店では旅土産として、ごぼう、ふきのとう、なすのたまり漬をたんまり買い込む。近くの酒造で酒を仕入れて晩酌すれば、栃木県日光を味わう喜びが込み上げる。（福井 晶／発酵デパートメント）

012
千葉
CHIBA

チーズ工房【千】sen
千葉県夷隅郡大多喜町馬場内178
fromage-sen.com

日本独自のクラフトチーズ　2014年に大《おお》多《た》喜《き》町《まち》でチーズ工房【千】senを開業した柴田千代さん。18歳でチーズ職人を志し、大学卒業後に北海道とフランスで修業。修業時代に「日本独自のチーズを開拓したい」と、強く思ったそう。彼女のチーズへの探究は、まさしく研究者のごとく真剣そのもの。芯の強さと志、夢を追い続ける彼女はいつも健やかで晴やか。そんな彼女が作り出す日本独自のクラフトチーズは、「Japan Cheese Award 2016」銀賞を受賞した「竹炭」をはじめ、約10種類に及び、月に一度、第1日曜にオープンする店には客が絶えない。【千】は訓読みで「ち」。「ち」は「数えきれない」という意味も持つ。柴田さんは「数えきれない微生物と人への感謝」も、この店名に込めたのだろう。柴田さんは、チーズで、日本を、世界を笑顔にする。
（菅野 博／安房暮らしの研究所）

011
埼玉
SAITAMA

Bibli
埼玉県さいたま市大宮区高鼻町2-1-1
bibli.jp

「Bibli」が示す埼玉の未来　半世紀にわたり地域の人々から親しまれている、旧「さいたま市立大宮図書館」をリノベーションした「Bibli」。さいたま市の観光、地域ビジネス、発信拠点と3つの役割がこの施設にあるが、その真ん中にあるのが「自転車」だ。埼玉県は自転車発祥の地であることに加え、「Bibli」の運営に関わる松原満作氏が、大人も子どもも楽しめる自転車運動会「バイクロア」を毎年開催し、全国展開していることが大きい。さらに「Bibli」内には、「バイクロアストア」をはじめ、「コエドブルワリー」によるオーガニック八百屋「ORGANIC & CO」や、埼玉県幸手市内にある有名パン店「cimai」が手がけた「ｋｉｃｏ」に加え、オルタナティブなシェアプレイス「ハムハウス」など、新しい埼玉が詰まっている。突き抜けたセンスと、底抜けの明るさを感じられる場所だ。

（加賀崎 勝弘／ PUBLIC DINER）

014

神奈川

KANAGAWA

茅ヶ崎市開高健記念館
神奈川県茅ヶ崎市東海岸6-6-64
0467-87-0567
www.kaiko.jp

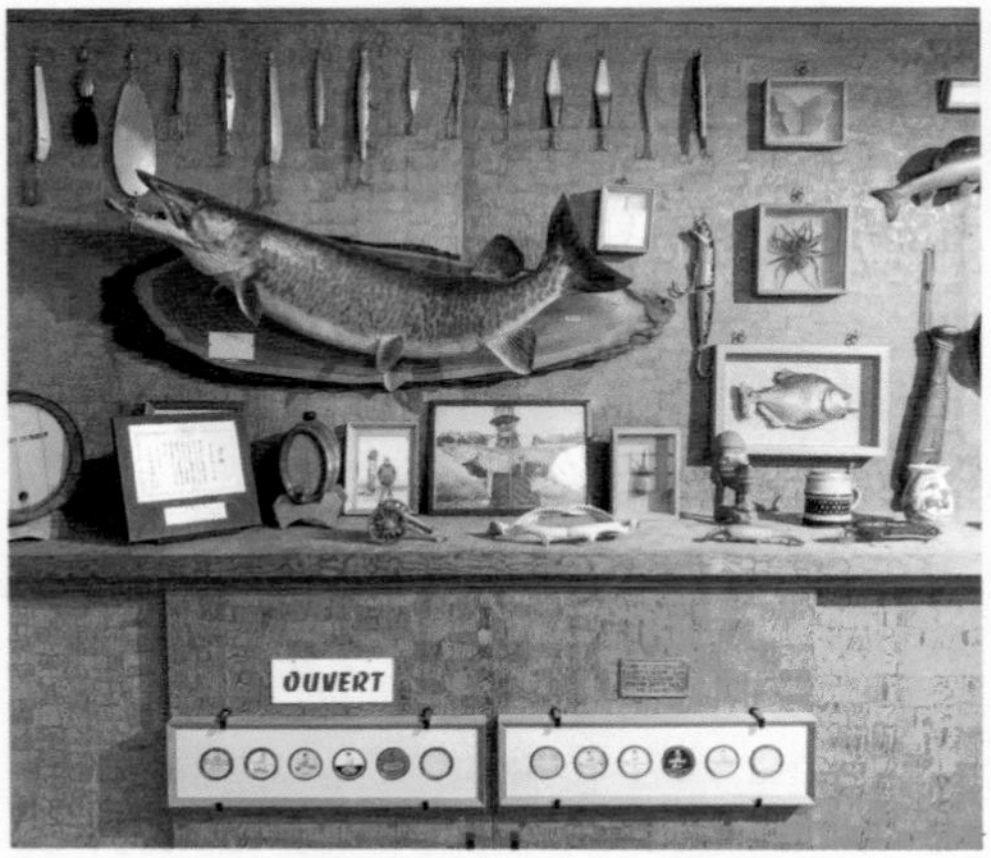

ゆかりのグルマン　小説家として活躍し、晩年を茅ヶ崎で過ごした開高健。壽屋（現サントリー）宣伝部在籍時に、イラストレーター・柳原良平と手がけたPR誌『洋酒天国』やトリスウイスキーの広告は、今も語り継がれる名作だ。「開高健記念館」として公開されている自邸では、数々の作品とともに、当時の生活風景に触れることができる。湘南海岸の近く、えぼし岩を望むラチエン通りに居を構え、茅ヶ崎の暮らしを満喫していた開高健。食や酒、釣りをこよなく愛した異色の作家は、一日の執筆作業を終えると、近所の水泳教室に通い、行き帰りには馴染みの店に寄ることを習慣としていた。ジンギスカンに、蕎麦や鮨。今も続く、グルマン・開高健が好んで通った乙な店を、当時の足跡を辿るように巡ってほしい。文化と美食が同時に味わえる、欲張りな茅ヶ崎観光がお薦めだ。（原田將裕／茅ヶ崎市役所）

015
新潟
NIIGATA

MARUESU Kaku-Uchi
新潟県糸魚川市横町1-1-4
025-552-0127

新しい角打ちスタイル　糸魚川《いといがわ》駅から徒歩で約10分ほどの場所に、「マルエス酒店・マルエス醤油味噌醸造店」がある。その店内に設けられた全8席のシンプルな角打ちカウンター。角打ちと言えど、ここで提供される料理に驚かされる。石鯛《いしだい》や鯖《さば》、平目など、地元を主に県内外から仕入れた鮮度の高い魚を中心とした「おまかせ酒肴《しゆこう》」のみで、10皿ほどの料理が次々と登場する。その調理法もさまざまで、神経抜き、血抜き、熟成など、素材に応じて調理方法を変え、美味《おい》しさを最大限に引き出している。また、合わせる醤油も、料理に合わせてアレンジされていて、味の変化に毎回感動する。角打ちで提供される酒は、店主の斉藤昌彦さんが自らプロデュースしたオリジナルの地酒をはじめ、全国の地酒がずらりと並ぶ。少し足を延ばしても行きたくなる店だ。（貴堂敦子／D&DEPARTMENT TOYAMA）

013
東京
TOKYO

TOKIYA
東京都目黒区五本木2-53-12
03-6383-1803
www.instagram.com/totaroiimura

東京の今を感じるサンクチュアリ　肩書きは「独学料理人、月曜画家、草野球選手」という店主の飯村藤大郎さん。「TOKIYA」は、藤大郎さんと妹さんが営む小さな一軒家レストラン。およそ築50年という建物を改装した空間には、飯村さんのアーティスティックなセンスが光る。印象的なキッチンの壁は「1960年代の壁紙をデンマークのコレクターから譲り受けたもの」と、教えてくれた。藤大郎さんの創作料理は「蝦夷鹿《えぞしか》、牡蠣《かき》、海苔《のり》のクレピネットに、ジャクソン・ポロック柄のソース」など、意表を突く素材の組み合わせが面白く、思わず写真を撮りたくなる色彩の一皿。また「鯖《さば》と苺《いちご》とパセリのテリーヌ」は、絵画のような美しさ。五感を刺激する料理をワインと共に心地よく楽しむ。ここは、私にとって東京の「今」を感じるサンクチュアリである。（山口 奈帆子／D&DEPARTMENT PROJECT）

017

石川 ISHIKAWA

Alembic 大野蒸留所
石川県金沢市大野町4-ハ17
alembic.jp

金沢のクラフトジン

金沢市の郊外、小さな港町を訪ねると、歴史を重ねた赤い扉が迎えてくれる。「Alembic大野蒸留所」のある大野町は、藩政期から醸造業が栄え、今も醤油醸造業者が軒を連ねる発酵食の町で、白山からの地下水が湧き出す稀《まれ》な土地でもある。中川俊彦さんは神奈川県でビールの醸造家として研鑽《けんさん》を積み、2018年にこの町へ移住。蒸留所を立ち上げ、2022年にクラフトジン「HACHIBAN」をリリースした。白山水系の伏流水を使った優しい口当たりで、クロモジなど和のボタニカルが香り、さわやかな甘露。私のお薦めはジンリッキー。白山に自生する植物を探して山道を、中川さんと一緒に歩いたことが懐かしく、呑《の》むたびにその時に見た森や水、そして日本海の光景を思い出す。素直な良い風味は、和食の食中酒としても秀逸だ。

（山本耕平／株式会社ヤマト醤油味噌）

016

富山 TOYAMA

熟成寒の汐ぶり
富山県魚津市港町3-1
0765-22-0954
（株式会社ハマオカ海の幸）
shiomon.com

発酵が広げる美味《おい》しさ　豊かな漁場で知られる富山湾。富山に来たら新鮮なお刺し身を食べたい！という気持ちもあるが、加工品だって負けてはいない。「加工するからこそ、引き出せる美味しさがある」。そう話すのは富山県の東の港町、魚津にある海産物加工メーカー「ハマオカ海の幸」の浜岡愛子さんだ。「汐ぶり」は、丸々と太った鰤《ぶり》に塩をすり込み熟成させた発酵食品。神事にも使われる由緒ある伝統食品だが「ハマオカ海の幸」では、これを生ハムのようにスライスした商品を販売している。まろやかな塩味で、寒鰤ならではの脂身が旨《うま》みに変わり、刺し身とはまた違った美味しさ。昔は保存のために発酵させたが、素材の旨みを引き出すのも発酵の力。流通も保存の技術も発達した現代だからこそ、伝統と発酵、素材の美味しさを捉え直す、海産物王国富山の提案だ。

（進藤仁美／ D&DEPARTMENT TOYAMA）

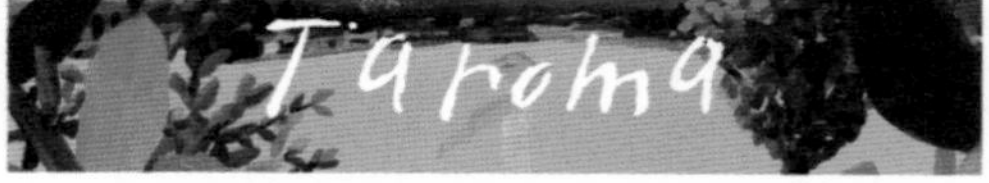

018
福井
FUKUI

錦古里漆器店
福井県鯖江市河和田町19-8
0778-65-2233

練達の漆器職人たちの変化への心構え　「錦古里《きんこり》漆器店」は創業90年以上の老舗《しにせ》漆器店。「TSUGI」と同じ施設内に工房を構えており、ベテラン漆職人の錦古里正孝・正二兄弟の手仕事を見学できる。工房ではオリジナル製品のほか、漆器などのデッドストック品も販売。漆を漉《こ》した紙で作る「箸置きのようなもの」は特に人気。週末には漆塗りのワークショップも開催し、錦古里さんから直々にレクチャーを受けられる。職人仕事の傍ら、新しいことにチャレンジしていく錦古里さんらの背中から、産地として生き残るために、変化していく覚悟が必要なのだと、日々学ばせていただくことが多い。ちなみに、兄の錦古里正孝さんは、話し上手ですぐ人と打ち解けるキャラクター。弟の正二さんは少しシャイな雰囲気だが、慣れてくるとおはぎをくれたりと、とても温かい人たち。ぜひ2人を訪ねてほしい。(新山直広／TSUGI)

019
山梨
YAMANASHI

澤田屋
山梨県甲府市中央4-3-24
055-235-1331
kurodama.co.jp

四季の移ろいに合わせた菓子　創業100年を超える、地域の和菓子屋として親しまれている「澤田屋」。山梨の手土産として、多くの人に愛されているロングセラーな菓子「くろ玉」が誕生したのは、1929年のこと。青えんどう豆を煮て練った「うぐいす餡《あん》」に、粒の食感を残した青えんどう豆を加え、それらを小さく丸めたものに、黒糖羊羹《ようかん》でコーティングがされている。優しい2つの甘みが、お互いの美味《おい》しさを引き立てる、この地域の昔ながらの銘菓だ。珈琲に合わせてもピッタリで、今の時代になっても幅広い世代に愛されている。また、春は「いちご玉」、夏は「檸檬《レモン》玉」、秋は「くり玉」、冬は「ショコラ玉」と、季節を感じることのできる素材の玉菓子もお薦めだ。すべてが手づくりで、本当に美味《おい》しいものを食べてほしいという、職人たちの想いが詰まっている。(土屋 誠／BEEK)

021 岐阜 GIFU

カマドブリュワリー
岐阜県瑞浪市釜戸町3154-3
0572-51-2620
camado.jp

東濃《とうのう》の風土薫るビール　2020年12月、岐阜県東濃エリア初のクラフトビール醸造所として誕生した「カマドブリュワリー」。瑞浪市《みずなみし》釜戸町《かまどちょう》生まれの東恵理子さんと、多治見市でまちづくり事業に関わってきた岡部青洋さん、そして故郷の中津川市をはじめ、各地で25年余の醸造家歴を持ち“クラフトビール界のレジェンド”と呼ばれる丹羽智さんが立ち上げた醸造所が、全国のビール愛好家から熱い注目を集めている。「やっとかめエール」や「かんこうIPA」を筆頭に、生み出すビールは実に自由で多様だ。豪雨で倒れた御神木の枝で香り付けしたペールエール、釜戸町で発掘された化石パレオパラドキシアの名を冠したヘイジーIPAなど、東濃の風土や物語を織り込んだビールも続々とリリース。併設のビアバー「HAKOFUNE」では、美濃焼のマグに注がれるビールで乾杯を。（高野直子／リトルクリエイティブセンター）

020 長野 NAGANO

コミュニティ cafe まる屋
長野県東御市八重原1807
芸術むら公園内
090-1112-6283（小林）
maruya-yaehara.com

のんびり過ごしたくなるカフェ　長野県東御《とうみ》市の「芸術むら公園」で週末のみ営業（冬季は休業）し、地元食材を使った天然酵母パン、おやき、ワンデイシェフによるランチなど、地域の季節の味を提供している。信州産小麦を100パーセント使用したカンパーニュや、ライ麦パンが特にお薦め。目の前の「明神池」を眺めながらゆっくり食べるのも良い。園内の芝生広場では、ヨガなどのイベントも行なわれ、地域の活性化を目指し、地元の方々の自己表現やコミュニティの場として親しまれている。地域の人たちが関わって運営しているイメージだが、観光客がふらっと立ち寄っても、すんなり溶け込めるような雰囲気がある。かつての公園管理事務所を改装した店舗は、独特な趣を持っている。ここで長時間のんびりと過ごしたい気持ちになるのは、店の佇《たたず》まいや、来客への対応が、自然で心地良いからなのだろう。（轟 久志／トドロキデザイン）

023

愛知

AICHI

合名会社中定商店
愛知県知多郡武豊町小迎51
0569-72-0030
ho-zan.jp

木桶《きおけ》3年熟成のたまり醤油　武豊町には、現在5軒の「たまり味噌蔵」がある。江戸時代には200軒以上あった酒蔵が減少し、酒蔵で使われていた蔵や木桶を再利用して、たまり醤油と豆味噌を造り始めた。味噌玉の大きさや、石の重さの違いで「八丁味噌」とは違った味わいがある。また、昔からこの地域では豆味噌から滲《にじ》みでた汁を「たまり醤油」として販売していた。「中定《なかさだ》商店」では、豆味噌とたまり醤油をそれぞれ別の桶で造っていて、桶に筒を入れて滲み出た、たまり醤油を汲《く》みだし、上にかける（汲みかけ）ように醸造を行なうことで、旨味をより高いものにしている。さらに明治時代から使い続けている、高さ2メートルの木桶に棲む良質な菌の働きにより、味わいに深みが増す。味噌蔵の歴史を感じる貴重な道具や資料も展示され、味噌仕込みの体験教室などを通して、その歴史を伝えている。（原 久美子／d news aichi agui）

022

静岡

SHIZUOKA

駿府教会
静岡県静岡市葵区相生町15-1
054-255-0001
sunpukyokai.org

思考に耽《ふけ》る場　通行人の目を釘づけにするブラッシルバーの建築。建物の角に備えられたエントランスの上に、十字架がシックに掲げられていることを見ると「そうか、ここは教会なのだな」と、皆気づくのだろうか。穏やかな静岡であっても、どこかにそっと一人で身を寄せたい時に行きたくなる憩いの場として、僕は真っ先にこの「駿府教会」を挙げたい。「駿府教会」は静岡鉄道、日吉駅から徒歩で約2分のところにあり、2008年に建築家・西沢大良《たいら》氏の設計で完成。教会内には自然光が差し込み、説教者の肉声の「音」が心地よく礼拝堂内に伝わっていく。個人的には、ガルニエ社製ポジティフオルガンの奏でる調べの中で、思考に耽ることをお勧めしたい。「信仰」の有無を問わず、まずはその空間美に触れてもらいたい。（本村拓人／ Media Surf Communications）

025

滋賀
SHIGA

近江佃煮庵 遠久邑
滋賀県近江八幡市多賀町400
0748-32-7833
okumura-tsukudani.com

鮒寿しを進化させていく　1970年創業、滋賀県の琵琶湖の湖魚《こぎょ》を使った佃《つくだ》煮《に》屋「奥村佃煮」の「近江佃煮庵 遠久邑《おくむら》」。滋賀県に長く続く発酵食品「鮒寿し」や、小鮎などの湖魚を使った佃煮などの製造販売を行なっている。「鮒寿し」は琵琶湖の固有種であるニゴロブナを塩漬けした後、お米と一緒に乳酸発酵させて、長期保存を可能にする伝統的な熟鮓《なれずし》の製法である。子持ちの雌が持つ優しい味わいに加え、「奥村佃煮」では雄の鮒寿しも製造している。食べ比べると力強い雄ならではの味があるのが特徴だ。かつて『d design travel SHIGA』でも紹介した、「湖華舞《こかぶ》牧場」の「つやこフロマージュ」やブルーチーズを、雄鮒の腹の中に詰めて発酵熟成させたりと、新たな鮒寿しの可能性を模索している。伝統発酵食品のアップデートにも挑戦し、進化を続けることで文化を守っているのだ。（相馬夕輝／ D&DEPARTMENT PROJECT）

024

三重
MIE

shokudo & cafe osse
三重県伊勢市神薗町454
0596-68-9149
www.instagram.com/osse_ise

地域のコミュニティーと食を紡ぐ姉妹の食堂　東京・経堂《きょうどう》から移転した伊勢出身の姉妹・奥山奈津子さん、知佳子さんが営む食堂カフェで、店名は「お伊勢さん」に由来。管理栄養士の観点から三重の食材をバランスよく使った料理が人気で、週替わりの「今日のごはん」を求めて地域の人が集まる。店主の奈津子さんは「健康な食事に本当に必要な要素は、塩分やカロリー計算だけでなく、誰が何を大事にして、どんな想いでつくっているかを知ること」と教えてくれた。奥山さん姉妹は、地域の生産者たちとのコミュニティーを広げ、その食材を地域で消費し循環させている。10周年の節目には『裏 osse』と名づけた手作りのZINEを発売。カルチャーの発信から、地元農家の野菜直売まで、幅広い活動とギャップが面白く常若《とこわか》でクリエイティブな姉妹から、これからも目が離せない。（高田弘介／ D&DEPARTMENT MIE）

027
大阪
OSAKA

アクアイグニス関西空港 泉州温泉
大阪府泉佐野市りんくう往来北1-23
072-463-1600
aquaignis.jp/kanku

心地よい距離感　大阪市内から車で約1時間。関西国際空港の対岸に位置する海と、飛行機が見えるリゾート型日帰り温泉「アクアイグニス関西空港」が2019年にオープン。施設の露天風呂からは大阪湾、関空連絡橋、その向こうには、関西国際空港をはじめ、離発着する飛行機を眺めながら入浴が楽しめる。食事処「青庵《せいあん》」では、新鮮な魚介類などを中心とした和食をゆったりと楽しめる。海側の全面ガラスも開放的で気持ちが良い。「りんくうプレミアム・アウトレット」をはじめ、多数の人気商業施設に隣接するも、「りんくうタウン駅」を挟んだ、反対側の比較的落ち着いたエリアに位置しているため、他の大型銭湯とはまた違った、くつろぎの空間だ。スタッフの接客もマニュアルっぽさはなく、かといってフレンドリーになり過ぎない。適度な距離感が心地いい日帰り温泉だ。(石嶋康伸／ナガオカケンメイのメール友の会・管理人)

026
京都
KYOTO

Shop & Gallery 竹生園
京都府長岡京市天神2-15-15
錦水亭竹生園内
075-925-5673
takano-bamboo.jp/shop/chikubuen.php

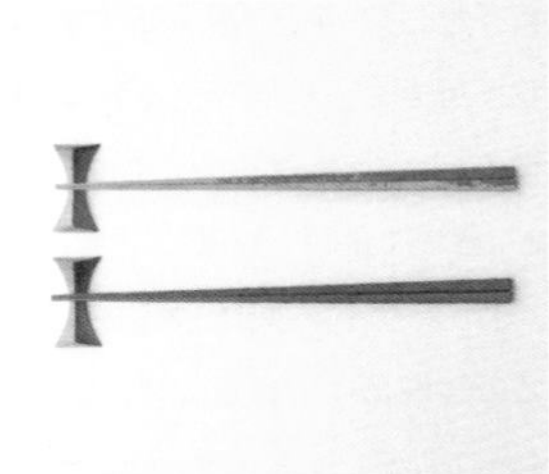

竹と向き合い手仕事の技術を伝え続ける　「高野竹工」は竹の産地として知られる長岡京市で、1968年に創業。良質な竹の育成から伐採、製品の加工までを一貫して行なう。もとは創業者の不窮斎《ふきゅうさい》高野宗陵氏が戦前から続く竹工芸店に生まれたことから始まる。日々現場で竹林を管理する「伐《き》り子」と、漆や蒔絵《まきえ》、指物などのさまざまな職人が在籍し、竹の表情を活かした茶道具から日用品まで、幅広いものづくりを行なう。「Shop & Gallery 竹生園」は、1970年の大阪万博を記念して建てられた、趣のある旧旅館で美しい竹林が印象的。ここでは竹製品を中心とした商品の販売に加え、ワークショップや展示会も開催。育成から商品化までを換算すると、実は10年以上もの年月がかかる竹の世界。身近にありながら、意外と知らない竹の生態系や、取り巻く環境について知ることができる。(下野文歌《しものふみか》／ D&DEPARTMENT KYOTO)

029

奈良 NARA

まほうのだがしやチロル堂
奈良県生駒市元町1-4-6
0743-61-5390
tyroldo.com

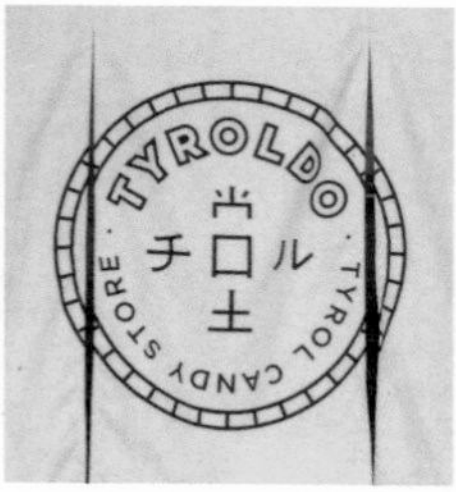

「まほうのだがしやチロル堂」の魔法　奈良県生駒《いこま》市に、ちょっと変わった駄菓子屋ができた。店内にはもちろん駄菓子があり、その奥には10席ほどの食堂がある。特徴的なのは、店先には、子どもだけが1人1日1回だけ回せる「ガチャ」があること。「ガチャ」を回すと出てくるのは、店内だけで使える通貨「チロル」だ。この「チロル」を使って子どもたちは、100円分の駄菓子や、カレーやジュースなど好きな物が買える。大人が普通の価格で買うものを、子どもたちは“魔法の力”で、とてもお得に買い物ができてしまうのだ。それは、大人の買い物に含まれる「チロる」という寄付によって成り立っている。貧困や障がいなど、地域で助けが必要な人たちに、スマートにその助けが届くようデザインされた魔法の仕組みによって、「チロル堂」はこの地域の中で貴重な、子どもたちの居場所として、連日賑《にぎ》わっている。（坂本大祐／合同会社オフィスキャンプ）

028

兵庫 HYOGO

√595
root595.com

Photo：Yuna Yagi（Atelier NOW/HERE）

香りのルーツを探求する　兵庫県淡路島は、江戸時代よりお香の生産が始まった場所で、今でも日本一の生産量を誇る。√595は、香木・沈香《じんこう》が淡路島に漂着した595年に由来し、「薫り」のルーツを紐解きながら、現代の暮らしにあった独自の香りの在り方を提案しているインセンスブランド。淡路島を拠点に活動している作家の和泉侃《いずみかん》さんがディレクションし、創業約130年の「薫寿堂」が、開発・製造を担当。2022年5月、ブランドの由来でもある素材に着想を得た「Jinkoh」、お香では製造難度の高いみずみずしさを表現した「Humidity」、漢方の処方に基づいた「Soothe」の、3つの香りを販売している。淡路の人々により、淡路で生まれたお香は、これから100年、1000年先まで、香りの文化を紡いでいくだろう。（毛利優花／フリーランス）

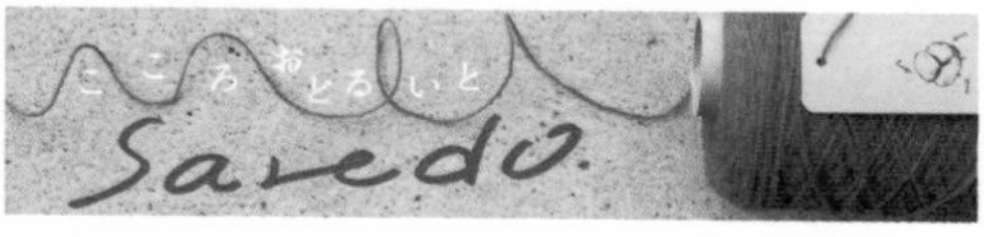

031

鳥取

TOTTORI

チロリン村
鳥取県倉吉市上井313
0858-26-4660

その土地の日常に触れる旅　山陰有数の美しい街並み、“暮らし良し”という言葉に由来を持つ倉吉を旅していると、蔦《つた》に覆われた鬱蒼《うつそう》とした建物が目に留まった。高い天井の仄《ほの》暗い店内、窓から差し込む光が美しい「チロリン村」は、地元で愛されるレストランだ。僕が入った開店直後は人も疎《まば》らだったが、程なくして、学生や会社員、家族連れなどが続々とやって来る。名物の大盛りパスタを食べながら、流れているのは皆が思い思いに過ごすそれぞれの日常の時間。旅や観光と言うと、毎日の暮らしとは反対に、非日常の特別な体験のようにも思う。その土地ならではの景色や個性は、よそ者の僕らの目には新鮮で面白いものとして映るけれど、そこに暮らす人々からしてみれば、いつものことで、日常なのだ。旅先のそんな日常の光景を、視点を変えて観ることもデザイントラベルの楽しいところ。（原田將裕／茅ケ崎市役所）

030

和歌山

WAKAYAMA

かんじゃ山椒園
和歌山県有田郡有田川町宮川129
0737-25-1315
www.sansyou-en.com

山村での暮らしを未来に繋《つな》ぐ　日本有数の山椒の生産地である有田川町清水地域。「ぶどう山椒《さんしよう》」と呼ばれ、大粒の実をつけ爽やかな香りを持つ山椒が、この地では古くから大切に栽培されてきた。この地域で生まれ育った永岡冬樹さんは、ぶどう山椒の良さを改めて感じ、2006年、ぶどう山椒の生産から加工、販売、カフェ営業まで行う「かんじゃ山椒園」を立ち上げた。山椒が持つ本来の価値を伝えるため、品質に拘《こだわ》り、丁寧な手作業で納得のいくものを作り続けている。近年は、ヨーロッパなど海外でも高い評価を得ており、星付きレストランのシェフが、清水地域まではるばる訪ねてくることもあるという。「地元の人口が減り、山や畑が荒れていく様子は寂しい。かんじゃ山椒園は、人が自然と調和し快適に暮らせる、最先端で持続可能な村づくりの実践の端緒となれば」と永岡さんは話す。（天津 やよい／フリーランス）

033
岡山
OKAYAMA

岡山ゲストハウスいぐさ
岡山県都窪郡早島町前潟615-1
086-454-8610
igusagh.com

泊まって地域のものづくりを味わう　早島《はやしま》の静かな住宅街を歩いていると、立派な日本庭園と、その奥に武家屋敷のような大きな木造家屋が目に留まる。ここ「岡山ゲストハウスいぐさ」は、築約60年の古民家を改修した、昭和の趣が残る宿だ。早島は畳の原料になる、い草で栄えた町であり、この宿では、そんな早島のい草を使ったコースターなどの手織り体験ができる。最盛期よりも生産量が落ちてしまった早島のい草産業を盛り上げようと、若い担い手が、い草を使った今の暮らしにあった民藝《みんげい》的なものづくりや、地域の在り方を模索していることが感じられる。この地域は干拓地で、古い木造の建物も多く残っていて、町を散策しながら地元で愛されている店で夕食をとるのも、早島を感じられる楽しみ方の一つ。ゲストハウスの台所で朝食をいただいていると、まるでその地域に暮らしているかのような気持ちになれる。
(とつ ゆうた／ CIAL)

032
島根
SHIMANE

MASCOS HOTEL
島根県益田市駅前町30-20
0856-25-7331
mascoshotel.com

街のカルチャーが生まれるホテル　島根県西部の空の玄関口、萩《はぎ》・石見《いわみ》空港のある益田市。「ビジネスよりもクリエイティブでいたい」。その思いで作られた「MASCOS HOTEL」が体現するのは宿泊施設の域を超えた、新しいカルチャーの発信だ。ホテルが位置するのは、個人経営の居酒屋やバー、スナックが立ち並び、地元住民や観光客、出張中のビジネスマンが行き交う町の中心地。併設されたバー＆ダイニングでは音楽やトークイベントが行なわれ、地元を活気づけている。ホテルのインテリアや、空間デザイン、プロダクトは、益田市や近隣地域の窯元や家具職人、縫製メーカー、和紙職人などとともに対話を重ねながら拘《こだわ》って制作。この土地の文化を吸収し、新しい価値として洗練されたホテルは、この場所にしかない本物に触れる体験を提供している。(玉木愛実／津和野まちとぶんか創造センター)

石見神楽東京社中
IWAMIKAGURA TOKYO PROJECT

035
山口
YAMAGUCHI

ふぐ懐石 garden
山口県下関市西大坪町4-23
083-227-4400
garden-fugu.com

ふぐ料理で堪能する伝統と革新　坂の上の白壁の内側は、昭和初期に建てられた築80年を超える屋敷と庭が広がる。この建物に惚《ほ》れ込んだ建築家のオーナーが借り受けオープンした、ふぐ懐石の店だ。下関の伝統的なふぐ料理に風穴を開け、下関の食の文化を次の世代に繋《つな》いでいきたいと想いを強める。メニューは基本の「とらふぐコース」、「炙《あぶ》りふぐコース」と、それらの両方を楽しめる「ガーデンコース」の3つ。圧倒される建築美とそれに負けない料理の数々に心が躍る。「雁木《がんぎ》」や「獺祭《だっさい》」など、山口の地酒と一緒に味わうひと時は格別だ。料理長は、フィンランドやロシアの日本大使館などで腕を振るい、センスを磨いて下関に戻った元公邸料理人。北欧で見聞きし感じた体験が料理のエッセンスに盛り込まれており、新しいふぐ料理の世界を魅せてくれる。
(安本 みゆき／プランナー)

034
広島
HIROSHIMA

天仁庵
広島県呉市音戸町引地1-2-2
0823-52-2228
tenjinan.jp

温もりの連鎖　赤い音戸大橋の袂《たもと》にある「天仁庵」は、音戸町《おんどちょう》で約130年続く呉服店として営んできた。5代目の数田祐一さんにより、家族で紡いできた、島での心豊かな営みの記憶を大切に、カフェと雑貨・衣類のお店として、地元の人が集う場所へと生まれ変わった。カフェ「Café Shunpu」では、倉橋島近海で捕れる新鮮な魚や、音戸の食材を使った美味《おい》しい家庭の味がいただける。安芸《あき》いりこ・かつお・昆布のお出汁《だし》と、ご飯に合う「ちりめんふりかけ」は、自宅でも食べれるようにと商品化されている。雑貨・食品の棚には、こだわりの紅茶と作家の器が並ぶ。ここにいると温かな気持ちになるのは、数田さん家族が長年呉服店を営む中での出会いや、家族の絆を大切にしていて、その温もりを、ここを訪れる人にお裾分けしてくれているからかもしれない。(今田 雅／ CARRY on my way 44)

037

香川

KAGAWA

讃岐かがり手まり保存会
香川県高松市観光通2-3-16
087-880-4029
eiko-temari.jp

針一本、糸一筋から続く手仕事　香川県はその昔、讃岐国《さぬきのくに》と呼ばれており、温暖で雨の少ない気候ならではの特産物である、木綿、塩、砂糖が、江戸時代より「讃岐三白」として名を馳《は》せていた。その一つ、草木で染めた木綿の糸を一針一針かがってつくった郷土玩具が「讃岐かがり手まり」だ。手まりの芯となる籾殻《もみがら》を薄紙で包み、優しい色合いの木綿糸で薄紙が見えなくなるまで巻き、その上にかがることで幾何学的な模様を生み出す。戦後途絶えかけていた讃岐地方の手まりづくりは、約30年に及ぶ調査、研究を重ね復活。1983年に「讃岐かがり手まり保存会」が発足され、現在では元幼稚園だった場所を改装した工房で、町の景色を残しながら技術を残すための創作を続けている。針と糸の手仕事で生み出す模様は、女性の手から手へ受け継がれてきた技法。一針一針、思いを込めてかがり、今もその技術を伝えている。（門脇 万莉奈／d47 MUSEUM）

036

徳島

TOKUSHIMA

曲風園
徳島県三好市山城町上名196
0883-84-1103
kyokufuen.com

香りや見た目も楽しむ天空のお茶　吉野川の上流、三好市山城町は茶処だ。「そらの郷」と呼ばれ、雲海が眼下に広がるような場所である。冷涼湿潤な気候で、霧が茶葉を包み込むこと、傾斜のおかげで水はけの良いことなど、この場所が、お茶の生育に絶好の土地柄であると曲大輝さんは話す。代々の茶畑を無農薬で育て、伝統的な煎茶のほか、和紅茶や炒り番茶、水出し煎茶など、地元デザイナー・植本修子さんと個性的な商品を送り出している。製茶工場を持つ「曲風園」があることで、地域の人たちもここで製茶し、自分たちが育てた茶葉を自宅で楽しむことができる。そのためならと、地域の茶づくりを家族で力を合わせて頑張る様子と「それぞれのお茶が持つ本来の香りを愉《たの》しむのが、四国のお茶文化なので」という彼の言葉が、曲風園のお茶を物語っている。（北室淳子／半田手延べ素麺「北室白扇」）

039
高知
KOCHI

土佐佐賀産直出荷組合
高知県黒潮町佐賀72-1
0880-31-4188
tosasaga-fillet.com

水揚げされた魚と一手間で生まれる　日本一の漁獲量を誇る一本釣りカツオ船団の港町・黒潮町佐賀。「土佐佐賀産直出荷組合」は、この町出身の漁師の娘である、浜町明恵さんが2004年に立ち上げた。地元では「さんちょくさん」の愛称で親しまれている。「家族に安心して食べさせられるものをつくりたい」という思いを軸に、黒潮町内産の天日塩で漬けた「きびなごフィレ」、「きびなご魚醤」などのこだわりの調味料や、水揚げされてからすぐに加工された、カツオのたたき、フライなど、さまざまな商品を生み出している。特に「きびなご魚醤」は、通常は捨てられてしまう部分を活かせないかと、きびなごのアラと天日塩のみでつくられていて、黄金色がとても美しい魚醤だ。塩味の中に魚の旨味《うまみ》が感じられ、餃子などにそのままかけたり、炒め物の隠し味に使ったりと、万能だ。（坂田 実緒子／ d news aichi agui）

038
愛媛
EHIME

entohouse BAR&GUEST HOUSE
愛媛県西予市野村町野村9-180
080-6503-2544
www.ento-house.com

未来を見つめる、野村の入り口　2018年、西日本豪雨で被災した西《せい》予《よ》市野村町。神奈川県藤沢市出身のシーバース玲《れい》名《な》さんはボランティアとしてここに滞在。気風や住み心地が肌に合い、その翌年から地域おこし協力隊に就任した。野村をもっと知ってもらいたいと、古民家をリノベーションした宿を2021年にオープン。野村は「のむむらのむら」と呼ばれるほど酒呑みが多いまちで、飲み会では「サシアイ」と呼ばれる返杯文化もある。バーではラム酒を中心に「城川郷」や「媛囃子《ひめばやし》」などの地酒や西予産の柑橘《かんきつ》を使用したお酒を呑みながら、シーバースさんや地域の方と旅人が一緒に会話を楽しめる。ゲストハウスの壁紙や照明には、江戸時代から伝わる泉貨紙を使用。縁側からは、のどかな田園風景。entoとは「遠図」遠い図らいを意味し、まさにここが今野村への入り口となっている。（日野 藍／デザイナー）

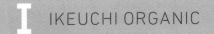

041
佐賀
SAGA

八頭司伝吉本舗 小城本店
佐賀県小城市小城町152-17
0952-73-2355
yatoji.co.jp

受け継がれる小城《おぎ》らしさ　小城市の老舗羊羹《しにせようかん》店「八頭司伝吉本舗」。初代伝吉が店を構えて100年以上の歴史を誇る。素材や技法に拘《こだわ》り、受け継がれた味わいは、素朴でありながら品があり滋味深い。30年ほど前に店舗やシンボル、ロゴ、パッケージ等の刷新を図った。コーポレート・アイデンティティを担当したのは、佐賀のグラフィックデザイナー故・池田勝利氏。中でも「昔ようかん」のパッケージは、小城らしさを意識した素朴なデザインで長年愛され続けている。商品ロゴは、池田氏によるディレクションで、味のある特徴的な文字を書く画材店の店主が書き上げた。商品の味とデザインが見事にマッチしたデザインだ。池田氏亡き後、デザイン担当を私が引き継いだ。生前、池田氏から「その土地らしいデザインをしなさい」と言われたことがある。その言葉は、今でも私の心の支えになっている。

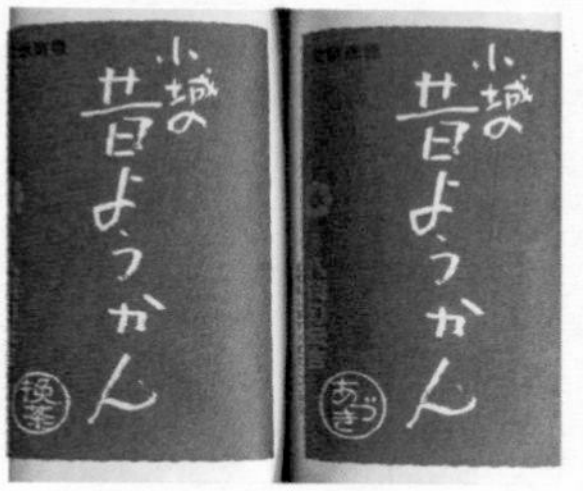

（古賀義孝／光画デザイン）

040
福岡
FUKUOKA

IN THE PAST ™
福岡県大牟田市本町1-2-19 1F
0944-88-9653
inthepast.jp

未来が楽しみになる編集基地　「食べること」について考えるリトルプレス『PERMANENT』の味噌づくりワークショップに参加してから、家族総出で味噌を仕込むのが、我が家の冬の定番となった。『PERMANENT』を発行しているのが、定松伸治・千歌さんご夫妻で「IN THE PAST™」という多目的スタジオを運営している。ここでは、食にまつわるワークショップや、日々の道具のポップアップショップ、展示会やトークイベントも開催。「見て、やってみないとわからない」と、何事も経験することを大事にされているお2人。ここでのさまざまな出会いや経験が、普段の暮らしに変化をもたらしてくれる。私が参加した、味噌づくりのワークショップでも、普段私たちが買っていた味噌が、どう造られているのか、考える機会となった。この場所での出会いや経験が積み重なって、紡がれていく未来が楽しみだ。（原 かなた／会社員）

043
熊本
KUMAMOTO

malou
熊本県玉名郡和水町板楠2575-1
050-3479-2575
www.instagram.com/malou_nagomi

和水町《なごみまち》にできた新たな営み　熊本県北部の和水町に、スーパーだった建物を改装したカフェが2022年6月にオープンした。明るい空間に、大きな一枚板のテーブルが印象的で、雑貨や本も並ぶ。東京谷根千《やねせん》で街づくりの活動をしていた水上和磨さんが、地元の熊本に戻り、文化の拠点を目指し開いた店だ。広いスペースでは、本やアートにまつわる多様なイベントや、子どもたちと一緒に参加できるものづくりのイベントなども開催される。キッズスペースも賑《にぎ》やかで家族連れも気兼ねなくゆっくりでき、山鹿《やまが》での観光や温泉、家族湯などを楽しんだ後の休憩にも最適な場所だ。水上さんの移住の話や店づくりの日常がSNSでもアップされていて興味深い。田舎暮らしや、カフェ経営など、一時期その言葉はブームとなったが、町の文化度を上げる「malou」の営みは、少しずつ地域の中に根づいている。（末永 侑／フォトアトリエすえなが）

042
長崎
NAGASAKI

樂
長崎県長崎市浜町3-23 4F
095-827-8960（株式会社イーズワークス）
ra-ku.jp

大人の長崎ガイドブック　「長崎には修学旅行の時に一度」というフレーズは、知り合った人からよく耳にする言葉。そんな時、「それではもったいない、ディープな長崎を案内しますよ」と私は言う。長崎に住む私でさえ、その深い魅力に気づくのは大人になってからだ。そのきっかけは、季刊誌『樂《らく》』との出会いだった。長崎特有の多様性や海岸線、離島に至るまで、そこに根差したさまざまな文化があることが、わかりやすく記されていて「長崎はこんなにも美しいのだ」と、美しい写真からも感じられる内容になっている。このほど、同社から『樂旅長崎』が出版された。ブルーのきれいな表紙を開くと、ページごとに長崎の知識が深まっていき、紙媒体ならではの表現が詰まっている。まずは地元の人に手に取ってもらいたい。長崎をすでに旅した人にも、記憶に残る一冊になると確信する。（城島 薫／パパスアンドママス）

045 宮崎 MIYAZAKI

DACOTA
宮崎県宮崎市佐土原町上田島5834
0985-89-4844
www.instagram.com/cotawaka

古木の心地良さを感じる空間　宮崎市内から車で約30分。本殿が国の重要文化財に指定されている巨田《こた》神社の近くの田園地域に佇《たたず》む、食堂「DACOTA」。築130年の古民家を改装した店では、佐土原《さどわら》の新鮮な野菜に、県内で獲《と》れるジビエなどを合わせたランチが、県内作家の器で提供される。食堂のガラス戸から隣の部屋を覗《のぞ》くと、酒瓶がずらり。宮崎県出身のオーナーが西麻布で営む酒屋「兎《うさぎ》と寅《とら》」の２号店を併設している。宮崎市の「椿古道具店」がデザイン・施工を担当し、丁寧に修理された古い木製の棚や、無垢の一枚板のカウンターなど、古木の心地良さを感じる空間だ。納屋を改装した「gallery 上田島《かみたじま》」も併設され、不定期でさまざまな展示が開催されている。「DACOTA」「兎と寅」「gallery 上田島」いずれも不定期営業だが、訪問前に営業日の確認をしてでも訪れたい場所だ。（田口 沙緒理／宮交シティ）

044 大分 OITA

雲与橋
大分県中津市耶馬溪町下郷地区
www.facebook.com/shimogoumura

繋《つな》いでいくことを考える　『雲与橋《うんよばし》』は、中津市耶《や》馬《ば》溪《けい》町《まち》下《しも》郷《ごう》地区の住民と移住者で構成された任意団体「下郷村」が発行する、地域の人々のありのままの暮らしを紹介した冊子だ。「雲与橋」という名称は、下郷地区の４つの地域を結ぶ橋「雲與橋」から名前を借りた。この橋が約90年にわたり大事に繋いできたことを、今度はこの冊子が次代に繋げたいという願いを込めて。2012年に発生した九州北部豪雨で大きな被害が出た下郷地区、雲與橋も橋脚が流出し、４つの地域が分断されたが、この10年で橋も町も復興した。最新号は、2013年に第１号を発行してちょうど10年になる、2023年春に発行予定。「私たちの暮らしに大きな変化があったこの10年、それぞれの視点でこれからの10年を考えるきっかけになれば」と、編集長の戸倉江里さんは話す。『雲与橋』は、過去・現在と未来を繋ぐ架け橋となる。（古岡大岳／豆岳珈琲）

047
沖縄
OKINAWA

TESIO
沖縄県沖縄市中央1-10-3
098-953-1131
tesio.okinawa

新しいコザの魅力をつくる　アメリカンカルチャーが息づく沖縄市“コザ”に店を構える、自家製ソーセージ専門店「TESIO」。裏手の普久原精肉店から仕入れた新鮮な豚肉を、勇ましくも楽しげに加工するスタッフの姿に高揚感を覚える。その味は、本場ドイツの国際コンテスト「IFFA」でGOLDメダルを獲得したお墨付き。期間限定で県内で養豚を営む「喜納《きな》農場」のあぐー肉を用いたコラボレーションや、イベントへの出店などにも精力的。“コザ”といえば、在留米軍軍人が多く集う街として有名だが、店主の嶺井大地さんは「夜のイメージが強いこの街を、誰もが憩える場にしたい」と、通りにベンチを設置し、木々や花を植え、健やかな日々の営みを生み出している。この場所で、出来立てのホットドッグを頬張るひと時は格別だ。唯一無二な“コザ”の魅力を感じてほしい。(島袋 みのり／ D&DEPARTMENT OKINAWA)

046
鹿児島
KAGOSHIMA

螢松窯
鹿児島県姶良市鍋倉910-1
090-8669-8946
www.instagram.com/hotaru_kiln/?hl=ja

螢松窯《けいしょうがま》の帖佐《ちょうさ》人形　鹿児島の帖佐地区で、おそくとも江戸時代後半には製作が始まったと推測される伝統工芸品「帖佐人形」は、鮮やかな彩りと、おおらかで素朴な印象の人形。古くから、家族の健康や子どもの成長を願う縁起物として親しまれてきた。時代の流れとともに、プラスチック製の玩具に取って代わったが、地域の有志によって伝統を継承してきた。その数少ない作り手の1人が「螢松窯」の精松《あべまつ》孝弘さんだ。精松さんのつくる干支人形は、素朴さは継承しつつ、型に粘土を板状に伸ばしたものを押し込む「型入れ」に拘《こだわ》り、今の暮らしに溶け込むようデザインされている。つくり始めた頃は「干支を一周すること」を目標に製作をしていたが、「ばあちゃんの干支だから」、「子どもが産まれるから買いにきた」と、待ってくれる人たちの喜ぶ顔が見たくて、2周目に突入している。(内門美里／ D&DEPARTMENT KAGOSHIMA)

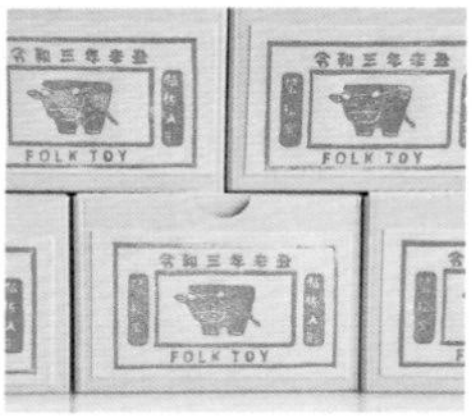

会員みんなでつくる

ロングライフ
デザインの会
会員紹介

今村製陶［JICON］
version zero dot nine
漆工芸大下香仙株式会社
［Classic Ko］
亀﨑染工有限会社
カリモク家具
株式会社キャップライター
ダイアテック［BRUNO］
大地の芸術祭
デザインモリコネクション
合同会社ててて協働組合
株式会社東京チェンソーズ
ドライブディレクション
日本デザイン振興会
FUTAGAMI

AHH!!／相沢慎弥／四十沢木材工芸／淺井勇樹／あさのゆか（朝から晩まで）
浅見要介／安積とも絵／ADDress 後藤伸啓／礒 健介／Mayumi Isoyama
一湊珈琲焙煎所／inutaku3／入多由紀恵／石見神楽東京社中 小加本行広
株式会社 INSTOCK／うた種／uchida 建築アトリエ／August Kekulé
大治将典／有限会社 大鷹／大山 曜／オクムサ・マルシェ／尾谷志津子
カープロジェクト株式会社／風の杜／弁護士法人 片岡総合法律事務所
金子さつき／河野秀樹／菊池祐二郎／機山洋酒工業 株式会社
国井純（ひたちなか市役所）／久保田亜希／黒野 剛／桑原宏充／コクウ珈琲
COCOO 前田愛花／小林温美／kobayashi pottery studio
コルポ建築設計事務所／COMFORT STYLE Co.,Ltd. ／今 由美／酒井貴子
坂口慶樹／坂本正文／佐賀義之／サトウツヨシ／佐藤丈公／saredo されど
志ば久 久保 統／JunMomo ／白川郷山本屋 山本愛子／白崎龍弥・酒井晴菜
白藤協子／村主暢子／sail 中村圭吾／タイタイスタジオ／竹原あき子
ちいさな庭／智里／株式会社 津乃吉／妻形 円／紡ぎ詩／水流一水
つるまきばね／Daiton ／DESIGN CLIPS ／DO-EYE-DO
とくら建築設計／鳥居大資／DRAWING AND MANUAL ／中村亮太／Nabe
南條百恵実／西山 薫／梅月堂／初亀醸造 株式会社／林口砂里
原田將裕（茅ヶ崎市役所）／HUMBLE CRAFT ／東尾厚志／東島未來
日の出屋製菓 千種啓資／ひろ／fhans-satoshi ／合同会社 FIFTEEN
POOL INC. 小西利行／深石英樹／藤枝 碧／藤澤純子／藤原慎也
plateau books ／FURIKAKE 得丸成人／古屋万恵／古屋ゆりか
株式会社ぶんぶく／ホテルニューニシノ／Marc Mailhot ／松田菜央／丸岡一志
マルヒの干しいも 黒澤一欽／みうらけいこ／道場文香／峯川 大
宮崎会計事務所／meadow_walk ／森内理子／森 光男／八重田和志
谷澤咲良／山口愛由子／ヤマコヤ やまさき薫／山崎義樹／ヤマモト ケンジ
山本文子／山本八重子／山本 凌／梁 有鎮／横山純子／横山正芳
吉永ゆかり／ロクノゴジュウナナ／若松哲也／鷲平拓也
他 匿名53名（五十音順・敬称略）

※2023年2月末までに入会された会員の方々の内、
お名前掲載にご同意いただきました方々をご紹介しています。

D&DEPARTMENT SHOP LIST

D&DEPARTMENT HOKKAIDO
by 3KG
北海道札幌市中央区大通西17-1-7
011-303-3333
O-dori Nishi 17-1-7, Chuo-ku,
Sapporo, Hokkaido

D&DEPARTMENT TOKYO
東京都世田谷区奥沢8-3-2-2F
03-5752-0120
Okusawa 8-3-2-2F, Setagaya-ku, Tokyo

d news aichi agui
愛知県知多郡阿久比町矢高五反田37-2
0569-84-9933
Yatakagotanda 37-2, Agui-cho,
Chita-gun Aichi

D&DEPARTMENT KYOTO
京都府京都市下京区高倉通仏光寺
下ル新開町397 本山佛光寺内
ショップ 075-343-3217
食堂 075-343-3215
Bukkoji Temple, Takakura-dori Bukkoji
Sagaru Shinkai-cho 397, Shimogyo-ku,
Kyoto, Kyoto

D&DEPARTMENT OKINAWA
by PLAZA 3
沖縄県沖縄市久保田3-1-12 プラザハウス
ショッピングセンター 2F
098-894-2112
PLAZA HOUSE SHOPPING CENTER 2F,
3-1-12 Kubota, Okinawa, Okinawa

D&DEPARTMENT JEJU
by ARARIO
済州島《チェジュトウ》 済州《チェジュ》市《シ》 塔洞《ダプドン》路《ロ》 2ギル 3
+82 64-753-9904/9905
3, Topdong-ro 2-gil, Jeju-si,
Jeju-do, Korea

d47 MUSEUM / d47 design travel store /
d47食堂
東京都渋谷区渋谷2-21-1 渋谷ヒカリエ 8F
d47 MUSEUM/d47 design travel store
03-6427-2301 d47食堂 03-6427-2303
Shibuya Hikarie 8F, Shibuya 2-21-1,
Shibuya, Tokyo

D&DEPARTMENT SAITAMA
by PUBLIC DINER
埼玉県熊谷市肥塚4-29 PUBLIC DINER
屋上テラス
048-580-7316
PUBLIC DINER Rooftop Terrace
4-29 Koizuka, Kumagaya, Saitama

D&DEPARTMENT TOYAMA
富山県富山市新総曲輪4-18
富山県民会館 1F
076-471-7791
Toyama-kenminkaikan 1F, Shinsogawa
4-18, Toyama, Toyama

D&DEPARTMENT MIE
by VISON
三重県多気郡多気町ヴィソン 672-1
サンセバスチャン通り6
0598-67-8570
6 Sansebastian-dori, 672-1Vison,Taki-cho,
Taki-gun Mie

D&DEPARTMENT KAGOSHIMA
by MARUYA
鹿児島県鹿児島市呉服町6-5
マルヤガーデンズ4F
099-248-7804
Maruya gardens 4F, Gofuku-machi 6-5,
Kagoshima, Kagoshima

D&DEPARTMENT SEOUL
by MILLIMETER MILLIGRAM
ソウル市龍山《ヨンサン》区《グ》梨《イ》泰《テ》 院《ウオン》 路《ロ》240
+82 2 795 1520
Itaewon-ro 240, Yongsan-gu,
Seoul, Korea

D&DEPARTMENT HUANGSHAN
by Bishan Crafts Cooperatives
安徽省黄山市黟县碧阳镇碧山村
+86 13339094163
Bishan Village, Yi County, Huangshan City,
Anhui Province, China

ちょっと長めの、編集長後記

「文明」から「文化」へ。未来にひらく、神奈川の港。

神藤《しんどう》秀《ひで》人《と》

D&DEPARTMENT PROJECTの創業の地、世田谷区奥沢。最寄りの九品仏駅から東急大井町線に乗れば、わずか10分ほどで多摩川を越え、川崎市に入る。僕にとっては、日常の生活圏内で、そこが「神奈川県」だという認識はほとんどなかった。実際に、社員も何人か住んでいるようで、それでも県民であることを特にアピールすることもなく、「『神奈川号』たのしみー」と、他人事のように言っていたりもしたが、それはのちに〝神奈川らしさ〟の一つでもあったように思える。

取材中、数年ぶりに寝込むほどに体調を崩してしまい、体力的にも精神的にも落ち込んだ時に、僕を救ってくれたのは「漢方」だった。本文にも書いているように、大船の「杉本薬局」の杉本格朗さんに相談したところ、今僕に必要な「漢方薬」を処方してくれた。何よりも、この取材の話にも興味を持っていただき、一緒に〝神奈川らしさ〟を考えてくれたりもした。横浜の中華街に見られるように、中国から伝わった漢方も、少なからず神奈川にも源流はある。おかげさまでそれからは、体調も崩さず元気にしています。

3日住めば〝ハマっ子〟という気質は、横浜にだけ限られたことではなく、広範囲に及んでいたようにも思える。横浜の開港は、1859年。比較的短い歴史だからこそ、自負心を掲げ、常に前に進んできた。関東大震災や、戦争という荒波にも強い精神を持ってひねくれず、生き続けてもきた。また、東海道や大山街道、古都、温泉郷、芸術村など、古くから神奈川県には、よそ者を受け入れる心の広さがあった。立

Moreover, the pharmacy's Kakuro Sugiyama, who was featured in this issue, helped me better understand the qualities that define Kanagawa.

There is a saying in Yokohama: "Live here three days and you're a Yokohaman." The city has a relatively short history, but this fosters strong local pride and ambition among its citizens. And just like Yokohama, other towns and villages throughout Kanagawa have the open-mindedness needed to accept outsiders. People in Tokyo don't consider you a true Edokko (Tokyoite) until you're a third-generation resident; Kanagawa offers a much more reasonable two-month prerequisite, and as people increasingly migrate from cities to the countryside in pursuit of more fulfilling lifestyles, the prefecture cheerfully welcomes new arrivals.

When talking with locals, the word "Kanagawa" rarely comes up in conversation. But they all seemed to have a deep understanding of what Kanagawa is all about. It is the most diverse prefecture I've ever explored for this publication—a fusion of highly diverse elements crystallized into a true treasure trove of design.

場上、3代続いて認められる〝江戸っ子〟にも比較されることもあるそうだが、豊かな暮らしを求め、地方へ移住する人が多い現代において、この風通しの良さは、もはや卓越していた。

「母港は、三崎。いつか帰港する日を心待ちにしながら航海中」と、作家のいしいしんじ氏が自身を表現するように、今回の旅は、まさに〝航海〟のようだった。神奈川県の人にとっては、生活圏こそ〝母港〟であり、たとえ離れていようとも強い絆で結ばれている。会話の中では、やはり「神奈川県」という漠然としたワードに反応は薄く、「大変でしょう」の一点張り（ここでも他人事笑）……その代わり、地域のことになると積極的で、みなさんのとっておきを教えてくれた。もはや神奈川県は、県民も、よそ者も、隔たりのない〝大きな海〟のようだった。

そんな神奈川という海には、各地域ごとに育まれる「まちづくり」があった。真鶴出版の川口瞬さんをはじめ、4人のキーマンの周りには、それぞれの特色を持ったコミュニティーが生まれている。大切なのは、人よりも勝ることではなく、人と分かち合うこと。僕が出会った神奈川の人は、広く文明を開化させることよりも、まちや人に向けて、小さくても美しい花を咲かせることを考えていた。「時代」という波に揉まれながらも、自分たちなりの豊かな暮らしをつくっている。大らかで居心地も良く、スマートでデザイン性も高い。それが僕が見てきた今の〝神奈川らしさ〟だ。

Slightly Long Editorial Notes

By Hideto Shindo

A port that opens up the future

The D&DEPARTMENT PROJECT got its start in Okusawa, Setagaya Ward in Tokyo, less than 10 minutes by train from Kawasaki, Kanagawa Prefecture. This describes my daily life, yet I never get the sense that I'm traveling between prefectures.

This is our sixth crowd-funded publication, and I found the secret to success this time was to simply put my full trust in in the fine people of Kanagawa. It was our most challenging project yet, but I'm pleased with the results and grateful to everyone involved. I hope to achieve similar success in our upcoming Fukui edition.

During the project, I pushed myself too hard and became ill—bedridden for the first time in years. Struggling both physically and mentally, I was able to pull through thanks to Chinese herbal medicine, or *kanpo*, from Sugimoto Pharmacy.

22 **つきやま Books Arts & Crafts** (→p. 081)
神奈川県中郡大磯町大磯1156 11:00–17:00
Tsukiyama Books Arts & Crafts (→p. 081)
Oiso 1156, Oiso-machi, Naka-gun, Kanagawa

23 **TE HANDEL home / gallery**(→p. 081)
神奈川県中郡大磯町大磯131-1
0463-26-9755 イベント開催時のみオープン
(「platform」は、10:00–17:00 日曜休)
TE HANDEL home / gallery(→p. 083)
Oiso 131-1, Oiso-machi, Naka-gun, Kanagawa

24 **だるま料理店**(→p. 082)
神奈川県小田原市本町2-1-30
0465-22-4128 11:00–21:00(L.O. 20:00)
DARUMA(→p. 083)
Hon-cho 2-1-30, Odawara, Kanagawa

25 **ういろう**(→p. 083)
神奈川県小田原市本町1-13-17
0465-24-0560 10:00–17:00 水曜休
Uiro(→p. 082)
Hon-cho 1-13-17, Odawara, Kanagawa

26 **うつわ菜の花**(→p. 083)
神奈川県小田原市南町1-3-12
0465-24-7020 11:00–18:00 水曜休
Utsuwa Naonohana(→p. 082)
Minami-machi 1-3-12, Odawara, Kanagawa

27 **旧三福不動産**(→p. 085, 095)
神奈川県小田原市栄町1-16-19
旧三福ビルヂング2F 0465-24-9329
10:00–18:00 火・水曜休
93 estate, Inc. (→p. 095)
93 puku bldg. Sakae-cho 1-16-19, Odawara

28 **箱根本箱**(→p. 085)
神奈川県足柄下郡箱根町強羅1320-491
0460-83-8025 1泊2食付き1人21,656円～(2名)
Hakone Honbako(→p. 085)
Goura 1320-491, Hakone-machi, Ashikarashimo-gun

29 **萬来亭**(→p. 112)
神奈川県横浜市中区山下町126
045-664-0767 ランチ 11:30–14:30(L.O.14:00)
ディナー17:00–21:00(L.O.20:30) 土・日曜・祝日は
11:30–21:00(L.O.20:30) 木曜休(祝日の場合は営業)
Banraitei(→p. 112)
Yamashita-cho 126, Naka-ku, Yokohama

30 **江戸清 中華街本店**(→p. 112)
神奈川県横浜市中区山下町192
045-681-3133 10:30–19:30 無休
Edosei Chukagai Main Shop(→p. 112)
Yamashita-cho 192, Naka-ku, Yokohama

31 **山東2号店**(→p. 112)
神奈川県横浜市中区山下町150-3
045-212-1198 050-5869-6205(予約専用)
月～木曜 11:00–23:00(L.O. 22:30)
金～日曜・祝日 11:00–24:00(L.O. 23:30) 無休
Santon No.2(→p. 112)
Yamashita-cho 150-3, Naka-ku, Yokohama

32 **景徳鎮**(→p. 112)
神奈川県横浜市中区山下町190
045-641-4688 月～金曜 11:30–22:00(L.O.21:30)
土・日曜・祝日 11:00–22:00(L.O.21:30) 無休
Keitokuchin(→p. 112)
Yamashita-cho 190, Naka-ku, Yokohama

33 **中華菜館 同發 本館**(→p. 112)
神奈川県横浜市中区山下町148
045-681-7273 月～金 11:00–21:30(L.O. 20:30)
15:00–17:00 休憩(土・日曜は通しで営業) 無休
Douhatsu Honkan Chinese Restaurant(→p. 112)
Yamashita-cho 148, Naka-ku, Yokohama

34 **馬さんの店 龍仙 本店**(→p. 112)
神奈川県横浜市中区山下町218-5
045-651-0758 7:00–23:00(L.O.) 無休
Masan no Mise Ryusen Main Shop(→p. 112)
Yamashita-cho 218-5, Naka-ku, Yokohama

35 **箱根駅伝ミュージアム**(→p. 114)
神奈川県足柄下郡箱根町箱根167
0460-83-7511 10:00–16:30 (土・日曜・祝日は、
9:30–17:00) 無休
Hakone Ekiden Museum(→p. 114)
Hakonemachi 167, Hakone-machi, Ashikarashimo-gun

36 **クロスドッグ／サイトウ・アイロン・ボード**(→p. 118)
045-459-9311 9:00–15:00(12:00–13:00 休憩)
土・日曜・祝日休
SAITO Ironing Board(→p. 118)

37 **柳原良平アートミュージアム**(→p. 122)
神奈川県横浜市西区みなとみらい2-1-1
(横浜みなと博物館内)
045-221-0280 10:00–17:00(入館は16:30まで)
※帆船日本丸の展帆日 9:30– 月曜休
(祝日の場合は開館、翌平日休)、年末年始休、他
Yanagihara Art Museum(→p. 120)
Minatomirai 2-1-1, Nishi-ku, Yokohama

38 **BOOK STAND 若葉台**(→p. 137)
神奈川県横浜市旭区若葉台3-5-1
070-8532-3643 10:00–19:00 不定休
BOOK STAND Wakabadai(→p. 137)
Wakabadai 3-5-1, Asahi-ku, Yokohama

39 **LIVRER YOKOHAMA**(→p. 142)
神奈川県横浜市都筑区すみれが丘20-2
045-624-8320 10:00–18:00 水・木曜休
LIVRER YOKOHAMA(→p. 142)
Sumiregaoka 20-2, Tsuzuki-ku, Yokohama

40 **鎌倉豊島屋 本店**(→p. 142)
神奈川県鎌倉市小町2-11-19 0467-25-0810
9:00–19:00 水曜不定休(祝日は営業)
Kamakura Toshimaya Main Shop(→p. 142)
Komachi 2-11-19, Kamakura, Kanagawa

41 **げんべい商店 一色店** (→p. 142)
神奈川県三浦郡葉山町一色1464
10:00–18:00 月曜休
Genbei Shoten Isshiki-store (→p. 142)
Isshiki 1464, Hayama-machi, Miura-gun

42 **金子屋支店**(→p. 142)
神奈川県伊勢原市大山585
0463-95-2262 8:00–17:00頃
Kanekoya Branch Shop(→p. 142)
Oyama 585, Isehara, Kanagawa

43 **崎陽軒本店ショップ**(→p. 142)
神奈川県横浜市西区高島2-13-12 1F
045-441-8827 10:00–20:00 無休
Kiyouken Main Store(→p. 142)
1F, Takashima 2-13-12, Nishi-ku, Yokohama

44 **型染工房たかだ**(→p. 142)
神奈川県足柄下郡湯河原町吉浜1902-36
0465-62-8020 (要連絡)
Katazome Takada (→p. 142)
Yoshihama 1902-36, Yugawara-machi,
Ashigarashimo-gun, Kanagawa

45 **鈴廣蒲鉾本店 / 鈴なり市場** (→p. 138, 142)
神奈川県小田原市風祭245
0120-07-4547 9:00–18:00
Suzuhiro Kamaboko (→p. 142)
Kazamatsuri 245, Odawara, Kanagawa

46 **三崎恵水産**(→p. 132, 138, 142)
神奈川県三浦市三崎町城ヶ島658-142
046-881-7222 10:00–16:00 日～水曜休
Misaki Megumi Suisan Co.,Ltd.(→p. 132, 138, 142)
Jogashima 658-142, Misaki-machi, Miura

47 **龍屋物産株式会社**(→p. 142)
神奈川県伊勢原市田中803-1(直売店)
0463-95-4388 11:00–16:00 土・日曜・祝日休
TATSUYA BUSSAN Co., Ltd. (→p. 142)
Tanaka 803-1, Isehara, Kanagawa (retail store)

48 **株式会社植物と人間**(→p. 018, 142)
info@syoku-nin.com
syokubutsutoningen(→p. 142)

49 **himono stand hayase**(→p. 142)
神奈川県小田原市本町3-12-21
090-3168-1291
月～金曜 11:00–16:00(L.O.15:30)
土・日曜・祝日 11:00–17:30(L.O.17:00)
himono stand hayase(→p. 142)
Hon-cho 3-12-21, Odawara, Kanagawa

50 **茅ヶ崎市開高健記念館** (→p. 160)
神奈川県茅ヶ崎市東海岸南6-6-64
0467-87-0567
10:00–17:00(入場は16:30まで)
金～日曜・祝日のみ開館 展示替え中は休館
THE KAIKO TAKESHI HOUSE Chigasaki(→p. 160)
Higashi Kaigan Minami 6-6-64, Chigasaki

d MARK REVIEW INFORMATION (→ p. 185)

d design travel KANAGAWA INFORMATION

1 FAVORITE
ハングリータイガー保土ケ谷本店(→p. 071, 132)
神奈川県横浜市保土ヶ谷区星川3-23-13
045-333-7023　11:00–21:30　年末年始休
Hungry Tiger Hodogaya (→p. 068, 132)
Hoshikawa 3-23-13, Hodogaya-ku, Yokohama

2 FAVORITE
勝烈庵 馬車道総本店(→p. 132)
神奈川県横浜市中区常盤町5-58-2
045-681-4411　11:00–21:30(L.O. 21:00) 無休
Katsuretsu-an Bashamichi Main Store (→p. 132)
Tokiwa-cho 5-58-2, Naka-ku, Yokohama

3 FAVORITE
FISHSTAND(→p. 132, 138, 142)
神奈川県三浦市三崎町城ヶ島658-142
046-881-7222　10:00–16:00　日～水曜休
FISHSTAND (→p. 132, 138, 142)
Jogashima 658-142, Misaki-machi, Miura

4 FAVORITE
調理室池田(→p. 068, 132)
神奈川県川崎市宮前区水沢1-1-1 川崎市中央卸売市場北部市場関連棟45
7:00–13:30(L.O. 13:00、土曜 L.O. 14:00)
※一般のお客様の市場への入場は8:00–
ランチ11:45–　水曜、日曜、祝日休
Chorishitsu Ikeda (→p. 067, 132)
Northern Market Bldg. 45, Mizusawa 1-1-1, Miyamae-ku, Kawasaki, Kanagawa

5 FAVORITE
青果ミコト屋 / MICOTOYA HOUSE(→p. 132)
神奈川県横浜市青葉区梅が丘7-8
045-507-3504　月～金曜 11:00–17:00
土・日曜・祝日 10:00–18:00　木曜休
MICOTOYA HOUSE (→p. 132)
Umegaoka 7-8, Aoba-ku, Yokohama, Kanagawa

6 FAVORITE
真鶴ピザ食堂 KENNY(→p. 132)
神奈川県足柄下郡真鶴町真鶴402-1
0465-68-3388　営業時間は要確認
Manatsuru Pizza Shokudo KENNY (→p. 132)
Manatsuru 402-1, Manazuru-machi, Ashigarashimo

7 FAVORITE
PARADISE ALLEY BREAD & CO.(→p. 132)
神奈川県鎌倉市小町1-13-10
0467-84-7203　8:00–パンが売切れ次第終了
PARADISE ALLEY BREAD & CO. (→p. 132)
Komachi 1-13-10, Kamakura, Kanagawa

8 FAVORITE
ジンギスカン(→p. 132)
神奈川県茅ヶ崎市幸町23-16
0467-86-9552　17:00–23:00(L.O. 22:40)　無休
Genghis Khan (→p. 132)
Saiwai-cho 23-16, Chigasaki, Kanagawa

9 FAVORITE
市民酒蔵 諸星(→p. 132)
神奈川県横浜市神奈川区子安通3-289
045-441-0840　16:30–22:00　土・日曜・祝日休
Shimin Shuzo Morohoshi (→p. 132)
Koyasu-dori 3-289, Kanagawa-ku, Yokohama

1
川崎大師 山門前 住吉(→p. 067)
神奈川県川崎市川崎区大師町4-47
044-288-4437　8:30–17:00
Kawaki Daishi Sanmon-mae Sumiyoshi (→p. 067)
Daishi-machi 4-47, Kawasaki-ku, Kawasaki

2
nokutica ノクチカ(→p. 068)
神奈川県川崎市高津区下作延1-1-7
044-920-9084　6:00–23:00(プラン参照)
nokutica (→p. 067)
Shimosakunobe 1-1-7, Takatsu-ku, Kawasaki

3
Onami(→p. 068)
神奈川県川崎市高津区新作3-3-2
044-888-6361
Onami (→p. 069)
Shinsaku 3-3-2, Takatsu-ku, Kawasaki

4
LOCAL optical shop(→p. 069)
神奈川県横浜市青葉区美しが丘1-10-8
045-507-7095　11:00–19:00 木曜、第2金曜休
LOCAL optical shop (→p. 068)
Utsukushigaoka 1-10-8, Aoba-ku, Yokohama

5
PLACE shop&gallery(→p. 069)
神奈川県横浜市青葉区美しが丘1-10-8
045-511-8250　11:00–19:00　木曜休
PLACE shop&gallery (→p. 068)
Utsukushigaoka 1-10-8, Aoba-ku, Yokohama

6
三溪園(→p. 071)
神奈川県横浜市中区本牧三之谷58-1
045-621-0634　9:00–17:00
SANKEIEN GARDEN (→p. 071)
Honmokusannotani 58-1, Naka-ku, Yokohama

7
横浜山手西洋館(→p. 071)
神奈川県横浜市中区山手町72
045-663-5685　9:30–17:00(休館日は要確認)
Yokohama Yamate Seiyokan (→p. 071)
Yamate-cho 72, Naka-ku, Yokohama

8
もとまちユニオン　元町店(→p. 072)
神奈川県横浜市中区元町4-166
045-641-8551　10:00–21:00
MOTOMACHI union Motomachi shop (→p. 073)
Motommachi 4-166, Naka-ku, Yokohama

9
山田工業所(→p. 073, 142)
神奈川県横浜市金沢区
Yamada Kogyosho (→p. 073, 142)
Kanazawa-ku, Yokohama, Kanagawa

10
横浜港大さん橋国際客船ターミナル(→p. 073)
神奈川県横浜市中区海岸通1-1-4
045-211-2304　1階、屋上 24時間オープン
2階 9:00–21:30
PORT OF YOKOHAMA Osanbashi Yokohama International Passenger Terminal (→p. 072)
Kaigan-dori 1-1-4, Naka-ku, Yokohama

11
ニュースパーク(日本新聞博物館)(→p. 075)
神奈川県横浜市中区日本大通11
横浜情報文化センター　045-661-2040
10:00–17:00(入館は16:30まで)　月曜休
(祝日・振替休日の場合は翌平日)、
12月29日～1月4日休
NEWSPARK (the Japan Newspaper Museum) (→p.075)
Yokohama Media and Communication Center, Nihon-odori 11, Naka-ku, Yokohama, Kanagawa

12
YOKOSUKA 軍港めぐり(→p. 076)
神奈川県横須賀市本町2-1-12(汐入ターミナル)
045-825-7144　毎日(欠航日を除く)
10:00–(土・日曜・祝日のみ運航)、11:00–、
12:00–、13:00–、14:00–、15:00–
YOKOSUKA Naval Port Tour (→p. 077)
(Shioiri Terminal) Hon-cho 2-1-12, Yokosuka

13
MIKASA(→p. 076, 142)
神奈川県横須賀市本町2-7
046-823-0312　11:00–18:00　不定休
MIKASA (→p. 077)
Honcho 2-7, Yokosuka, Kanagawa

14
bed & breakfast ichi(→p. 078)
神奈川県三浦市三崎1-15-4
0468-87-0574　1泊朝食付き1人 7500円
bed & breakfast ichi (→p. 076)
Misaki 1-15-4, Miura, Kanagawa

15
SUNSHINE＋CLOUD(→p. 078)
神奈川県三浦郡葉山町一色2151-1
046-876-0746　11:00–18:00　月曜休(祝日は営業)
SUNSHINE＋CLOUD (→p. 079)
Isshiki 2151-1, Hayama-machi, Miura-gun

16
神奈川県立近代美術館 葉山(→p. 079)
神奈川県三浦郡葉山町一色2208-1
046-875-2800　9:30–17:00(入館は16:30まで) 月曜休(祝日は営業)、展示入れ替え時休
The Museum of Modern Art, Hayama (→p. 079)
Isshiki 2208-1, Hayama-machi, Miura-gun

17
神奈川県立近代美術館 鎌倉別館(→p. 079)
神奈川県鎌倉市雪ノ下2-8-1
0467-22-5000　9:30–17:00(入館は16:30まで)月曜休(祝日は営業)、展示入れ替え時休
Kamakura Annex (→p. 079)
Yukinoshita 2-8-1, Kamakura Kanagawa

18
横山寛多(→p. 080)
kantayokoyama.com
www.instagram.com/kemuritohokori/
Kanta Yokoyama (→p. 078)

19
GARDEN HOUSE Kamakura(→p. 080)
神奈川県鎌倉市御成町15-46
050-3184-0360　9:00–21:00
GARDEN HOUSE Kamakura (→p. 081)
Onari-machi 15-46, Kamakura, Kanagawa

20
スターバックス コーヒー 鎌倉御成町店(→p. 080)
神奈川県鎌倉市御成町15-11
0467-61-2161　7:00–21:00
Starbucks Coffe Kamakura Onari-machi Shop (→p. 081)
Onari-machi 15-11, Kamakura, Kanagawa

21
漢方 杉本薬局(→p. 080, 142)
神奈川県鎌倉市大船1-25-37
0467-46-2454　10:00–18:30　木・日曜・祝日休
Chinese herbal medicine, Sugimoto Pharmacy (→p. 081)
Ofuna 1-25-37, Kamakura, Kanagawa

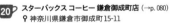

12
茶寮 石尊　(→p. 040)
神奈川県伊勢原市大山12
(大山阿夫利神社下社内)
0463-94-3628
10:00–16:30　不定休
www.instagram.com/saryo_sekison/
大山ケーブルカー 阿夫利神社駅から
徒歩約3分
Saryo Sekison(→p. 040)
Oyama 12, Isehara, Kanagawa (Oyama Afuri Shrine Shimosha)
10:00–16:30 Closed on occaisonally
3 minutes on foot from Afuri Jinja Station on Oyama Cable Car

13
THE BANK(→p. 042)
神奈川県鎌倉市由比ガ浜3-1-1
0467-40-5090
15:00–24:00　月･火曜休
www.instagram.com/thebank_kamakura/?hl=ja
JR横須賀線 鎌倉駅から徒歩約10分
THE BANK(→p. 042)
Yuigahama 3-1-1, Kamakura, Kanagawa
15:00–24:00 Closed on Mondays and Tuesdays
10 minutes on foot from Kamakura Station on JR Yokosuka Line

14
ミサキプレッソ(→p. 044, 135, 142)
神奈川県三浦市三崎3-4-10
046-882-1680
12:00–21:00　土･日曜のみ営業
www.instagram.com/misakipresso/?hl=ja
京浜急行バス 三崎港バス停から徒歩約2分
Misaki Presso(→p. 044, 135, 142)
Misaki 3-4-10, Miura, Kanagawa
12:00–21:00 Open only Saturdays and Sundays
2 minutes on foot from Misaki Port bus stop on Keihin Kyuko Bus

15
カフェ ヴィヴモン ディモンシュ(→p. 046, 142)
神奈川県鎌倉市小町2-1-5 櫻井ビル1F
0467-23-9952
11:00–18:00　水･木曜休
www.instagram.com/cvdimanche/
JR横須賀線 鎌倉駅から徒歩約5分
café vivement dimanche(→p. 046)
Sakurai bldg. 1F, Komachi 2-1-5, Kamakura, Kanagawa
11:00–18:00 Closed on Wednesdays and Tursdays
5 minutes on foot from Kamakura Station on JR Yokosuka Line

16
ホテルニューグランド(→p. 048)
神奈川県横浜市中区山下町10
045-681-1841(代表)
1泊素泊まり1名24,035円～(2名利用時)
www.hotel-newgrand.co.jp
みなとみらい線 元町･中華街駅1番出口から
徒歩約1分
Hotel New Grand(→p. 048)
Yamashita-cho 10, Naka-ku, Yokohama, Kanagawa
One night with no meal (per person) 24,035 yen– (when two guests in one room)
1 minute on foot from Exit 1 of Motomachi/Chukagai Station on the Minato Mirai Line

17
富士屋ホテル(→p. 050)
神奈川県足柄下郡箱根町宮ノ下359
0460-82-2211
1泊素泊まり1名23,000円～(2名利用時)
www.fujiyahotel.jp
箱根登山鉄道 宮ノ下駅から徒歩約7分
FUJIYA HOTEL(→p. 050)
Miyanoshita 359, Hakone-machi, Ashigarashimo-gun, Kanagawa
One night with no meal (per person) 23,000 yen– (when two guests in one room)
7 minutes on foot from Miyanoshita Station of Hakone Tozan Train

18
石葉(→p. 052)
神奈川県足柄下郡湯河原町宮上749
0465-62-3808
1泊2食付き1名46,350円～(2名利用時)
www.sekiyou.com
JR東海道本線 湯河原駅から車で約10分
Sekiyou(→p. 052)
Miyakami 749, Yugawara-machi, Ashigarashimo-gun, Kanagawa
One night with two meals (per person) 46,350 yen– (when two guests in one room)
10 minutes by car from Yugawara Station on JR Tokaido Main Line

19
hotel aiaoi(→p. 054)
神奈川県鎌倉市長谷2-16-15 サイトウビル3F
1泊素泊まり1名12,500円～
aiaoi.net
江ノ島電鉄 長谷駅から徒歩約3分
hotel aiaoi(→p. 054)
Saito bldg. 3F, Hase 2-16-15, Kamakura, Kanagawa
One night with no meal (per person) 12,500 yen–
3 minutes on foot from Hase Station of Enoshima Electric Railway

d 20
川口瞬(真鶴出版)(→p. 056, 090)
神奈川県足柄下郡真鶴町岩217
13:00–17:00
金･土曜のみオープン、他不定休
1泊素泊まり1名22,000円～
※宿泊可能日　金～火曜
manapub.com
JR東海道本線 真鶴駅から徒歩約10分
Shun Kawaguchi(Manazuru Publishing)
(→p. 056, 090)
Iwa 217, Manazuru-machi, Ashigarashimo-gun, Kanagawa
Shop 13:00–17:00 Open only Fridays and Saturdays, Closed on occasionally
One night with no meal (per person)
22,000 yen– *Available Friday to Tuesdays
10 minutes on foot from Manazuru Station on JR Tokaido Main Line

d 21
ミネシンゴ(アタシ社)(→p. 058)
三崎港蔵書室 本と屯
神奈川県三浦市三崎3-3-6
090-7213-7104
10:00–10:00　月･火曜休
www.atashisya.com
京浜急行バス 三崎港バス停から徒歩約2分
Shingo Mine(Atashisya.LLC)(→p. 058)
Hon to Tamuro
Misaki 3-3-6, Miura, Kanagawa
10:00–19:00　Closed on Mondays and Tuesdays
2 minutes on foot from Misaki Port bus stop on Keihin Kyuko Bus

d 22
細淵太麻紀(BankART1929)(→p. 060, 106)
BankART Station
神奈川県横浜市西区みなとみらい5-1
新高島駅地下1F
045-663-2812　11:00–19:00
www.bankart1929.com
みなとみらい線 新高島駅地下1F直結
BankARTKAIKO
神奈川県横浜市中区北仲通5-57-2
みなとみらい線 馬車道駅2b出口から
徒歩1分以内
Tamaki Hosobuchi(BankART1929)(→p. 060, 106)
BankART Station
Shin-Takashima Station B1F, Minatomirai 5-1, Nishi-ku, Yokohama, Knagawa
11:00–19:00
Directly connected to the B1F of Shin-Takashima Station on Minatomirai Line
BankART KAIKO
Naka-dori, 5-57-2, Naka-ku, Yokohama, Kanagawa
1 minute on foot from Exit 2b of Bashamichi Station on Minato Mirai Line.

d 23
永井宏(→p. 062)
Hiroshi Nagai(→p. 062)

d MARK REVIEW KANAGAWA INFORMATION

1
小田原文化財団 江之浦測候所(→p. 018)
神奈川県小田原市江之浦362-1
0465-42-9170(事前予約・入替制)
午前の部 10:00–13:00
午後の部 13:30–16:30
火・水曜休 年末年始、臨時休館あり
www.odawara-af.com
JR東海道本線 根府川駅から車で約10分
※送迎バスもあり
Odawara Art Foundation Enoura Observatory (→p. 018)
Enoura 362-1, Odawara, Kanagawa
Morning session 10:00–13:00 Afternoon session 13:30–16:30 Closed on Tuesdays, Wednesdays, national holidays and occasionally
10 minutes by car from Nebukawa Station on JR Tokaido Main Line *A shuttle bus is also available.

2
生田緑地(→p. 020)
東口ビジターセンター
神奈川県川崎市多摩区枡形7-1-4
044-933-2300
8:30–17:00 年末年始休
www.ikutaryokuti.jp
東名高速道路 東名川崎ICから車で約15分
※各施設は、ウェブサイト参照
IKUTA RYOKUCHI PARK (→p. 020)
East Gate Visitor CenterMasugata 7-1-4, Tama-ku, Kawasaki, Kanagawa
8:30–17:00 Closed on year-end and New Year's holidays
15 minutes by car from Tomei Kawasaki Exit on Tomei Expy *Refer to the website for each facility.

3
横須賀美術館(→p. 022)
神奈川県横須賀市鴨居4-1
046-845-1211
10:00–18:00 毎月第1月曜休
(祝日の場合は開館) 年末年始休
www.yokosuka-moa.jp
京浜急行本線 馬堀海岸駅からバスで約10分の観音崎京急ホテル・横須賀美術館前停留所から徒歩約2分
Yokosuka Museum of Art (→p. 022)
Kamoi 4-1, Yokosuka, Kanagawa
10:00–18:00 Closed on the 1st Monday of every month (Open if national holidays) Closed on year-end and New Year's holidays
2 minutes on foot from Kannonzaki Keikyu Hotel and Yokosuka Museum of Art bus stop*10 minutes by bus from Umabori Kaigan Station on Keihin Kyuko Main Line to the Keikyu Hotel and Yokosuka Museum of Art bus stop.

4
湯河原惣湯 Books and Retreat(→p. 024)
玄関テラス
神奈川県足柄下郡湯河原町宮上566
0465-43-7830
10:00–17:30 第2火曜休
惣湯テラス
神奈川県足柄下郡湯河原町宮上704
0465-43-8105(予約サイトから要予約)
月～金曜 10:00–18:00 (入館は16:30まで)
土・日曜・祝日 10:00–20:00(入館は18:30まで)
yugawarasoyu.jp
JR東海道本線 湯河原駅より車で約10分
Yugawara Soyu Books and Retreat (→p. 024)
Entrance terrace
Miyakami 566, Yugawara-machi, Ashigarashimo-gun, Kanagawa
10:00–17:30 Closed on second Tuesday of the month
Soyu Terrace
Miyakami 704, Yugawara-machi, Ashigarashimo-gun, Kanagawa
Open Mondays to Fridays 10:00–18:00 (Entry until 16:30) Saturdays, Sundays and national holidays 10:00–20:00 (Entry until 18:30)
10 minutes by car from Yugawara Station on JR Tokaido Main Line

5
熊澤酒造(→p. 026, 142)
神奈川県茅ヶ崎市香川7-10-7
0467-52-6118 (酒蔵部)
8:00–17:00 土・日曜・祝日休
(年末年始は要連絡)※他、営業時間は、各店舗によって異なる
www.kumazawa.jp
新湘南バイパス 茅ヶ崎中央ICから車で約15分
Kumazawa Brewing Company (→p. 026, 142)
Kagawa 7-10-7, Chigasaki, Kanagawa
8:00–17:00 Closed on Saturdays, Sundays and national holidays (Contact required for year-end and New Year's holidays) *Opening hours depend on each store.
15 minutes by car from Chigasaki Chuo Exit on Shin-Shonan Bypass

6
くろば亭(→p. 028, 138)
神奈川県三浦市三崎1-9-11
046-882-5637
11:00–20:00(L.O.19:00)
水曜休(祝日の場合は、翌日休)
kurobatei.com
京浜急行バス 三崎港バス停から徒歩約5分
Kurobatei (→p. 028, 138)
Misaki 1-9-11, Miura, Kanagawa
11:00–20:00(L.O.19:00) Closed on Wednesday (for Wednesday that are national holidays, closed on following day)
5 minutes on foot from Misaki Port bus stop on Keihin Kyuko Bus

7
ながや(→p. 030)
神奈川県小田原市早川212-5
0465-22-8765(要予約)
ランチ 12:00– ディナー 18:00–
日・月曜休
JR東海道本線 早川駅から徒歩約1分
Nagaya (→p. 030)
Hayakawa 212-5, Odawara, Kanagawa
Lunch: 12:00– Dinner: 18:00–
Closed on Sundays and Mondays
1 minute on foot from Hayakawa Station on JR Tokaido Main Line

8
OTA MOKKO(→p. 032, 142)
神奈川県小田原市板橋179-5
0465-22-1778
11:00–16:00 水・日曜・祝日休
ota-mokko.com
箱根登山鉄道 箱根板橋駅から徒歩約2分
OTA MOKKO (→p. 032, 142)
Itabashi 179-5, Odawara, Kanagawa
11:00–16:00 Closed on Wednesday, Sundays and national holidays
2 minutes on foot from Hakone Itabashi Station on Hakone Tozan Train

9
鎌倉市農協連即売所(→p. 034)
神奈川県鎌倉市小町1-13-10
8:00頃–日没頃(野菜が無くなり次第終了)
1月1日～4日休
kamakurarenbai.com
JR横須賀線 鎌倉駅から徒歩約3分
Kamakura Renbai (Kamakura Federation of Agricultural Associations Market) (→p. 034)
Komachi 1-13-10, Kamakura, Kanagawa
Around 8:00–sunset (close when vegetables run out) Closed on January 1 to 4
3 minutes on foot from Kamakura Station on JR Yokosuka Line

10
巧藝舎(→p. 036, 096)
神奈川県横浜市中区山手町184
045-622-0560
10:00–17:00(土・日曜・祝日は、13:00–) 月曜休
www.kogeisha-yokohama.com
みなとみらい線 元町・中華街駅から徒歩約5分
Kogeisha (→p. 036, 096)
Yamate 184, Naka-ku, Yokohama, Kanagawa
10:00–17:00 (Saturdays, Sundays and national holidays 13:00–) Closed on Mondays
5 minutes on foot from Honmachi/Chukagai Station on the Minatomirai Line

11
studio fujino(→p. 038, 142)
神奈川県相模原市緑区牧野3613
042-682-0045
12:00–17:00 土・日曜のみ営業
studiofujino.com
中央自動車道 相模湖ICから車で約15分
studio fujino (→p. 038, 142)
Makino 3613, Midori-ku, Sagamihara, Kanagawa
12:00–17:00 Open only Saturdays and Sundays
15 minutes by car from Sagamiko Lake Exit on Chuo Expy

田中 陽子 Yoko Tanaka
D&DEPARTMENT PROJCT
ついに神奈川号、うれしい。
ぜひ遊びに来てください。

玉木 愛実 Manami Tamaki
津和野まちとぶんか創造センター
学校や地域の学びと創造を支える環境を
作っています。

辻井 希文 Kifumi Tsujii
イラストレーター
神奈川のいろいろなイラストを
描いております。

辻岡 由 Yui Tsujioka
D&DEPARTMENT PROJECT 商品部
崎陽軒のシウマイを、2週間に1回、
食べてます。

土屋 誠 Makoto Tsuchiya
BEEK
かかんの麻婆豆腐食べ行きたい。

寺田 まり子 Mariko Terada
株式会社旧三福不動産 広報
小田原の"おっ！"という物件を
ご紹介します

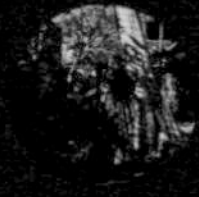

とつ ゆうた Yuta Totsu
CIAL
箱根寄木細工、だいすきです！

轟 久志 Hisashi Todoroki
株式会社トドロキデザイン
海に憧れを持つ、海なし県の
長野県民です。

仲枡 なずな Nazuna Nakamasu
東北芸術工科大学学生
東北の生活にもっと染まりたいです。

中村 圭吾 Keigo Nakamura
sail 住宅家具設計
家族が増えた2023年、本誌と共に
神奈川をめぐります。

中村 麻佑 Mayu Nakamura
D&DEPARTMENT PROJECT
神奈川暮らしも5年目。
益々楽しくなりそうです。

中山 小百合 Sayuri Nakayama
d47食堂 料理人
再び貴船神社を詣でKENNYさんの
ピザを食べに行きたい

Nanri Shop
永井宏さんの奥様・南里恵子さんの
お店。鎌倉に行った際には、
ぜひ寄られてください。

新山 直広 Naohiro Niiyama
TSUGI 代表
越前鯖江の工房直営店が
34店舗になりました。

原 かなた Kanata Hara
会社員
最近、旅と編み物の相性の良さに
気づきました。

原 久美子 Kumiko Hara
d news aichi agui 店長／
食品担当ディレクター
d news aichi aguiでは新名物を目指し、
あぐいなり絶賛活動中。

原田 将裕 Masahiro Harada
茅ヶ崎市役所
神奈川を、茅ヶ崎を、ご案内します！

BankART1929
BankART KAIKOでは、
d47落語会『神奈川』を開催予定。

日野 愛 Ai Hino
ディレクター-YON 編集長
四国のアウトドア誌「YON」
今年創刊予定。お楽しみに！

福井 晶 Akira Fukui
発酵デパートメント 編集長
初めて降りる駅では必ず酒場に行くこと
がマイルール。

藤沢 宏光 Hiromitsu Fujisawa
飲食店プロデューサー
この町の人達がどれほど美しいかを
僕は伝えたい。

古岡 大岳 Hirotake Furuoka
豆岳珈琲
我が息子は春に中学を卒業。
15歳、豆岳と同い年。

本多 尚諒 Naoaki Honda
テンナイン・コミュニケーション
何度か訪れた神奈川、冊子と共に
小旅行いきたいです！

三田 修平 Shuhei Mita
合同会社 BOOK TRUCK 代表
横浜の郊外を盛り上げるべく、
団地で本屋をやってます

毛利 優花 Yuka Mouri
フリーランス
4年間過ごしていた神奈川県！

本村 拓人 Takuto Motomura
Media Surf Communications
ナガオカさんに質問。自作自演で暮らしの
あり方を提言する西村伊作のような方
をご存知ですか？

安本 みゆき Miyuki Yasumoto
プランナー
以前神奈川に住んでいましたが
最高でした！

矢田 大輔 Daisuke Yada
ローカルオプティカル店主
たまプラーザにて眼鏡店、
ショップ＆ギャラリー営み中

山居 是文 Yoshifumi Yamai
株式会社旧三福不動産 代表取締役
小田原でごきげんなお店をたくさん
増やしたいなー！

山口 奈帆子 Nahoko Yamaguchi
D&DEPARTMENT PROJECT
休日に美術館で過ごす
静かな時間が好きです。

山崎 悠次 Yuji Yamazaki
写真家
猫背な人生

山田果穂 Kaho Yamada
d47食堂
朝起きて、ベランダから富士山と大山を
眺めるのが日課です

山田 将志 Masashi Yamada
絵描き
営みの風景や町の人、料理や食材を
描いています。

山田 曜子 Yoko Yamada
D&DEPARTMENT HOKKAIDO
「○○のふつう」のページが
毎号楽しみです。

山本 耕平 Kohei Yamamoto
株式会社ヤマト醤油味噌 マネージャー
手や指先で考えられるのが職人だそう
（談・先代）

横山 寛多 Kanta Yokoyama
イラストレーター
観光客などを避けながら生きるのもまた
楽しいものです。

吉田 晶 Akira Yoshida
D&DEPARTMENT WEB team
2022年から川崎区民になりました！

READYFOR
READYFORの皆さん、「神奈川号」も
大変お世話になりました！

渡邉 辰吾 Shingo Watanabe
SOWA DELIGHT CEO
宇宙のミライにワクワクする。

CONTRIBUTORS

相馬 夕輝　Yuki Aima
D&DEPARTMENT PROJECT
中華街も鎌倉も真鶴も、神奈川の
朝はいつも清々しかった。

天津 やよい　Yayoi Amatsu
フリーランス @ 和歌山
和歌山は山椒の生産量日本一！
実は爽やかな香りです。

石嶋 康伸　Yasunobu Ishijima
ナガオカケンメイのメール友の会管理人
ナガオカケンメイのメール読んでね！

石橋 悠　Haruka Ishibashi
三崎恵水産 女将
三浦半島最南端にてまぐろの可能性を
追求しています！

井上 映子　Eiko Inoue
ダイアテック　BRUNO 広報
自転車の新たな楽しみを伝えたい！！

今田 雅　Miyabi Imada
CARRY on my way 44
直感的に探求する何者でもない
わたし（細胞）。

岩井 巽　Tatsumi Iwai
東北スタンダード ディレクター
20代からこの本に携わって、
気づけば30代です。

岩井 徹太郎　Tetutarou Iwai
岩井の胡麻油株式会社
横浜の歴史と共に歩んできた
風味香味抜群の胡麻油です

内門 美里　Misato Uchikado
D&DEPARTMENT KAGOSHIMA by MARUYA
店長／セイ
鹿児島にきて6年目。セイも6年目。

衛藤 武智　Takenori Eto
みさきまぐろ好き
TVKでハングリータイガーのCM
よく見てた

江原 明香　Sayaka Ebara
茅ヶ崎市役所
海だけじゃない茅ヶ崎も
ぜひ巡ってください。

岡竹 義弘　Yoshihiro Okatake
神奈川在住
ちょこっと取材にお邪魔しました。
楽しかったなぁ。

奥村 真貴子　Makiko Okumura
鈴廣かまぼこ 広報
かまぼこは高タンパクでヘルシー。
正にタンパク質の塊！

加賀崎 勝弘　Katsuhiro Kagasaki
PUBLIC DINER
僕の中で、神奈川と言ったら、
ATTAの戸井田さん！

門脇 万莉奈　Marina Kadowaki
d47 MUSEUM
横浜、小田原、真鶴・・・・
歩きたい町がたくさんあります！

川口 瞬　Shun Kawaguchi
真鶴出版 代表
泊まれる出版社

菅野 博　Hiroshi Kanno
安房暮らしの研究所 所長
https://twitter.com/SQMJ_kanno

北室 淳子　Junko Kitamuro
手延べ素麺『北室白扇』
四国徳島でおいしいお素麺を
つくっています。

貫堂 敦子　Atsuko Kidou
D&DEPARTMENT TOYAMA
大好きな神奈川県。新たな魅力発見
楽しみです！

国井 純　Atsushi Kunii
ひたちなか市役所
祝・神奈川号発刊！箱根で
プロポーズした茨城県民より。

黒江 美穂　Miho Kuroe
D&DEPARTMENT PROJECT
地元神奈川の個性を
もう一度見直したいです！

黒木 英子　Eiko Kuroki
熊澤酒造株式会社 酒蔵部 業務担当
産まれ育った湘南で唯一の蔵元を
裏で支えています。

髙坂 真　Makoto Kousaka
のへの
『のへの』という冊子を制作しています。

古賀 義孝　Yoshitaka Koga
光画デザイン 代表
デザインで、世の中を明るくできると
信じています。

小林 公平　Kouhei Kobayashi
小林 真紀子　Makiko Kobayashi
パン屋 GORGE 製造・販売
神奈川の食材に恩恵を受けて
作っています！

坂田 実緒子　Mioko Sakata
d news aichi agui
佐賀の港から昇る朝日と
漁師の笑顔は日本一！

坂本 大三郎　Daizaburo Sakamoto
山伏
千葉に生まれ、神奈川に憧れた幼き日、
今は遠く。

坂本 大祐　Daisuke Sakamoto
オフィスキャンプ
奈良県東吉野村で
コワーキングスペースを運営中。

佐藤 春菜　Haruna Sato
編集者
旭川生まれ。東北を拠点に旅して
暮らして書いています。

島袋 みのり　Minori Shimabukuro
D&DEPARTMENT OKINAWA by PLAZA3
店長
神奈川号を片手に旅をするのが
楽しみです。

下野 文歌　Fumika Shimono
D&DEPARTMENT KYOTO
神奈川号を持ってぐるぐるしに行きます！

城島 薫　Kaoru Jojima
パパスアンドママス
長崎のことを、d design travelで伝えたい。

進藤 仁美　Hitomi Shindo
D&DEPARTMENT TOYAMA ショップ店長
今年は涅槃団子を手に入れたい！

末永 侑　Yu Suenaga
フォトアトリエすえなが
神奈川の中津箒を愛用してます！

薗部 弘太郎　Kohtaro Sonobe
プロダクトデザイナー
無理なく、無駄なく、土に還るまで。

高木 崇雄　Takao Takaki
工藝風向 店主
横浜市歌が森鷗外作詞なのがいつも
羨ましいです…。

高田 弘介　Kosuke Takada
D&DEPARTMENT MIE by VISON
神奈川からつづくを学び、次の世代へ！

高野 直子　Naoko Takano
リトルクリエイティブセンター
東京と岐阜をつなぐフリーマガジン
「TOFU magazine」不定期発行！

田口 沙緒理　Saori Taguchi
宮交シティ
宮崎の美味しいを、つなぐ、続ける。

821&350 ／ Classic Ko（漆工芸大下香仙株式会社）／加賀崎勝弘（PUBLIC DINER）／にいさん／ hiko ／ Jeremy Hunter & Tomo Ogino
生出夏海／竹内 真弓／ Marc Mailhot ／ Shingo Ito ／（有）日の出屋製菓／みほみち／喫茶ホボハチ／進藤仁美／とくら建築設計／ morikacelica
戸村文音／日向野めぐみ／ Roofscape：黒木裕行／藤谷瑞樹／中村千晶／ Hanna Wang ／清水啓太郎／ yukarich ／佐藤妙／大北貴志
菅野康太／上久保杏子／ JNJN ／どーも／手塚路子／安藤克也／けん／芝生かおり／南雲 克雅／吹屋ふるさと村陶芸の会／小嶋寿和
Kazue.K ／吉コロよしだお／林 孝嗣／青ヨイムッパ／金田有加／山崎義樹／ Yuhei Sugiura ／黒田 瑛子／松嶋未玲／乾 行寿／ samba2001
諸星 由美恵／高橋弓子／かなもりあやか／葛岡典子／ s.mukai ／斉藤善与／ odawarai_yokbrn ／時田隆佑／岡本（篠原）亜希／モリ ミツオ
Hiroshi Kamada ／寺本育男／東京家政大学造形表現学科／小石川／北田陽士／ピー君／青山志乃／鎌田直子／岡野美代子／八重田和志
山本行太／高久光男／嶋村悠子／ tsu ／牟田口 裕司／なかむらみほ／中村麻佑／高田弘介／ロジエ／こやまちはる／三宅義貞／三毛猫
西山薫／ながみね／小磯麻樹子／西村ヤスロウ／ヤマシタユキコ／鈴木正人／晴子／デニム兄弟／つんつん／村木 諭／ Yuko Inoue
大治将典／合同会社馬鹿鳴都／大竹高史／カワイ タイチ／新屋 典宏／トモル工房／おがわれいこ／田邊直子／ atsu.co ／西村祐子
47ネイル川田舞／ RECOLORD ／ MK ／岡山県高梁市 石田 芳生／伊藤ちなみ／ am tabishima ／ふなとみわ／ウエダ洋平／万木和広
菅 真智子／ことり／国井 純（ひたちなか市役所）／佐々木貴宏／川岸正寛／マツオマナ／ AK（Instagram: milleplateaux___）／小松雅人
平井俊旭／竹内葉子／寺彩家／森居 真悟／吉永ゆかり／國松 勇斗・素子／川内実香／亮子と花菜／木下菜穂子／西尾麻美／住田良平
かおさん／堺 直人／関本亜紀／ SEKIYA COFFEE&GOOD TIMES ／彩／くりはらゆうこ／木坂茜／ shirasy ／ Tomoko Harimaya ／ TAP&SAP
森千夏／丸山昌幸／町家ステイ吹屋 千枚／中川清・彰子／尾形 達／ K.Okada ／佐々木晃子／石黒剛／里見有祐／渡邉則行／ Nabe
鷹野 寛之／ヘルベチカデザイン佐藤哲也／柳沼周子／ emhrt ／ネコ娘／やまねやすひろ／ YAY.d ／大下健一／中嶋 仁／しま／池内祥見
宇野淳子／吉岡 昌代／橋本えりか／みうらもえ／あまいゆうし／小原 聖子／矢口琴衣／堀井京子／ noiloni コバヤシナオキ／ kimitaka1225
かめよこ／柊／ Kenta Ishiguro ／島村 徳／髭のベレー帽／アサイ トモコ／菅沼祥平／ AKAGERA32 ／サトウヒロミ／ d 日本フィルの会
末永明子／けいこ／清野真紀／柳家花緑／ Ryosuke Seki ／ ymk0414 ／中村公紀／ KURO ／江原明香／加藤 勉／田畑とえ子／石黒 夏樹
庵／路布／郡山裕子／小瀧忍／出口麻紀子／あさこ／丸順工務店／ Ayu Yamaguchi ／ OSEN ／有賀 樹広・みずき・詠作・播／後藤 諄
江戸川橋 治夫／ブーチコ／トモミとフサコ／ saredo -されど- ／竹内さやか／ Takemura Hiroko ／薗部弘太郎／しみずゆま／ Yuehsheng Han
おかもと ようこ／渡邉 英利／だしフォト・伝所鳩／青木律典 | デザインライフ設定室／坂本 正文／ inutaku3 ／ satomi nagasawa ／佐藤 翔平
ふっくら雀／ Gerd Knäpper Gallery ／小林ゆきこ／中田裕一＋中田理恵／藏本 優／橋本恵子／富山なおもん／ KAZUO IKARI ／ COCOO
友員里枝子／田口雅教／崎山智華／黒江美穂／かすみがうら未来づくりカンパニー／まりたん／ Tiny Shunnosuke
デザインモリコネクション有限会社／平野光國／ FUTAGAMI ／株式会社らじょうもん／原田將裕／渡辺泰夫／助川誠
株式会社コラレアルチザンジャパン／ DESIGN CLIPS ／中田製作所／ SHIRAOI PROJECTS（山岸奈津子／北海道白老町）／暮らしかた冒険家

SUPPORTERS of CROWDFUNDING

「神奈川号」の制作費の一部は、クラウドファンディングにて募集しました。
ご支援いただいた皆さん、ありがとうございました。

	北海道 HOKKAIDO	2	鹿児島 KAGOSHIMA	3	大阪 OSAKA	4	長野 NAGANO	5	静岡 SHIZUOKA	6	栃木 TOCHIGI	7	山梨 YAMANASHI	8	東京 TOKYO
	山口 YAMAGUCHI	10	沖縄 OKINAWA	11	富山 TOYAMA	11.2	富山2 TOYAMA2	12.	佐賀 SAGA	13	福岡 FUKUOKA	14	山形 YAMAGATA	15	大分 OITA
6	京都 KYOTO	17	滋賀 SHIGA	18	岐阜 GIFU	19	愛知 AICHI	20.	奈良 NARA	21	埼玉 SAITAMA	22	群馬 GUNMA	23	千葉 CHIBA
24	岩手 IWATE	25	高知 KOCHI	26	香川 KAGAWA	27	愛媛 EHIME	28.	岡山 OKAYAMA	29	茨城 IBARAKI	30	福島 FUKUSHIMA	31	三重 MIE

HOW TO BUY

「d design travel」シリーズのご購入には、下記の方法があります。

店頭で購入
Physical Stores

・D&DEPARTMENT 各店（店舗情報 P.179）
・お近くの書店（全国の主要書店にて取り扱い中。在庫がない場合は、書店に取り寄せをご依頼いただけます）

ネットショップで購入
Online Stores

・D&DEPARTMENT ネットショップ ⓘwww.d-department.com
・D&DEPARTMENT global site ⓘwww.ddepartment.com
・Amazon ⓘamazon.co.jp
・富士山マガジンサービス（定期購読、1冊購入ともに可能） ⓘwww.fujisan.co.jp

＊書店以外に、全国のインテリアショップ、ライフスタイルショップ、ミュージアムショップでもお取り扱いがあります。
＊お近くの販売店のご案内、在庫などのお問い合わせは、D&DEPARTMENT PROJECT 本部・書籍流通チームまでご連絡ください。（☎03-5752-0520 ⓘ平日9:00～18:00）

編集後記

渡邉壽枝 Hisae Watanabe
d design travel 編集部。埼玉県出身。
ロングライフデザインの会 事務局 兼 編集部として、細々サポート。

クラウドファンディングから入稿まで、手に汗を握り続けた「神奈川号」。ご支援ご協力をいただいた皆さま、本当にありがとうございました！日本国内だけでなく、世界中の人が訪れ、ものや文化が行き交ってきただけあって、各地域の個性も豊か、誇りを持ちながらも他者を受け入れ、楽しませてくれるのが神奈川だと感じた。ようやく各地を巡ることもできるようになった今、魅力的なイベントが満載の「神奈川県の12か月」も楽しみたい。そして、時代小説ファンとしては、東海道からの箱根の関所も外せない。

発行人 / Founder
ナガオカケンメイ Kenmei Nagaoka
(D&DEPARTMENT PROJECT)

編集長 / Editor-in-Chief
神藤 秀人 Hideto Shindo (D&DEPARTMENT PROJECT)

編集 / Editors
渡邉 壽枝 Hisae Watanabe (D&DEPARTMENT PROJECT)
松崎 紀子 Noriko Matsuzaki (design clips)

執筆 / Writers
高木 崇雄 Takao Takaki (Foucault)
坂本 大三郎 Daizaburo Sakamoto
黒江 美穂 Miho Kuroe (D&DEPARTMENT PROJECT)
相馬 夕輝 Yuki Aima (D&DEPARTMENT PROJECT)
川口 瞬 Shun Kawaguchi (Manazuru Publishing)
藤沢 宏光 Hiromitsu Fujisawa
(Misaki Donuts / Misaki Presso)
三田 修平 Shuhei Mita (BOOK TRUCK)
深澤 直人 Naoto Fukasawa

デザイン / Designers
加瀬 千寛 Chihiro Kase (D&DESIGN)
高橋 恵子 Keiko Takahashi (D&DESIGN)

撮影 / Photograph
山﨑 悠次 Yuji Yamazaki

イラスト / Illustrators
辻井 希文 Kifumi Tsujii
坂本 大三郎 Daizaburo Sakamoto
山田 将志 Masashi Yamada

日本語校閲 / Copyediting
衛藤 武智 Takenori Eto

翻訳・校正 / Translation & Copyediting
ジョン・バイントン John Byington
クリス・バクスター Chris Baxter
真木 鳩陸 Patrick Mackey
ブリーン・ニコラス Nicholas Breen
マスカル・オーウェン Maskiell Owen
賀来 素子 Motoko Kaku
本多 尚諒 Naoaki Honda
(Ten Nine Communications, Inc.)

制作サポート / Production Support
ユニオンマップ Union Map
中村 麻佑 Mayu Nakamura (D&DEPARTMENT PROJECT)
中山 小百合 Sayuri Nakayama (d47 SHOKUDO)
d47 design travel store
d47 MUSEUM
d47 食堂 d47 SHOKUDO
D&DEPARTMENT HOKKAIDO by 3KG
D&DEPARTMENT SAITAMA by PUBLIC DINER
D&DEPARTMENT TOKYO
D&DEPARTMENT TOYAMA
D&DEPARTMENT KYOTO
D&DEPARTMENT MIE by VISON
D&DEPARTMENT KAGOSHIMA by MARUYA
D&DEPARTMENT OKINAWA by PLAZA 3
D&DEPARTMENT SEOUL by MILLIMETER MILLIGRAM
D&DEPARTMENT JEJU by ARARIO
D&DEPARTMENT HUANGSHAN by Bishan Crafts Cooperatives
Drawing and Manual

広報 / Public Relations
松添 みつこ Mitsuko Matsuzoe (D&DEPARTMENT PROJECT)
清水 睦 Mutsumi Shimizu (D&DEPARTMENT PROJECT)

販売営業 / Publication Sales
田邊 直子 Naoko Tanabe (D&DEPARTMENT PROJECT)
西川 恵美 Megumi Nishikawa (D&DEPARTMENT PROJECT)
菅沼 晶子 Akiko Suganuma (D&DEPARTMENT PROJECT)

表紙協力 / Cover Cooperation
株式会社ありあけ Ariake Co., Ltd
柳原良平 Ryohei Yanagihara

表紙にひとこと

『クイーン・メリー2』 ありあけ 横濱ハーバー / 柳原良平(1931年-2015年)
生粋の船好きとしても知られ、横浜市山手に住んだイラストレーター・柳原良平さん。開港百六十余年、世界の窓口として進んできた国際港湾都市・横浜の偉大さと、柳原さんが描く船や人物に表れる愛しさが、この2か月にわたる取材の中で、次第に“神奈川らしさ”に繋がっていきました。ありあけの銘菓「横濱ハーバー」のために描き下ろした作品は、すべての神奈川県民にとって、“人生という航海”の一場面のようで、航路は違っても、その行き先は一緒で、輝かしい未来なのでしょう。

One Note on the Cover

Queen Mary 2
by Ryohei Yanagihara (Ariake Harbor)
Ryohei Yanagihara was a Yokohama illustrator known for his love of ships. The greatness of Kanagawa, as well as the love that appears in the ships and people drawn by Mr. Yanagihara, gradually led to the “Kanagawa-ness” during the two months of interviews conducted. His drawing for “Harbor,” a famous snack of Ariake, is like a scene from a “voyage of life” for all Kanagawa locals – all roads lead to Rome, and a bright future lies ahead.

---

d design travel KANAGAWA
2023年5月25日 初版 第1刷
First printing: May 25, 2023

発行元 / Publisher
D&DEPARTMENT PROJECT
158-0083 東京都世田谷区奥沢8-3-2
Okusawa 8-chome 3-2, Setagaya, Tokyo 158-0083
03-5752-0097
www.d-department.com

印刷 / Printing
株式会社サンエムカラー SunM Color Co., Ltd.

ISBN 978-4-903097-32-9 C0026

Printed in Japan

掲載情報は、2023年2月時点のものとなりますが、
定休日・営業時間・詳細・価格など、変更となる場合があります。
ご利用の際は、事前にご確認ください。
掲載の価格は、特に記載のない限り、すべて税込みです。
定休日は、年末年始・GW・お盆休みなどを省略している場合があります。
The information provided herein is accurate as of February 2023. Readers are advised to check in advance for any changes in closing days, business hours, prices, and other details.
All prices shown, unless otherwise stated, include tax.
Closing days listed do not include national holidays such as new year's, obon, and the Golden Week.

全国の、お薦めのデザイントラベル情報、本誌の広告や、
「47都道府県応援バナー広告」(P. 154～177のページ下に掲載)
についてのお問い合わせは、下記、編集部まで、お願いします。

宛て先
〒158-0083 東京都世田谷区奥沢8-3-2 2F
D&DEPARTMENT PROJECT
「d design travel」編集部宛て
d-travel@d-department.jp

携帯電話からも、D&DEPARTMENTの
ウェブサイトを、ご覧いただけます。
http://www.d-department.com